国家标准 GB/T28158-2011《国际贸易业务的职业分类与资质管理》培训考试教材
国际贸易类专业校企合作专业共建计划指定教学资源
职业院校国际贸易类专业规划教材

国际贸易会计基础

——国际贸易会计员业务技能考试用书

宫相荣　徐　黎　主　编
姜洪涛　王　芳　副主编

中国对外贸易经济合作企业协会
全国外经贸从业人员考试中心　组织编写

上海财经大学出版社

图书在版编目(CIP)数据

国际贸易会计基础:国际贸易会计员业务技能考试用书/宫相荣,徐黎主编.—上海:上海财经大学出版社,2015.2

国家标准GB/T28158-2011《国际贸易业务的职业分类与资质管理》培训考试教材

国际贸易类专业校企合作专业共建计划指定教学资源

职业院校国际贸易类专业规划教材

ISBN 978-7-5642-1983-3/F·1983

Ⅰ.①国… Ⅱ.①宫…②徐… Ⅲ.①国际贸易-会计-高等职业教育-教材
Ⅳ.①F740.45

中国版本图书馆CIP数据核字(2014)第176206号

□责任编辑 陈 佶
□封面设计 钱宇辰
□责任校对 胡 芸 林佳依

GUOJI MAOYI KUAIJI JICHU

国际贸易会计基础

——国际贸易会计员业务技能考试用书

宫相荣 徐 黎 主 编

姜洪涛 王 芳 副主编

上海财经大学出版社出版发行
(上海市武东路321号乙 邮编200434)
网 址:http://www.sufep.com
电子邮箱:webmaster @ sufep.com
全国新华书店经销
上海译文印刷厂印刷
上海景条印刷有限公司装订
2015年2月第1版 2015年2月第1次印刷

787mm×1092mm 1/16 14.5印张 371千字
印数:0 001—4 000 定价:34.00元

总 序

改革开放以来我国国际贸易行业高速发展，在扩大就业、增加财政收入、缓解资源约束、推动技术进步及产业升级、扩大国际影响力等方面作出了巨大贡献，在国民经济中占据了重要地位。近年来，随着国际国内政治经济形势的发展，国际贸易行业处于转型发展的关键时期。以标准化管理提升企业管理能力，以专业化人才提升企业经营能力成为国际贸易行业的共识。

2010 年中国对外贸易经济合作企业协会受国家标准化管理委员会委托，着手制定国家标准《国际贸易业务的职业分类与资质管理》，2012 年 7 月该标准正式公布实施，标准编号 GB/T 28158-2011。该标准填补了我国外经贸行业职业资质标准的空白，为外经贸企业选人、用人提供了参照和标尺，为我国外经贸行业从业人员职业能力培训考试工作提供了依据。该标准的应用与实施将在推进国际贸易企业基础管理、提升专业人员职业素养方面发挥巨大作用。

本套教材是中国对外贸易经济合作企业协会为《国际贸易业务的职业分类与资质管理》(GB/T 28158-2011)应用工作编写的配套教材，是对标准内容的系统诠释，客观反映了目前我国国际贸易企业业务现状，可用于国际贸易从业人员职业能力培训考试，也可用于院校国际贸易类专业教学。

在教材编写中协会坚持“实用性、前瞻性、高啮合度”的原则，以外经贸各领域一线专家组成编写团队，围绕各岗位工作要求，以业务过程串联知识点，使学员在了解工作内容中掌握知识；在教学内容上强调前沿、新颖，使学员知识结构与业务环境基本同步；在体例结构上摒弃了普通教材知识结构大而泛的弊病，紧紧围绕业务内容，使认证学员了解工作岗位最真实的细节和方法。

为配合国家标准 GB/T28158—2011 在院校中的应用，协会推出了“国际贸易相关专业校企合作专业共建计划”，协会将对参加计划的院校在行业专家进校园、提供核心技能课程教学资源、推进院校“双证书”工作、“双师型”教师培训、共建专业第三方行业评价等方面进行支持，本套教材是该计划指定教材。后续协会将推出相应课程教学资源，包括教学课件(PPT)，教学、实训、测试软件，试卷相关的视、音频资料等。

本套教材是宣传贯彻国家标准GB/T28158－2011工作重要组成部分，凝结着广大开发人员的心血，感谢为本套教材付出努力的各位专家，希望各教材使用单位和我协会共同努力，构建完善国际贸易职业能力培训考核体系，提升国际贸易从业人员职业素养，为我国外经贸行业的快速发展作出贡献。

中国对外贸易经济合作企业协会
国家标准《国际贸易业务的职业分类与资质管理》编制小组
二〇一四年十月

前　言

《国际贸易会计基础》是国际贸易专业的必修课和主干课，也是经济管理类专业的基础课、共同课。高等职业教育作为高等教育的一个类型，其使命就是培养面向生产、建设、服务和管理第一线所需要的高素质技能型人才。高素质技能型人才的核心能力的形成，离不开以能力为本位、融教学为一体的教材的支撑。《国务院关于大力发展职业教育的决定》中明确指出："进一步深化教育教学改革。根据市场和社会需要，不断更新教学内容、改进教学方法。合理调整专业结构，大力发展面向新兴产业和现代服务业的专业，大力推进精品专业、精品课程和教材建设。"为了落实国务院确定的改革思路，大力推动专业设置与产业需求、课程内容与职业标准、教学过程与生产过程"三对接"，积极推进学历证书和职业资格证书"双证书"制度，实现既定的目标，我们依据国家标准(GB/T 28158—2011)《国际贸易业务的职业分类与资质管理》(国家标准化管理委员会颁布，自2012年7月1日起实施)，按照中国对外贸易经济合作企业协会和全国外经贸从业人员考试中心的要求，结合教学过程中学生求知、操作、就业和创业的实际情况，秉承教育部〔2006〕16号文件精神和国务院总理李克强在2014年2月26日主持召开的国务院常务会议的精神，在总结几年来会计教学实践的基础上，针对顶岗和就业的实际，我们编写了这本《国际贸易会计基础》。

本教材具有以下主要特点：

1. 力求知识结构适应社会需要

以往的会计学原理或基础会计用书，在知识结构中都较少涉及会计从业资格与管理，以及外汇、复币凭证和复币账簿的相关知识。会计上岗必须持有其"准入证"，即会计从业资格证书。国际贸易类企业招聘对毕业生的选用标准，都要求具有一定的外汇、复币凭证和复币账簿的相关知识。为此，本教材在必要的铺垫中，增加了外汇、复币凭证和复币账簿等相关内容，以符合"以服务为宗旨，以就业为导向"的要求。

2. 力求操作技能的形成和提高

本教材在"工业企业主要经济业务的核算"的讲解中，均按照某一过程的主要业务和要求、某一过程所核算的主要账户的结构和对应账户、某一过程的主要经济业务核算举例这三个步骤进行编写。这样，有利于学生根据经济业务确定账户；根据账户明确其结构和对应账户；通过“T”型账户列示的对应关系来确定对应账户及应借、应贷方向；然后，再编制会计分录或填制会计凭证。这样就使学生的学习顺理成章、得心应手，避免了茫然不知所措的情况发生，进而提高学生的操作水平和技能。

3. 力求与会计从业资格和专业技能考试相衔接

职业院校的毕业生实行“双证书”制度，即取得职业院校学历证书的毕业生参加与所学专业相关的职业资格考试，合格者可获得相应的职业资格证书。为此，本教材讲解的内容与岗前培训和技能考试的内容相衔接，即教材的内容囊括了会计从业资格和职业技能考试的内容。这样，学生学习后，既可获得学校的学历证书，又可参加会计从业资格和技能考试获得“上岗证”以及职业技能证书，为就业奠定基础，为创业创造条件。

4. 力求练习、实验和实训有机结合

本教材另配《国际贸易会计基础技能训练指导》一书，该书有明确的实训目的、资料、要求和参考答案，有利于学生操作技能的形成和提高。

本教材以财政部 2006 年 2 月 15 日颁布的《企业会计准则》为依据，同时参考和借鉴了会计从业资格考试用书、《初级会计实务》以及外贸会计从业资格考试用书等。本教材适用于高等职业技术学院、高等专科学校、成人高校、民办高校、中等职业学校的在校学生，也可作为继续教育、自学进修、专业技能考试和国家会计从业资格证书考试的教学用书。

本书由宫相荣和徐黎担任主编，姜洪涛和王芳担任副主编。参加编写的人员：嘉兴职业技术学院的宫相荣（第一章和第九章）、长春旭阳工业（集团）股份有限公司的徐黎（第三章）、河南农业职业学院的褚颖（第四章和第八章）、绍兴职业技术学院的姜洪涛（第二章）、江苏畜牧兽医学院的王芳（第七章和第十章）、成都农业科技职业学院的金锡鸽（第五章）、杭州万象职业技术学院的吴丹妮（第六章）。全书最后由宫相荣和梁海军进行了修改和总纂。

由于对《关于全面提高高等职业教育教学质量的若干意见》（教育部教高[2006]16 号文件）精神领会有待加深，加之时间以及水平所限，本书难免存在疏漏和不足，敬请读者批评、指正。

编　者

2014 年 12 月

目 录

第一章　总　论

知识目标

1. 知晓会计的对象、会计核算的基础和前提以及要求。
2. 掌握会计的概念和方法以及职能。

技能目标

1. 能够根据资金的循环及分布状态确定业务类型。
2. 能够根据单位的性质确定核算的基础。

导入案例

小张没有学过会计知识，但父母却想让他到一家企业去当会计。为此，小张来到会计事务管理局咨询，问："可否不学相关知识，直接学习记账、算账和报账？"答："可以，但很难举一反三、进行正确的归集和分配，进而规范会计业务。"问："为什么？"答："企业类型不同，会计的核算内容也不尽一致。况且，会计核算又涉及基本前提和相关要求等。"问："那需要哪些必要的铺垫呢？"答："不需要深究理论和历史，但应该了解并掌握会计的含义和职能、会计的对象和方法、会计核算的基本前提和要求、会计的法规体系和从业资格以及管理等。这样，在进行经济业务的账务处理时，就能明白业务的性质和特点，就会明白其道理之所在，就会有所遵循和把握。否则，就只能是知其一而不知其二，知其然而不知其所以然。结果，错弊就会不可避免地发生。"小张听后连连点头，于是决定经系统学习并考取会计从业资格证书后，当一名具有职业判断能力的会计人员。

思考题：

1. 小张为什么要考取会计从业资格证书后再去当会计？
2. 学习账务处理为什么要先学习必要的铺垫性常识？

第一节　会计的含义和职能

一、会计的含义

（一）会计的产生和发展

会计是人类社会发展到一定阶段的产物，它是随着社会生产的发展与管理的需要而产生的，并随着经济的繁荣与科学的进步而发展和完善的。早在原始社会，我国就有结绳记事、刻木记数等会计的雏形。但那时的会计只是作为生产职能的附带部分，即由生产者在生产时间之外附带地把收支事项记载下来。只有社会生产力发展到一定水平，出现剩余产品之后，会计才逐渐从生产职能中分离出来，成为一种独立职能。到了西周时期，我国就设置了“司会”一职，出现了“会计”一词，并将其表述为“零星算之为计，总合算之为会”。到了宋朝，我国又出现了“四柱清册”，并将会计的等式表述为“旧管＋新收＝开除＋实在”。相当于我们现在会计中的“期末余额＝期初余额＋本期收入－本期支出”。到了明末清初，我国又出现了“龙门账”，并用“进、缴、存、该”加以表述，即“进”(各项收入)－“缴”(各项支出)＝“存”(各项资产)－“该”(资本及各项负债)，进而使我国会计的核算方法不断规范和完善。在欧洲，公元13～14世纪时，在意大利北部佛罗伦萨等城市，流行一种“借贷复式记账法”，这种记账法经过意大利的卢卡·阿其巴勒的系统整理，以“计算与记录要论”收集于他的数学著作《算术、几何与比例概要》一书，此书于1494年出版，使“复式记账法”得到了传播。这种记账法经过资本主义的发展阶段，在理论、方法体系和组织工作等方面经过不断完善，逐步形成现代的会计核算方法体系。中华人民共和国成立后，我国一度是工业企业使用借贷记账法，商品流通企业使用增减记账法，行政事业单位使用收付记账法。经过1993年的会计改革和2006年《企业会计准则》的修订和实施，记账方法都统一于借贷记账法，从而使我国的会计工作既能满足管理上的需要，又能适应改革开放的深入和开展。

(二)会计的概念

会计的概念不是固定不变的，它的含义是随着生产的发展和管理的科学而不断丰富和完善的。这是因为在生产活动中，为了获取一定的劳动成果，必须要耗费一定的人力、物力和财力。人们一方面关心劳动成果的多少，另一方面也注重劳动耗费的高低。因此，人们在不断革新生产技术的同时，也必须对劳动耗费和劳动成果进行记录和计算，并加以比较和分析，从而有效地组织和管理生产，并在管理的实践中不断完善会计的含义、丰富会计的内容。因此，在不同的国家，或者一个国家不同的社会形态，或者同一历史时期经济发展和科学管理的不同状况下，会计的概念都各有侧重，不完全一致。但时至今日，其关键词及其表述是基本一致的：“会计是以货币为主要计量单位，运用专门的方法和程序，对一个单位的经济活动进行综合反映和监督的经济管理工作。”

国际贸易会计是以货币为主要计量单位，运用专门的方法和程序，对外贸企业的经济活动进行综合反映和监督的经济管理工作。

二、会计的职能

会计的职能是会计在经济管理过程中所具有的功能。因此，经济的发展状况、管理水平的高低，都直接影响着会计职能的发挥。在生产力水平较低的时期，会计的主要功能在于简单的计量、记录，以反映为主；并将其职能简要表述为记账、算账和报账。而在生产力和管理水平都较高的21世纪，简单的记账、算账、报账已不能满足经济管理的需要，在核算的基础上发挥会计的经济监督作用便成为会计的一项重要职能。会计的基本职能主要包括核算职能与监督职能。

(一)会计的核算职能

会计的核算职能是指会计以货币为主要计量单位，通过确认、计量、记录和报告等环节，对特定主体的经济活动进行记账、算账、报账，以及时、正确地反映经济活动的过程和结果，为各有关方面提供会计信息的功能。其中，各种经济业务包括：

(1)款项和有价证券的收付；

(2)财物的收发、增减和使用；

(3)债权、债务的发生和结算;

(4)资本、基金的增减;

(5)收入、支出、费用、成本的计算;

(6)财务成果的计算和处理;

(7)其他需要办理会计手续、进行会计核算的事项。

确认是指运用特定的会计方法,以文字和金额同时描述某一交易或事项,使其金额反映在特定主体的财务报表合计数中的会计程序。

计量是指确定会计确认中用以描述某一交易或事项的金额的会计程序。

记录是指对特定主体的经济活动采用一定的记账方法,并在账簿中进行登记的会计程序。

报告是指在确认、计量和记录的基础上,对特定主体的财务状况、经营成果和现金流量情况,以财务报表的形式向有关方面报告。

(二)会计的监督职能

会计的监督职能也称控制职能,是指会计人员在进行会计核算的同时,对特定对象经济业务的合法性、合理性进行审查,即以一定的标准和要求利用会计核算所提供的信息对各单位的经济活动进行有效的指导、控制和调节,使之达到预期目标的功能。会计监督可分为事前监督、事中监督和事后监督。

事前监督又称事前控制,是指在经济业务发生之前根据相关的规定和标准所进行的控制。控制的内容主要包括财务收支的计划性、经营决策的可行性、投资效益实现的可能性等。这种控制能防止经济工作中由于计划不周、决策失误及错弊行为等造成的不应有的损失,以实现防患于未然的目的。

事中监督又称事中控制,是指在经济活动进行过程中所实施的控制。这种控制主要是通过计划、预算与承包经营合同的执行情况进行会计检查和分析,尽可能在经济业务进行过程中发现问题,以便及时纠正、加强控制,保证经济活动的良性循环。

事后监督又称事后控制,是指在经济业务完成之后所进行的检查和分析。通过对计划的执行情况、预算的执行情况、可行性研究的实施情况以及财务收支的合法性、合理性、完整性的检查分析,发现偏差或薄弱环节,以便采取积极、有效的措施,实现较高的经济效益,进而实现企业的既定目标。

会计的监督职能要求会计人员对特定主体经济业务的合法性、合理性进行审查。合法性审查能够保证各项经济业务符合国家相关法规和财经纪律的要求,防止错弊的发生,杜绝违法乱纪行为。合理性审查能够使各项财务收支符合企业计划、预算和经营目标的要求,以便增收节支,杜绝不经济和奢侈浪费行为。

会计的两项基本职能是相辅相成、辩证统一的。会计核算是会计监督的基础,只有会计核算提供完整的资料,会计监督才能得以实施;如果没有会计核算提供的会计信息,会计监督就失去了依据。会计监督则是会计核算质量的保障,只有加强会计监督,才能使会计核算符合会计法规、准则和制度的要求;如果没有会计监督,就难以保证会计核算所提供的信息真实、合法和完整。

随着生产力水平的日益提高、社会经济的日益复杂、管理理论的不断深化和管理水平的不断提高,会计的职能也在不断地丰富和发展。在学术界和实务界,基本一致的观点是会计除了上述的基本职能外,还具有预测经济前景、参与经营决策、评价经营业绩等职能。

第二节 会计的对象和方法

一、会计对象

（一）会计对象的含义

会计对象是指会计核算和监督的内容。其范畴为凡是特定主体能够以货币表现的经济活动，都是会计核算和监督的内容，也就是会计的对象。因此，从宏观上来说，会计对象是企业再生产过程中的资金运动；从微观上来说，会计对象是一个单位能够用货币表现的经济活动，而以货币表现的经济活动通常又称为资金运动。企业的资金是指企业所拥有的各项财产物资的货币表现，包括企业的流动资产和非流动资产。企业的资金运动是指企业资金从货币资金开始，顺次经供应、生产和销售三个阶段，又复归货币资金的过程。企业的资金运动包括特定主体的资金投入、资金运用和资金退出过程。其中，资金投入是指企业通过各种方式筹集资金的过程，是资金运动的起点；资金运用是指资金的支出方向和分布状态，它是一个动态过程，表现为资金的循环和周转；资金退出是指偿还各项债务、上缴各种税金、向投资者分配利润等。在现实社会中，我国的经济组织可以归纳为企业单位和行政事业单位两大类。这两大类经济组织资金运动的形式各不相同，即便同样是企业，工业、农业、商业、交通运输业等不同行业资金运动的形式也有较大的差异。因此，应有所侧重地了解和掌握有代表性的经济组织的资金运动过程。

（二）工业企业的会计对象

工业企业的会计对象是工业企业的资金运动，具体表现为资金的投入、资金的运用和资金的退出过程。

资金的投入是以筹集到能够满足生产经营所需的资金为前提。企业资金的筹集有两种方式：一种是所有者投入的资金；另一种是向债权人借入的资金。前者属于企业所有者权益，后者属于企业债权人的权益。企业从所有者、债权人那里筹集来的资金按照不同的资金占用形态表现为现金、原材料、厂房和机器设备等，而这些资金占用形态正是生产的前提条件。因为只有这样，工人才可以借助于劳动资料对劳动对象进行加工，生产出既定的合格产品。

资金的运用是将所筹集的资金合理地分布在工业企业的供应、生产和销售三个阶段，以便生产连续不断地进行，进而使企业资金不断地循环和周转，为企业取得利润，为国家上缴税金。具体来说，在供应过程中，企业用货币资金购买各种材料形成生产储备，资金就从货币资金形态转化为储备资金形态。工业企业的生产过程就是产品的制造过程，产品的制造需要劳动者借助于劳动手段对劳动对象进行加工，从而发生材料耗费、人工耗费、固定资产折旧以及其他费用。这样，资金就从货币资金、固定资金转化为生产资金，即占用在在产品上的资金，在产品加工完毕、验收入库后就形成了产成品资金。而产成品成本就是由前述的直接材料费、直接人工费和其他直接费用（固定资产折旧等）所构成。在销售过程中，企业将验收入库的合格产品按既定的价格条件对外销售并收回货币资金，这样，资金就又从产成品资金转化为货币资金。企业资金从货币资金开始，顺次经过供应、生产和销售三个阶段，资金形态依次由货币转化为储备资金、生产资金和产成品资金，最后又转化为货币资金的过程称为资金的循环。随着生产经营过程不断进行，资金川流不息、周而复始的循环称作资金的周转。当然，资金的循环和周转一般都是在扩大规模的基础上进行的。这是因为企业通过销售取得的货币资金在数额上要大于投入(垫支)的货币资金，该资金扣除应上缴的税金和应付利润外，又在补偿资金的基础上加上企业的留存收益，从货币资金开始新的循环和周转。

资金的退出是指企业将验收入库的合格产品根据既定的销售策略销售出去，收回的款项一部分用来偿还各种债务，一部分用来上缴各种应交税费，还有一部分要按照合同或协议向投资者分配利润，其余部分重新开始企业资金的循环和周转。用来偿还债务的资金、上缴的应交税费和向投资者分配的利润等一旦离开企业，则退出企业资金的循环和周转。

上述资金运动的三个阶段，是一个动静结合、相互联系、相互制约的统一体，没有资金的投入，就不会有资金的循环和周转；没有资金的循环和周转，就不会有资金的退出和新一轮资金的投入；而没有资金的退出和新一轮资金的投入，就不会有企业的长足发展。

工业企业的会计对象(资金运动)如图 1—1 所示：

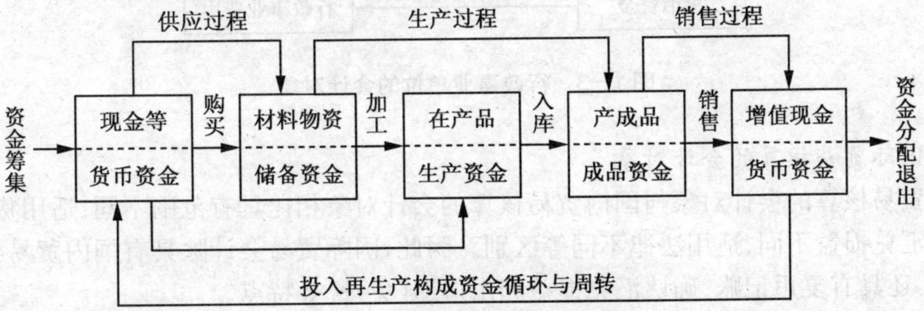

图 1—1 工业企业的会计对象

(三)商品流通企业的会计对象

商品流通企业是指通过购销活动，组织商品流通、满足市场需要并获取收益的经济实体。商品流通企业在组织商品流通过程中主要的经济活动是从事商品购进、商品储存和商品销售。

商品购进是指商品流通企业根据市场的需求，为获取既定的利润，通过货币结算取得商品所有权的交易行为。

商品储存是指商品流通企业为了满足市场的需求，保证不间断供应而经常保持必要且合理的商品储备。

商品销售是指商品流通企业根据既定的价格，采用积极、有效的促销措施，通过货币结算出售商品的交易行为。

商品流通企业资金的循环和周转只经过商品购进与商品销售两个过程。在商品购进过程中，用货币资金购进商品并储备，货币资金就转化为商品资金。在商品销售过程中，出售商品取得销售收入，商品资金又转化为货币资金。当然，商品流通企业资金的循环和周转也要依赖于资金投入，也涉及资金的退出，因为与工业企业的资金投入和退出相似，所以在此不再赘述。

商品流通企业的会计对象(资金运动)如图 1—2 所示。

(四)行政事业单位的会计对象

行政事业单位是指国家行政机关，权力机关，司法机关，各党派团体组织、机构和科研、教育、文化、医疗等单位。行政事业单位的会计对象的具体内容与企业不同，它的经济活动是在执行国家预算过程中的预算收入和预算支出，因而其会计对象就可以概括为社会再生产过程中的预算资金的收入和支出。

行政事业单位的会计对象(资金运动)如图 1—3 所示。

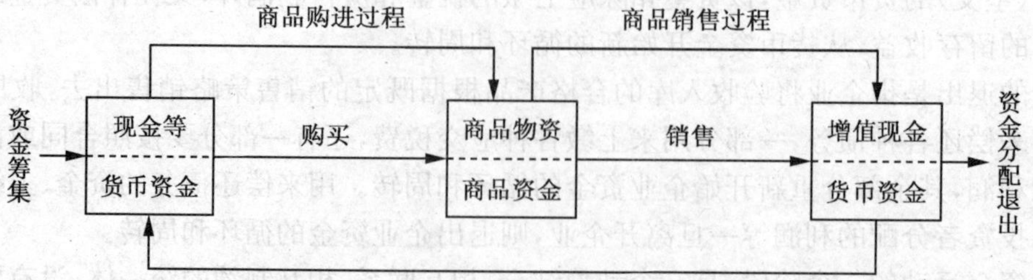

图 1—2 商品流通企业的会计对象

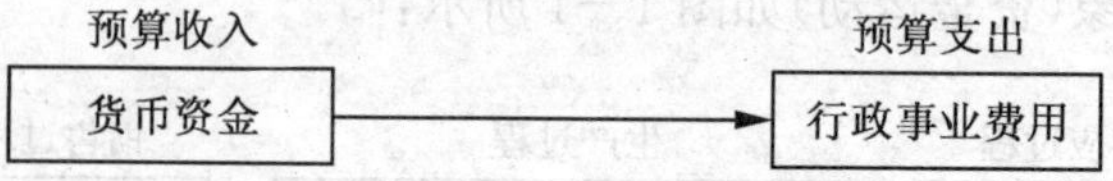

图 1—3 行政事业单位的会计对象

（五）国际贸易核算的会计对象

国际贸易核算的会计对象与国内贸易核算的会计对象相比具有范围不同、适用货币不同、是否涉及汇兑损益不同、适用法律不同等区别。因此，国际贸易会计除具有国内贸易会计的各种要素外，还具有复币记账、确认汇兑损益和出口退（免）税等特点。

国际贸易核算的会计对象（资金运动）如图 1—4 所示：

图 1—4 国际贸易核算的会计对象

外贸企业的会计对象（资金运动）以进口业务为例，如图 1—5 所示：

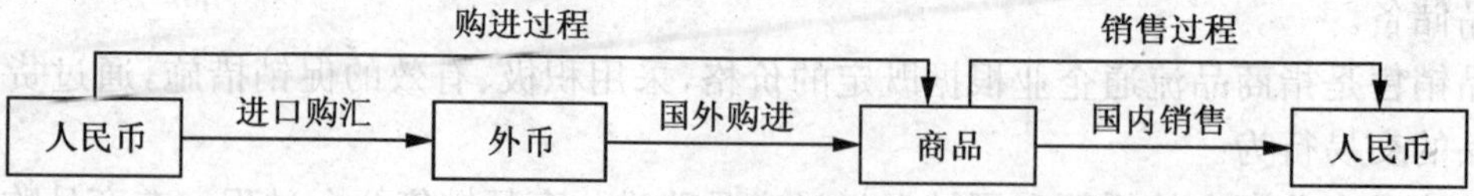

图 1—5 外贸企业的会计对象

二、会计方法

会计方法是履行会计职能、完成会计任务、达到会计目的的手段。会计方法包括会计核算的方法以及会计检查与分析的方法。其中，会计核算的方法是会计确认、计量、记录和报告所采用的方法，是会计工作的基础和核心，包括设置账户、复式记账、填制和审核会计凭证、登记账簿、成本计算、财产清查和编制财务会计报告。会计检查与分析的方法是查找会计工作中的过失、错误和舞弊行为，以确定会计核算工作质量、评价会计核算工作规范程度所采用的方法。会计检查与分析是会计核算的继续和深化，是会计核算的质量保证，包括审阅法、核对法、顺查法、逆查法、详查法、抽查法、查询法和调节法等。

(一)会计核算的方法

1. 设置账户

设置账户是指对会计对象的具体内容进行分类、核算和监督的一种方法。这是因为企业会计对象中的经济活动多种多样,为了连续、系统、完整地反映复杂的经济业务,就必须对会计对象的内容进行科学的分类,进而通过核算提供可靠的会计信息,以满足相关部门和人员的需要。

2. 复式记账

复式记账是指对每一笔经济业务都以相等的金额在两个或两个以上相互联系的账户进行登记的方法。采用复式记账可以通过账户的对应关系了解经济业务引起资金增减活动的来龙去脉,也便于查找记账中的过失、错误和进行试算平衡。

3. 填制和审核会计凭证

会计凭证是记录经济业务发生和完成情况、明确经济责任的书面证明,是登记会计账簿的依据。填制和审核会计凭证是会计核算的一种方法。它既是会计工作的起点,又是《中华人民共和国会计法》的明确要求,同时也是保证会计信息质量的重要环节。

4. 登记账簿

账簿是指由一定格式的账页组成的,以经过审核的会计凭证为依据,全面、系统、连续地记录各项经济业务的簿籍。设置和登记账簿是会计核算的一种方法,它既是编制会计报表的基础,又是联结会计凭证和会计报表的中间环节,同时也是检查、校正会计信息的重要环节。

5. 成本计算

成本计算是指以某种产品(项目)为成本对象,对生产经营过程中发生的人、财、物的耗费进行归集,以确定该产品(项目)总成本和单位成本的一种方法。通过成本计算可以提供成本构成资料、确定考核标准和指标,进而降低产品成本、提高企业的经济效益。

6. 财产清查

财产清查是指采用一定的盘存方法,对企业的财产物资进行盘点,对债权和债务进行查询,以确定企事业单位财产物资的实有数和债权、债务真实性的一种方法。通过财产清查可以促使企业发现薄弱环节,堵塞漏洞并加强管理,确保企事业单位财产物资的安全和完整。

7. 编制财务会计报告

编制财务会计报告是指企业对外提供与反映某一特定日期财务状况和某一会计期间经营成果以及现金流量的一种方法。它是会计核算过程的最终结果和会计工作的总结,编制财务会计报告可以满足会计信息使用者的需要,有利于企业确定其在市场中的位置,以便制定经营战略和竞争策略。

上述的会计核算方法是内、外贸会计均适用的方法,但外贸会计还有自己特有的方法,即复币记账、填制复币凭证、登记复币账簿。这些内容将在第三章、第四章和第五章中相继叙述和展开。

(二)会计检查和分析的方法

1. 审阅法

审阅法是指通过仔细地审查与翻阅会计凭证、会计账簿和会计报表,以及计划、预算合同和可行性研究等书面资料,以查明书面资料及其反映的经济业务的真实性、合法性和效益性,从中发现错弊或疑点,并收集书面证据的一种审查方法。

2. 核对法

核对法是指对凭证、账簿和报表等书面资料之间的有关数据进行相互对照检查，借以查明证证、证账、账账、账表、表表之间是否相符，从而取得有关错弊的书面证据的一种复核查对的方法。

3. 顺查法

顺查法又称正查法，是指按照会计账务处理的程序，顺次对证、账、表各个环节进行检查核对的一种方法。

4. 逆查法

逆查法又称倒查法，是指按照会计账务处理的相反程序，依次对表、账、证各个环节检查核对的一种方法。

5. 详查法

详查法又称精查法，是指对相关单位一定时期内的所有凭证、账簿和报表，或某一项目的全部会计资料进行详细审查的一种方法。

6. 抽查法

抽查法又称抽样法，是指从相关单位检查期的全部会计资料中抽取其中一部分进行检查，并根据检查结果推断总体有无差错和弊端的一种方法。

7. 查询法

查询法是指检查人员对检查过程中发现的疑点和问题，通过向有关方面调查询问，弄清事实真相并取得相关证据的一种方法。查询法可分为面询和函询两种。

8.调节法

调节法是指在检查某个项目时，发现现有的数据与需要证实的数据表面上不一致，需要通过对某些因素进行合理调整，从而证实现有数据与需要证实的数据是否相符的一种方法。

第三节　会计核算的前提和要求

一、会计核算的前提

(一)会计核算的基础

1. 权责发生制

权责发生制又称应计制，它是以收入和费用是否发生而不是以款项是否收付为标准来确认、计量、记录和报告收入与费用的一种会计处理制度。《企业会计准则——基本准则》明确规定："企业应当以权责发生制为基础进行会计确认、计量和报告。"按此基础，凡是当期已经实现的收入和已经发生或应当负担的费用，不论款项是否收付，都应当作为当期的收入和费用进行会计处理；反之，凡是不属于当期的收入和费用，即使款项已在当期收付，也不应作为当期的收入和费用，而应将其记入所属的期间和账户。

2. 收付实现制

收付实现制又称现收现付制，它是以款项实际收付为标准而不考虑以应归属的期间为标准来确认、计量、记录和报告收入与费用的一种会计处理制度。收付实现制是行政事业单位会计核算的基础。按此基础，凡是在当期已经收付的款项，不论应归属于哪个期间，均应作为当期的收入和费用进行会计处理；反之，即便收入和费用应归属于本期，但款项没有在本期收付，也就不能在本期进行收入和费用的会计处理。

(二)会计核算的基本前提

会计核算的基本前提是指进行会计核算时必须明确的前提条件,也称为会计假设。它是对会计核算的空间、时间、运营趋势和计量事宜所作出的假定。会计核算之所以需要一些基本前提或假设,是因为企业在运营过程中存在着一些不确定因素,在会计处理上难以从正面作出肯定的判断和估计;而为了依照现时的情况进行正常的业务处理,就需要依据时空观先行设定一些基本前提。因此,会计核算的基本前提是对会计领域里存在的某些尚未确定并无法正面论证的事项所作出的符合客观情理的推断和假设。会计核算的基本前提包括会计主体、持续经营、会计分期和货币计量四项。

1. 会计主体

会计主体又称会计实体,是进行会计核算和监督的特定单位或组织,它界定的是从事会计工作和提供会计信息的空间范围。明确该前提的意义在于:一是将特定主体的经济活动与该主体的所有者及职工的经济活动区别开来;二是将该主体的经济活动与其他单位的经济活动区别开来。从而界定了从事会计工作和提供会计信息的空间范围,同时说明某会计主体的会计信息仅与会计主体的经济活动和成果相关。因此,会计主体这一前提为会计人员在日常的会计核算中对各项交易或事项作出正确判断、对会计处理方法和程序作出正确选择提供了依据。应当指出的是,会计主体与法人是两个不同的概念,会计主体不一定是法人,而法人则必定是一个会计主体。例如,某公司是一个法人,也是一个会计主体;公司下属的分公司实行独立核算,虽然它是一个会计主体,但它不能单独承担法律责任,因此不是一个法人。

2. 持续经营

持续经营是指会计主体在可以预见的未来,将根据正常的经营方针和既定的经营目标按当前的规模及状态继续经营下去,即在可预见的未来,该会计主体不会破产和清算,所持有的资产将正常运营,所负的债务将正常偿还,所采用的方法将正常运用。当然,可预见的未来不是遥远无期,企业不可能无限期地经营下去,因为任何企业都不可能"长生不老",一旦进入破产和清算,持续经营就将被清算所代替,从而使这一前提不复存在。明确这一前提的意义在于:它可以使会计原则和相关方法建立在非清算的基础上,从而为解决很多常见的资产计价和收益确认提供基础,如固定资产折旧的提取和无形资产的摊销等。有了这一前提,就可将历史成本分摊到各个会计期间或相关产品的成本、费用中去;反之,固定资产和无形资产就不能采用历史成本进行计提和摊销。

3. 会计分期

会计分期是指将会计主体持续的生产经营活动人为划分为若干个连续、相等的会计期间,所以,会计分期又称为会计期间。之所以要进行会计分期,是因为按照持续经营前提,企业的生产经营活动将持续不断地经营下去,但为了及时获取会计信息,充分发挥会计核算和监督职能,就不可能等到企业停止运转时再一并计算盈亏。我国《企业会计制度》明确规定:"会计核算应当划分会计期间,分期结算账目和编制财务会计报告。会计期间分为年度、半年度、季度和月度。年度、半年度、季度和月度均按公历起讫日期确定。半年度、季度和月度均称为会计中期。"明确这一前提的意义在于划分连续且相等的期间、分期结算账目、及时编制财务会计报告,从而满足相关方面对会计信息的需求;否则,核算难以提供信息,监督难以有效开展。

4. 货币计量

货币计量是指企业会计主体在会计核算过程中采用货币作为计量单位，计量、记录和报告会计主体的经营活动及结果。之所以要用货币计量，是因为货币是商品的一种等价物，是衡量各种商品价值的共同尺度，能综合反映会计主体的生产经营情况和财务收支的结果。《企业会计制度》明确规定："企业的会计核算以人民币为记账本位币。业务收支以人民币以外的货币为主的企业，可以选定其中一种货币作为记账本位币，但编报的财务会计报告应当折算为人民币。在境外设立的中国企业向国内报送的财务会计报告，应当折算为人民币。"明确这一前提的意义在于统一了计量单位，有利于会计的核算与监督，也便于进行比较与分析。

二、会计信息质量要求

《企业会计准则——基本准则》(2006 年颁布)在第二章"会计信息质量要求"中，从第十二条到第十九条提出了 8 项具体要求，人们习惯于将其称为会计核算的一般原则。

（一）客观性原则

客观性原则又称真实性原则，是指企业应当以实际发生的交易或事项为依据进行会计确认、计量和报告，如实反映符合确认和计量要求的各项会计要素及其相关信息，保证会计信息真实可靠、内容完整。

（二）相关性原则

相关性原则是指企业提供的会计信息应当与财务会计报告使用者的经济决策需要相关，有助于财务会计报告使用者对企业过去、现在或者未来的情况作出评估或者预测。

（三）明晰性原则

明晰性原则是指企业提供的会计信息应当清楚明了，便于财务会计报告使用者理解和使用。它要求企业在保证会计信息的前提下，力求其表述通俗易懂、简明扼要；对于难以理解的会计信息，要加以说明或备注，以便使用者判断和运用。

（四）可比性原则

可比性原则是指企业提供的会计信息应具有可比性。它要求同一企业不同时期发生的相同或者相似的交易或事项，应当采用一致的会计政策，不得随意变更；不同企业的相同或者相似的交易或事项，应当采用规定的会计政策，确保会计信息口径一致、相互可比。

（五）实质重于形式原则

实质重于形式原则是指企业应当按照交易或者事项的经济实质进行会计确认、计量和报告，不应仅以交易或者事项的法律形式为依据。它要求企业不但按定义去判断所发生的经济业务属于哪种会计要素，更要按其实质进行相应的会计处理。

（六）重要性原则

重要性原则是指企业提供的会计信息应当反映与企业财务状况、经营成果和现金流量等有关的所有重要交易或者事项。它要求在进行会计核算时，要针对不同经济业务的性质和特点，依据其对经营决策和财务成果的影响来选择不同的会计方法和程序。

（七）谨慎性原则

谨慎性原则又称稳健性原则，是指企业对交易或者事项进行会计确认、计量和报告应当保持应有的谨慎，不应高估资产或者收益、低估负债或者费用。它要求企业在存在不确定因素的情况下作出判断时，必须保持应有的谨慎、充分估计可能承担的风险和损失；适当估计资产和收益，以便规避风险和避免虚增资产。

(八)及时性原则

及时性原则是指企业对于已经发生的交易或者事项,应当及时进行会计确认、计量和报告,不得提前或者延后。它要求企业在经济业务发生或者完成后及时地收集、处理和传递会计信息,以确保会计信息的有效利用。

第四节 会计法规体系和会计管理体制

一、会计的法规体系

我国的会计法规体系由会计法律、会计法规和规范性文件构成。

(一)会计法律

会计法律是指由全国人民代表大会及其常务委员会经过一定的立法程序制定的有关会计工作的法律,如《中华人民共和国会计法》(以下简称《会计法》),该法是我国会计核算的根本大法,也是制定会计法规和规范性文件的依据。《会计法》是在1985年1月21日由第六届全国人民代表大会通过,根据1993年12月29日第八届全国人民代表大会常务委员会第五次会议《关于修改〈中华人民共和国会计法〉的决定》修正,1999年10月31日第九届全国人民代表大会常务委员会第十二次会议进行了修订,自2000年7月1日起施行。

《会计法》制定的目的是:规范会计行为,保证会计资料真实、完整,加强经济管理和财务管理,提高经济效益,维护社会主义市场经济秩序。《会计法》的内容共有七章五十二条,与修订前的《会计法》相比,修订后的《会计法》的重大突破在于:

(1)规定单位负责人对本单位的会计工作和会计资料的真实性、完整性负责,并承担相应的法律责任。

(2)进一步完善了会计核算规则。

(3)进一步加强了会计监督制度。

(4)对会计从业资格管理作出了规定。

(5)明确了违反《中华人民共和国会计法》应受到行政和刑事处罚。

(二)会计法规

会计法规是指由国务院颁布并实施,用以调整经济生活中有关会计方面的法规,如《企业财务会计报告条例》和《总会计师条例》。会计法规依据《中华人民共和国会计法》制定,并通常以条例、办法和规定等具体名称出现,对会计核算和监督具有普遍的约束力。

1.《企业财务会计报告条例》

《企业财务会计报告条例》是时任总理朱镕基签署的第287号中华人民共和国国务院令,自2000年6月21日起施行。该条例制定的目的是为了规范企业会计报告、保证财务会计报告的真实与完整。其内容共有六章四十六条,各章的题目分别为:总则、财务会计报告的构成、财务会计报告的编制、财务会计报告的对外提供、法律责任和附则。对编制和对外提供财务会计报告以及违反该条例的处罚等作出了明确的规定。

2."总会计师条例"

《总会计师条例》是1990年12月31日由国务院颁布,并于颁布之日起施行。制定《总会计师条例》的目的是为了确定会计师的职权和地位、发挥总会计师在加强经济管理、提高经济效益中的作用。该条例的内容共有五章二十三条,各章的题目分别为:总则、总会计师的职责、总会计师的权限、任免与奖惩和附则。该条例对总会计师的设置、职责、权限、任免和奖惩等都作出了明确的规定。

(三)规范性文件

规范性文件是指由财政部及其相关部委依据会计法律和法规颁布的有关会计方面的文件、办法或通知,包括《企业会计准则》、《企业会计制度》、《小企业会计制度》、《会计基础工作规范》、《财政部门实施会计监督办法》、《关于印发〈会计从业资格管理办法〉的通知》、《关于印发〈关于试行会计委派制度工作的意见〉的通知》和《企业内部会计控制规范》等。

1.《企业会计准则》

2006 年 2 月 15 日财政部颁布了修订后的《企业会计准则》,自 2007 年 1 月 1 日起施行。它是以《中华人民共和国会计法》为依据,就会计核算的原则和会计处理的方法与程序所作出的规定。该准则是我国会计核算和监督的基本规范,是制定企业会计制度的依据。实施范围首先是在上市公司,并鼓励其他企业提前执行,力争不久之后我国大中型企业都能执行。这套会计准则实施后,企业会计信息的质量和透明度得到进一步提高,从而可更好地满足投资者、债权人和其他利益关系人对会计信息的需求,进一步规范会计行为和会计秩序,有利于维护公共利益。

新《企业会计准则》体系由 1 项基本会计准则、38 项具体会计准则以及会计准则应用指南三部分组成。

基本会计准则是纲,在整个准则体系中起统驭作用,主要是对会计核算的一般要求和会计核算的主要方面作出原则性规定,为具体会计准则的制定提供基本框架,也为会计实务中出现的具体准则尚未规范的新问题提供会计处理依据。基本准则包括会计目标,会计基本假设,会计信息质量要求,资产、负债、所有者权益、收入、费用、利润的确认、计量与报告,等等。

具体会计准则是根据基本准则的要求,对经济业务的会计处理及其程序所作出的具体规定。具体会计准则分为一般业务准则、特殊行业的特定业务准则和报告准则三大类。

会计准则应用指南是依据基本准则的要求,对具体会计准则在应用中的操作程序与方法所作出的更加具体的指导和规范。

2.《企业会计制度》

2000 年 12 月 29 日,财政部制定了《企业会计制度》,自 2001 年 1 月 1 日起在股份制企业施行,并逐步扩大到其他企业全面执行。2004 年 4 月 27 日,财政部下发了《关于印发〈小企业会计制度〉的通知》,自 2005 年 1 月 1 日起在小企业范围内执行。《企业会计制度》的制定和执行,使规范会计行为、保证会计信息质量、提高会计工作效率得以强化和实现。

二、会计管理体制及内容

(一)会计管理体制

1. 会计管理体制的含义

会计管理体制是指组织和管理会计事务的方式、形式以及各种制度的总和。从整体上来说,会计管理体制属于经济体制的一个组成部分,它是根据经济体制的整体要求,对一定范围内的会计事务进行组织和管理的方式、方法所作出的具体制度安排。会计管理体制侧重于从政府的角度来表达会计事务管理的内容,对社会上各类经济组织在宏观会计运行过程中的行为方式、方法作出具体安排。会计管理体制是会计运行机制得以形成和存在的基础,也是会计运行机制能够发挥作用的具体形式。

会计的基本职能就是会计核算和会计监督，而有效的会计核算和会计监督就是通过确认、计量和记录经济活动情况，生成符合各经济利益相关者需要的会计资料，向社会提供真实、准确、完整的会计报告。会计的这一系列活动，都是由会计人员依据有关法律、法规和会计制度、会计方法来具体组织实施的，而会计人员的专业水平、业务技能、基本素质、职业道德等直接关系到会计行为和会计质量。因此，加强对会计人员的管理、不断提高会计人员的自身素质和职业道德水平是会计管理工作的一个重要方面，也是会计管理体制的重要组成部分。

2. 会计工作的管理部门和原则

(1)会计工作的管理部门

《中华人民共和国会计法》第七条规定："国务院财政部门主管全国的会计工作。县级以上地方各级人民政府财政部门管理本行政区域内的会计工作。"这一条就明确了我国会计工作的管理是由财政部门负责的，并且在管理体制上实行"统一领导，分级管理"的原则。事实上，新中国成立后我国就在财政部设立了专门管理会计工作的机构。半个多世纪以来，会计工作一直由财政部门管理，它是财政工作的一项基础工作，进而也能使其更好地为财政工作服务。这是因为财政部门把会计工作抓好抓实是维护财经纪律、抓好增收节支、实现财政收支平衡的重要措施；否则，会计工作混乱、财政法规得不到贯彻执行，必然会造成财政收入流失、支出失控，最终给财政工作带来不利影响，进而影响既定目标的实现。

(2)会计工作的管理原则

财政部门管理会计工作实行"统一领导，分级管理"的原则，这是划分会计工作管理权责的重要原则，也体现了管理的效率原则。财政部门管理会计工作主要是在统一规划和统一领导的前提下实行分级负责、分级管理，充分调动各地区、各部门、各单位管理会计工作的积极性和创造性。无论是国家财政部和地方各级财政部门之间，还是财政部门与有关业务主管部门及企业之间，都要适当分工并搞好协作关系。各级财政部门根据上级财政部门对会计管理工作的规划和要求及本地区的实际情况管理本地区的会计工作，并取得同级其他管理部门的支持和配合。只有这样，才能督促各单位加强会计工作，认真执行法律、法规，配合财政部门共同做好会计管理工作；否则，不论由哪一级财政部门大包大揽、事无巨细，都不利于调动各级、各方面的积极性，也难以达到既定的管理目标。

(二)会计工作的管理内容

会计工作是一项经济管理活动，为了规范会计工作、保证会计工作在经济管理中发挥作用，政府部门应在宏观上对会计工作进行必要的指导、监督和管理，特别是加强会计人员的管理就显得更加重要。在经济管理的过程中，会计人员在为本单位的经济管理和业务活动服务的同时，也要为国家宏观管理服务。要实现这一目标，政府部门必须加强对会计人员管理工作的指导和管理，包括会计从业资格管理、会计专业技术资格管理、会计机构负责人任职资格管理、会计人员职业道德管理、会计人员继续教育管理，还有会计委派制度、财政部门实施会计监督制度、会计人员行使职权保障、会计人员奖惩等。因此，会计从业任职资格、会计专业技术资格、会计机构负责人任职资格、会计人员职业道德、会计人员继续教育、会计委派制度和财政部门实施会计监督制度等就构成了会计工作管理的主要内容。

本章知识结构图

- 会计常识
  - 会计的含义和职能
    - 会计的含义
      - 会计的产生和发展
      - 会计的概念
    - 会计的职能
      - 会计的核算职能
      - 会计的监督职能
  - 会计的对象和方法
    - 会计对象
      - 会计对象的含义
      - 工业企业的会计对象
      - 商品流通企业的会计对象
      - 行政事业单位的会计对象
      - 国际贸易核算的会计对象
    - 会计方法
      - 会计核算的方法
      - 会计检查和分析的方法
  - 会计核算的前提和要求
    - 会计核算的前提
      - 会计核算的基础
      - 会计核算的基本前提
    - 会计信息质量要求——八项会计核算的一般原则
  - 会计法规体系和会计管理体制
    - 会计的法规体系
      - 会计法律
      - 会计法规
      - 规范性文件
    - 会计管理体制及内容
      - 会计管理体制
      - 会计工作的管理内容

复习思考题

一、单项选择题

1. 会计是以(　　)为主要计量单位,运用专门的方法和程序对一个单位的经济活动进行综合反映和监督的经济管理工作。

A. 货币　　B. 实物　　C. 时间　　D. 价值

2. 实质重于形式原则是指企业应当按照交易或者事项的经济(　　)进行确认、计量和报告,不应仅以交易或者事项的法律形式为依据。

A. 定义　　B. 实质　　C. 交易　　D. 活动

3. 1999 年 10 月 31 日,第九届全国人民代表大会常务委员会第十二次会议修订的《中华人民共和国会计法》,自(　　)起施行。

A. 1999 年 11 月 1 日　　B. 1999 年 12 月 1 日　　C. 2000 年 5 月 1 日　　D. 2000 年 7 月 1 日

4.《企业财务会计报告条例》由中华人民共和国国务院颁布,自(　　)起施行。

A. 1999 年 1 月 1 日　　B. 2000 年 1 月 1 日　　C. 2001 年 1 月 1 日　　D. 2002 年 1 月 1 日

5. 2006 年 2 月 15 日,财政部颁布修订后的《企业会计准则》,自(　　)起施行。

A. 2006 年 7 月 1 日　　B. 2006 年 12 月 11 日　　C. 2007 年 1 月 1 日　　D. 2007 年 7 月 1 日

二、多项选择题

1. 会计核算职能是指会计以货币为主要计量单位,通过(　　)等环节,对特定主体的经济活动进行记账、算账、报账,用以及时、正确地反映经济活动的过程和结果,为各有关方面提供会计信息的功能。

A. 确认　　B. 计量　　C. 记录　　D. 报告

2. 会计的监督职能也称控制职能,按监督的时间不同,包括(　　)。

A. 事前监督　　B. 事中监督　　C. 事后监督　　D. 综合监督

3. 会计除了核算和监督的基本职能外,还具有(　　)等职能。

A. 预测经济前景　　B. 参考经营决策　　C. 评价经营业绩　　D. 决定利润多少

4. 企业的资金运动是指企业资金从货币资金开始,顺次通过(　　)阶段,又复归货币资金的过程。

A. 筹集　　B. 供应　　C. 生产　　D. 销售

5. 会计核算的基本前提包括(　　)。

A. 会计主体　　B. 持续经营　　C. 会计分期　　D. 货币计量

三、判断题

1. 事中监督又称事中控制,是指在经济业务完成之后所进行的检查和分析。(　　)

2. 商品流通企业资金的循环和周转经过供应、生产和销售三个阶段。(　　)

3. 设置账户是对会计对象的基本分类。(　　)

4. 审阅法审阅的主要内容是经济合同或协议。(　　)

5. 顺查法是按照会计账务处理的相反程序检查。(　　)

6. 收付实现制是企业会计核算的基础。(　　)

7. 会计核算的基本前提是指进行会计核算时必须明确的前提条件,也称会计假设。(　　)

8. 会计主体界定的是从事会计工作和提供会计信息的时间范围。(　　)

9. 会计工作的管理部门是单位主管部门。(　　)

10. 会计工作的管理内容是会计准则和制度的制定。(　　)

四、名词解释

1. 会计　　2. 会计对象　　3. 资金的循环　　4. 会计的方法　　5. 权责发生制

五、简答题

1. 简述会计的职能及其关系。

2. 简述会计方法及其构成。

第二章　账户与复式记账

知识目标

1. 理解会计要素的具体内容及各会计要素之间的恒等关系。
2. 掌握会计科目的分类、账户的基本结构和复式记账原理。
3. 掌握总分类账户与明细分类账户的平行登记方法。

技能目标

1. 能够分析不同经济业务类型对会计恒等式的影响。
2. 能够熟练运用借贷记账法进行会计分录的编制。
3. 能够运用试算平衡原理编制试算平衡表。
4. 能够熟练对总分类账户与明细分类账户进行平行登记。

导入案例

2007 年 1 月 1 日，甲、乙、丙三人共同投资成立黄河公司，公司注册资本 500 万元，其中：甲以银行存款出资 200 万元；乙以机器设备出资 100 万元，以土地使用权出资 50 万元；丙以原材料出资 100 万元，以银行存款出资 50 万元。同年 1 月 5 日，公司为扩大生产经营规模，向银行取得 3 年期借款 100 万元；1 月 8 日，公司以存款 50 万元购入原材料一批共计 35 万元和运输用卡车一辆计 15 万元；1 月 15 日，公司出售 X 产品一批共计 60 万元，款项已存入银行；1 月 20 日，生产 Y 产品领用原材料一批共计 10 万元；1 月 25 日，公司从开户银行提取现金1 000元，以备零星开支；1 月 30 日，公司以库存现金支付办公用品费用 400 元，支付管理部门电话费 500 元。

以上是企业在实际工作中经常发生的经济业务，请带着下列问题学习本章的知识。

思考题：

1. 在本案例中，涉及哪些会计要素？各会计要素之间的关系如何？
2. 在本案例中，涉及哪些会计科目与账户？
3. 在本案例中，如何运用借贷记账法编制正确的会计分录？
4. 在本案例中，如何编制本期发生额及余额试算平衡表？

第一节　会计要素

为了具体实施会计核算，必须对会计核算和监督的内容进行分类。会计要素是指对会计对象所进行的基本分类，也是会计核算对象的具体化。我国《企业会计准则——基本准则》将会计要素分为六大类，即资产、负债、所有者权益、收入、费用和利润。其中，资产、负债和所有者权益三项会计要素表现资金运动的相对静止状态，是反映企业财务状况的会计要素；收入、费用和利润三项会计要素表现资金运动的显著变动状态，是反映企业经营成果的会计要素。会计要素为会计分类核算提供了基础，也为会计报表构筑了基本框架，同时也是设置账户的基本依据。

一、资产

资产是指企业过去的交易或者事项形成的，由企业拥有或者控制的经济资源，该资源预期会给企业带来经济利益，它包括各种财产、债权和其他权利。拥有或控制一定数量的资产，是企业进行生产经营活动的前提条件。作为会计要素的资产，应具备四个方面的特征：第一，资产是由过去的交易或事项形成的，也就是说，资产是过去已经发生的交易或事项所产生的结果。资产必须是现实的资产，而不能是预期的资产，至于未来交易或事项可能产生的结果，则不能作为资产确认。第二，资产必须为企业所拥有或控制，也就是说，资产应该由企业所拥有，即使不为企业所拥有，也是企业所控制的。一项资源要作为企业资产予以确认，企业应该拥有该项资源的所有权，可以按照自己的意愿使用或处置资产。第三，资产能够给企业带来预期的经济利益。经济利益是指直接或间接流入企业的现金或现金等价物。在企业生产经营活动中，凡是能够给企业提供未来经济利益的资源都可以成为资产，但资产必须具有使用价值与交换价值；没有经济价值，不能给企业带来经济利益的项目，就不能确认为企业的资产。第四，资产必须能够用货币计量。一项资源如果不能用货币来计量，就失去了会计核算的基础，也就无法将其作为会计要素来确认。

资产按其流动性不同，可分为流动资产和非流动资产。

1. 流动资产

流动资产是指可以在一年或超过一年的一个营业周期内变现或耗用的资产，主要包括库存现金、银行存款、交易性金融资产、应收及预付款项、待摊费用、存货等。其中，库存现金是指由企业出纳人员保管并存放在企业内部保险柜里的现钞；银行存款是指企业存放在银行的货币资金；交易性金融资产是指企业为了近期内出售而持有的金融资产；应收及预付款项是指企业在日常生产经营过程中发生的各种债权，包括应收票据、应收账款、其他应收款和预付账款等；待摊费用是指企业已经支出，但应由本期和以后各期分别负担的，分摊期在一年以内的各项费用；存货是指企业为生产或销售而储存的各种材料、在产品、半成品、产成品、商品等。

2. 非流动资产

非流动资产是指在一年或超过一年的一个营业周期内不能变现或耗用的资产，包括长期股权投资、固定资产、无形资产和其他资产等。其中，长期股权投资是指企业持有的对其子公司、合营企业和联营企业的权益投资，以及企业持有的，对被投资单位不具有控制权、共同控制权或重大影响，并且在活跃市场中没有报价、公允价值不能可靠计量的权益性投资；固定资产是指为生产商品、提供劳务、出租或经营管理而持有的，使用寿命超过一个会计年度的有形资产，包括房屋、建筑物、机器设备、运输设备等；无形资产是指企业拥有或控制的、没有实物形态的、可辨认的非货币性资产，包括专利权、非专利技术、商标权、著作权、土地使用权、特许权等；其他资产是指除流动资产、长期股权投资、固定资产、无形资产等以外的资产，如长期待摊费用等。

二、负债

负债是指通过企业过去的交易或者事项形成的，预期会导致经济利益流出企业的现时义务。作为会计要素的负债,应具备四个方面的特征:第一,负债是由过去的交易或事项形成的。也就是说,导致负债的交易或事项必须已经发生,例如,企业赊购商品或劳务,会产生应付账款;接受银行贷款会产生还本付息的义务。只有源于已经发生的交易或事项,会计上才有可能确认为负债。对于企业正在筹划的未来交易或事项,如企业的业务计划等,并不构成企业的负债。第二,负债的清偿预期会导致经济利益流出企业。负债通常需要在未来某一时日通过交付资产(包括现金与其他资产)或提供劳务来清偿。例如,企业赊购的材料(货款未付),该业务所形成的应付账款应确认为企业的负债,需要在未来某一时日通过交付现金或银行存款来清偿,从而会引起未来经济利益流出企业。第三,负债必须能用货币准确、合理地计量。凡不能以货币计量的经济责任,不能确认为会计上的负债。第四,负债必须是到规定日期偿还,有明确的受款人和偿还日期,或者可以合理确定债权人和估计偿付日期。

负债按其偿还期限不同,可分为流动负债和长期负债。

1. 流动负债

流动负债是指将在一年或者超过一年的一个营业周期内偿还的债务,主要包括短期借款、应付票据、应付账款、预收账款、应付职工薪酬、应交税费、应付利息、应付股利、预提费用、其他应付款等。

2. 长期负债

长期负债是指偿还期限在一年或超过一年的一个营业周期以上的债务,包括长期借款、应付债券和长期应付款等。

三、所有者权益

所有者权益是指企业的投资人(即企业所有者)在企业资产中享有的经济利益,是企业的全部资产减去全部负债后的差额,即企业的净资产。所有者权益主要包括实收资本、资本公积、盈余公积和未分配利润。其中,盈余公积和未分配利润又统称为留存收益。

1. 实收资本

实收资本是指企业的投资者按照企业章程或者合同、协议的约定,实际投入企业的资本。实收资本是企业所有者权益构成的主体和企业注册成立的基本条件之一,也是企业正常运行所必需的资金和承担民事责任的财力保证,其在股份有限公司称为“股本”。

2. 资本公积

资本公积是指企业收到投资者的超出其在企业注册资本(或股本)中所占份额的投资,以及直接计入所有者权益的利得和损失等。资本公积包括资本溢价(或股本溢价)和直接计入所有者权益的利得及损失等;资本公积还可以按照法定的程序转增资本或股本。

3. 盈余公积

盈余公积是指企业按规定从净利润中提取的企业积累资金。一般企业和股份有限公司的盈余公积包括法定盈余公积、任意盈余公积。企业可以用盈余公积弥补亏损、转增资本或股本,对于符合规定条件的企业,也可用盈余公积分派现金股利或利润。

4. 未分配利润

未分配利润是指企业留于以后年度分配的利润或待分配利润。如果企业发生亏损,为了弥补亏损,可以按规定由以后连续 5 年内的利润进行弥补。

从会计要素的角度看,债权人对企业资产的要求权即为债权人权益,所有者对企业资产的要求权即为所有者权益,因此,可以将负债与所有者权益统称为权益,但二者并不完全相同,区别在于:第一,享有的法律权利不同,债权人有到期要求收回本金和利息的权利,但没有参与决策与盈利分配等的权利;投资人在没有法律允许的情况下不能要求收回本金,但投资人拥有参与企业重大经营决策、企业盈利分配等权利。第二,享有资产权的范围不同,债权人有权要求企业以其全部资产承担责任,而投资人只对企业净资产享有要求权,也就是说,债权人的权益优先于所有者的权益,所有者权益是一种剩余权益。

四、收入

收入是指企业在销售商品、提供劳务及让渡资产使用权等日常活动中形成的经济利益的总流入。收入不包括为第三方或客户代收的款项。对于企业来说,收入是补偿费用、取得利润的源泉。收入一般具有四个方面的特征:第一,收入产生于企业日常活动的全过程,而不是从偶发的交易或事项中产生,如企业销售商品、提供劳务的收入等。第二,收入的实现可能表现为企业资产的增加,也可能表现为企业负债的减少,或者同时表现为资产的增加和负债的减少,如赊销时产生的债权、以商品抵偿债务等。第三,收入最终会导致企业所有者权益的增加。由于收入能使资产增加或负债减少,或两者兼而有之,因此,企业取得收入一定能导致所有者权益的增加。第四,收入只包括本企业经济利益的流入,不包括为第三方或客户代收的款项,如代收增值税、代销款等。

收入包括销售商品收入、提供劳务收入和让渡资产使用权收入。其中,销售商品收入是指企业通过销售商品实现的收入;提供劳务收入是指企业通过提供各种劳务所获得的收入,如咨询、代理等;让渡资产使用权收入是指企业通过让渡资产使用权实现的收入,如利息收入和使用费收入等。

收入按企业经营业务的主次不同,可分为主营业务收入和其他业务收入。

1. 主营业务收入

主营业务收入是指企业销售商品、提供劳务及让渡资产使用权等正常经营活动而取得的收入。

2. 其他业务收入

其他业务收入是指除主营业务以外的其他销售或业务所取得的收入,包括材料销售、包装物出租、代购代销等业务取得的收入。

五、费用

费用是指企业在销售商品、提供劳务等日常活动中所发生的经济利益的总流出,包括企业在施工过程中所发生的建造费用、在筹资过程中发生的筹资费用、在采购过程中发生的采购费用、在生产过程中发生的生产费用、在销售过程中发生的销售费用、在企业经营管理过程中发生的管理费用、企业承担的所得税费用以及所遭受的财产损失等。费用应具有三个方面的特征:第一,费用发生于企业生产经营管理活动的全过程,既有因日常活动而发生的建造费用、筹资费用、生产费用、销售费用、管理费用、所得税费用等,也有因偶发的交易或事项而遭受的财产损失,如罚款损失、资产盘亏损失、非常损失等。第二,费用的发生会引起企业所有者权益的减少。费用既可能表现为资产的减少,如减少现金、原材料等,也可能表现为负债的增加,如增加应交税费、应付职工薪酬等。在一般情况下,发生的费用总是为了获取一定时期的收入,因此费用应从本期收入中得到补偿,所以费用的发生一定会导致企业所有者权益的减少。第三,费用会引起企业经济利益的总流出,具体表现为资产的减少或负债的增加,或者两者兼而有之。企业要进行生产经营活动必然会发生一定的费用，费用是经营成果的扣除要素，收入扣除相应费用后形成一定期间的利润。

费用按经济用途不同，可分为应计入产品成本的费用和不应计入产品成本的费用。

1. 应计入产品成本的费用

应计入产品成本的费用又分为直接费用和间接费用，其中，直接费用包括直接材料、直接人工和其他直接费用；间接费用主要是指制造费用。

2. 不应计入产品成本的费用

不应计入产品成本的费用主要是指期间费用。期间费用是指企业当期发生的、必须从当期收入中得到补偿的费用，主要包括企业行政管理部门为组织和管理生产经营活动而发生的管理费用，为筹集资金而发生的财务费用，以及为销售商品而发生的销售费用。由于期间费用不参与成本计算，所以期间费用应直接计入当期损益。

六、利润

利润是指企业在一定会计期间的经营成果，是企业生产经营过程中全部收入减去全部费用后的净额。利润在会计上具有三个方面的特征：第一，利润是收入和费用两个会计要素相互配比的结果。当某一会计期间的收入大于费用时，表现为企业盈利；反之，则表现为企业亏损。第二，利润的形成会导致所有者权益发生增减变动，盈利的发生会使所有者权益增加，而亏损的发生则会造成所有者权益减少。第三，我国企业会计准则界定的利润是广义上的收入与狭义上的费用相抵后的差额。

利润包括营业利润、利润总额和净利润三部分。

1. 营业利润

营业利润是指营业收入减去营业成本、营业税金及附加、期间费用（包括销售费用、管理费用和财务费用）、资产减值损失，加上公允价值变动净收益、投资净收益后的金额。

2. 利润总额

利润总额是指营业利润加上营业外收入，减去营业外支出后的金额。

3. 净利润

净利润是指利润总额减去所得税费用后的金额。

有关收入、费用的各个项目及利润计算的详细内容将在第三章中结合会计实务作进一步的详细介绍。

第二节 会计恒等式

一、会计恒等式的概述

会计恒等式是指表明各会计要素之间数量关系的恒等式。会计恒等式又称会计平衡公式或会计方程式。它揭示了各项会计要素之间的内在联系，是设置账户、复式记账和编制会计报表的理论依据。

（一）资产＝负债＋所有者权益

这是最基本的会计恒等式。企业为了进行正常的生产经营活动，必须拥有一定数量的、能满足其生产经营需要的经济资源，即资产是作为从事经济活动的基础，如房屋、机器设备、原材料、货币资金等。这些资产的来源有两条渠道：一是所有者投入的资本，二是举债借入的资金。无论是所有者投入的资本，还是企业通过举债借入的资金，都体现了一定的经济关系。前者形成企业与投资者之间的投资与被投资的关系，归属于所有者权益；后者形成企业与债权人之间的债权与债务的关系，归属于债权人权益（即企业的负债）。资产和负债、所有者权益实质上是同一价值运动的两个方面，因而客观上存在必然相等的关系。从数量上来说，有一定数额的资产，必定有一定数额的负债和所有者权益；反之，有一定数额的负债和所有者权益，也必定有一定数额的资产。也就是说，资产与负债和所有者权益之间在数量上必然相等。这一基本平衡关系用公式表示如下：

资产＝权益

资产＝债权人权益＋所有者权益

资产＝负债＋所有者权益

这一平衡公式反映了资产、负债和所有者权益三个会计要素之间的数量关系以及企业资产的归属，是企业的资金运动在一定时点上的静态平衡反映，也是编制资产负债表的依据。

（二）收入－费用＝利润

企业的目标就是从生产经营过程中获取收入，实现盈利。企业在取得收入的同时，也必然会发生相应的费用。收入与费用相互比较的结果，就是企业在一定时期所获得的利润或发生的亏损。因此，收入、费用和利润的关系用公式可表示为：

收入－费用＝利润

这一等式反映了一定时期内收入、费用和利润三个会计要素之间的经济关系，以及在一定时期内的企业经营成果的形成过程，因此，是企业的资金运动在一定时点上的动态平衡反映，也是编制利润表的依据。企业在一定时期内获得的经营成果能够对资产和所有者权益产生影响，如果收入大于费用，企业就实现了利润，所有者权益将增加；反之，企业就发生了亏损，所有者权益将减少。收入可以导致企业资产的增加或负债的减少，最终导致所有者权益增加；费用可以导致企业资产的减少或负债的增加，最终导致所有者权益减少。因此，将这种关系用公式可表示为：

资产＝负债＋所有者权益＋利润

资产＝负债＋所有者权益＋（收入－费用）

或　资产＋费用＝负债＋所有者权益＋收入

上述等式将会计的六大要素有机地结合起来，完整地反映了企业的资金运动过程，揭示了资产负债表要素与利润表要素内部及其相互之间的联系和依存关系。

二、经济业务对会计恒等式的影响

企业在生产经营过程中会不断发生各种经济业务，如购买原材料、支付工资、销售商品、缴纳税款、分配利润等，这些经济业务的发生必然会引起会计要素在数量上的增减变化。但是，无论发生什么经济业务，都不会破坏资产与负债和所有者权益之间的平衡关系。也就是说，任何经济业务的发生所引起的会计恒等式中各要素的增减变化，都不会破坏“资产＝负债＋所有者权益”的成立。

下面以大众公司发生的经济业务为例进行说明。

大众公司 2013 年 5 月 31 日资产、负债和所有者权益的有关项目的金额及平衡关系如表 2－1 所示。

表 2－1　大众公司 2013 年 5 月 31 日资产、负债和所有者权益的有关项目的金额及平衡关系　单位:元

资产	金额	负债和所有者权益	金额
银行存款	50 000	短期借款	10 000
应收账款	80 000	应付账款	180 000
原材料	100 000	应交税费	80 000
长期股权投资	60 000	实收资本	110 000
固定资产	150 000	资本公积	60 000
合计	440 000	合计	440 000

大众公司 2013 年 6 月份发生下列经济业务：

(1)6 月 3 日，用银行存款5 000元购进原材料。

这项经济业务的发生引起资产项目之间此增彼减。一方面使公司资产项目“原材料”增加了5 000元，另一方面又使公司资产项目“银行存款”减少了5 000元，增减金额相等，这一增一减并未引起公司总资产金额发生变化。另外，这项经济业务没有涉及负债和所有者权益项目，不会引起权益总额发生变化。因此，这项经济业务的发生不会改变会计恒等式的平衡关系。

(2)6 月 8 日，向银行借入短期借款30 000元，直接偿还应付账款。

这项经济业务的发生引起负债和所有者权益项目之间此增彼减。一方面使公司负债项目“短期借款”增加了30 000元，另一方面又使公司负债项目“应付账款”减少了30 000元，增减金额相等。因此，并未引起公司负债和所有者权益总额发生变化。另外，这项经济业务没有涉及资产项目，不会引起资产总额发生变化，所以，这项经济业务的发生不会改变会计恒等式的平衡关系。

(3)6 月 18 日，公司接受 A 公司投入的机器一台价值120 000元。

这项经济业务的发生引起资产项目和所有者权益项目同时增加。一方面使公司资产项目“固定资产”增加了120 000元，另一方面又使公司所有者权益项目“实收资本”增加了120 000元，双方增加的金额相等。因此，会计恒等式的平衡关系仍没有改变。

(4)6 月 25 日，公司以银行存款上缴本月应交税费70 000元。

这项经济业务的发生引起资产项目和负债项目同时减少。一方面使公司资产项目“银行存款”减少了70 000元，另一方面又使公司负债项目“应交税费”减少了70 000元，双方减少的金额相等。因此，会计恒等式的平衡关系仍没有改变。

以上经济业务的发生对“资产＝负债＋所有者权益”会计恒等式的影响如下：

期初资产总额440 000元＝期初(负债＋所有者权益)总额440 000

(1)原材料	＋5 000 元	(2)短期借款	＋30 000 元
(1)银行存款	－5 000 元	(2)应付账款	－30 000 元
(3)固定资产	＋120 000 元	(3)实收资本	＋120 000 元
(4)银行存款	－70 000 元	(4)应交税费	－70 000 元

期末资产合计490 000元＝期末(负债＋所有者权益)合计490 000元

从上述列举的四项经济业务可以看出，大众公司 2013 年 6 月份发生经济业务以后，资产仍然与负债和所有者权益保持着平衡关系。由此可以得出结论：任何一项经济业务的发生，无论引起会计要素发生什么样的增减变动，都不会改变会计恒等式的平衡关系。

企业日常发生的经济业务虽然种类繁多，但归纳起来不外乎有以下四种类型：

第一，经济业务发生引起资产项目之间此增彼减，增减金额相等，平衡关系不变。

第二，经济业务发生引起权益项目之间此增彼减，增减金额相等，平衡关系不变。

第三，经济业务发生引起资产与权益项目同时增加，双方增加的金额相等，平衡关系不变。

第四，经济业务发生引起资产与权益项目同时减少，双方减少的金额相等，平衡关系不变。

以上四种经济业务类型可用图2—1表示。

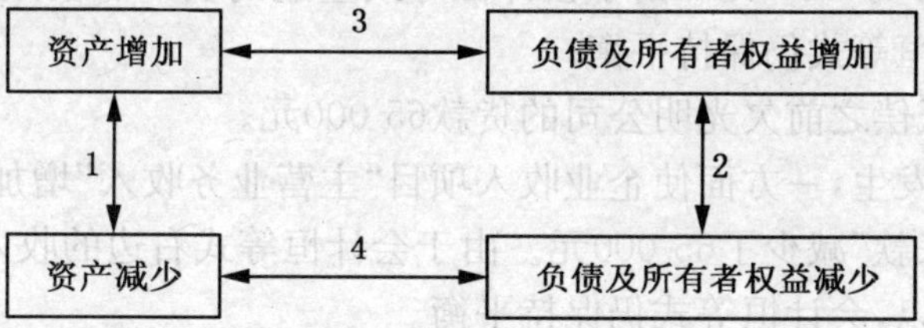

图2—1 四种经济业务类型

将上述四种经济业务类型具体化，可归纳为九种情况：

①资产项目此增彼减，增减金额相等，会计恒等式保持平衡。

②负债项目此增彼减，增减金额相等，会计恒等式保持平衡。

③所有者权益项目此增彼减，增减金额相等，会计恒等式保持平衡。

④资产项目和负债项目等额增加，会计恒等式保持平衡。

⑤资产项目和负债项目等额减少，会计恒等式保持平衡。

⑥资产项目和所有者权益项目等额增加，会计恒等式保持平衡。

⑦资产项目和所有者权益项目等额减少，会计恒等式保持平衡。

⑧负债项目增加，所有者权益项目减少，增减金额相等，会计恒等式保持平衡。

⑨负债项目减少，所有者权益项目增加，增减金额相等，会计恒等式保持平衡。

上述归纳证明了经济业务的发生虽然会导致资产、负债和所有者权益的增减变动，但资产、负债和所有者权益的平衡关系不会被打破。如果考虑收入、费用和利润要素的增减变动，情况又会怎样呢？

如前所述，企业在生产经营过程中取得的收入实质上是企业经济利益的流入，它将导致企业资产的增加，发生的费用将导致企业资产的减少。在会计期末，收入与费用相抵的差额即为利润或亏损，最终会导致所有者权益的增加或减少。因此，在会计期末，将利润或亏损归入所有者权益之后，上述公式可演变为：

资产＋费用＝负债＋所有者权益＋收入

或　资产＝负债＋所有者权益＋收入－费用

资产＝负债＋所有者权益＋利润

资产＝负债＋所有者权益

下面通过举例可以说明，当企业发生有关收入和费用的经济业务时，会计恒等式仍然成立。

(5)企业销售产品，收到销售收入价款100 000元，存入银行。

这项经济业务的发生，一方面使企业资产项目“银行存款”增加了100 000元，另一方面又使收入项目“主营业务收入”增加了100 000元。由于会计恒等式左右两边的资产和收入项目等额增加，所以，会计恒等式仍保持平衡。

(6)接供电部门通知，企业管理部门发生电费2 000元尚未支付。

这项经济业务的发生，一方面使企业费用项目“管理费用”增加了2 000元，另一方面又使负债项目“应付账款”增加了2 000元。由于会计恒等式左右两边的费用和负债项目等额增加，所以会计恒等式仍保持平衡。

(7)以库存现金支付企业管理部门办公用品费 500 元。

这项经济业务的发生，一方面使企业费用项目“管理费用”增加了 500 元，另一方面又使资产项目“库存现金”减少了 500 元。由于会计恒等式左边的资产和费用项目等额此增彼减，相抵后为零，所以，会计恒等式仍保持平衡。

(8)企业用产品抵偿之前欠光明公司的货款65 000元。

这项经济业务的发生，一方面使企业收入项目“主营业务收入”增加了65 000元，另一方面又使负债项目“应付账款”减少了65 000元。由于会计恒等式右边的收入和负债项目等额此增彼减，相抵后为零，所以，会计恒等式仍保持平衡。

从上述例子中可以看出，当企业发生有关收入和费用会计要素的增减变动时，会计恒等式仍保持平衡关系。因此，“资产＝负债＋所有者权益”这一会计恒等式永远成立。它是设置会计科目与账户、进行复式记账以及编制会计报表的理论依据，在会计实务中发挥着重要的作用。

第三节　账户的设置及分类

一、会计科目

(一)会计科目的概念

为了全面、系统地反映和监督企业发生的各项经济活动，分门别类地为经济管理提供会计信息，需要设置会计科目。通过设置会计科目对会计要素的具体内容进行科学分类，可以为会计信息的使用者提供科学、详细的分类指标体系。因此，会计科目是指对会计对象的具体内容在按照会计要素分类的基础上进一步分类的项目。例如，为了反映和监督各项资产的增减变动，设置了“库存现金”、“交易性金融资产”、“周转材料”、“固定资产”等科目；为了反映和监督负债与所有者权益的增减变动，设置了“短期借款”、“应付票据”、“应付债券”和“实收资本”、“盈余公积”等科目；为了反映和监督收入、费用和利润的增减变动，设置了“主营业务收入”、“生产成本”、“制造费用”、“本年利润”和“利润分配”等科目。

(二)设置会计科目的原则

在我国，会计科目必须根据《企业会计准则》，并按照国家统一的会计制度的要求设置和使用。

为了更好地进行会计核算，满足经济管理对会计核算资料的要求，设置会计科目时应遵循以下原则：

1. 全面系统性原则

任何一个会计主体设置的会计科目，必须能够全面、系统地反映会计对象的具体内容，不得有任何遗漏。

2. 言简意赅原则

会计科目作为分类核算会计对象的标志，要求言简意赅，每一个会计科目所核算的范围和内容必须有明确的界定，其名称要具有概括性。

3. 便于使用和记忆原则

为了便于准确理解会计科目所反映的经济业务内容，掌握会计科目的使用方法，更好地满足会计电算化的需要，就必须对会计科目进行分类和编号，以便形成一个完整的会计科目体系。

4. 统一性和灵活性相结合原则

在设置会计科目时，既要考虑能提供总括核算指标的总分类科目，又要考虑能提供明细核算指标的明细分类科目；既要防止会计科目过于简单，又要防止会计科目过于繁琐。

5. 适应性和稳定性相结合原则

会计科目的设置，既要有一定的前瞻性，以保证会计科目的稳定，又要根据社会经济环境的变化，及时予以修改和完善。

（三）会计科目的分类

为了正确设置会计科目，便于掌握和运用会计科目，使记账工作正常进行，就需要对会计科目进行分类。

1. 会计科目按经济内容分类

会计科目按经济内容可分为资产类、负债类、共同类、所有者权益类、成本类和损益类六大类会计科目。

现根据财政部统一制定的《企业会计制度》，列示一些企业常用的会计科目，如表2－2所示。

表2－2 会计科目表

顺序	编号	会计科目名称	顺序	编号	会计科目名称
		一、资产类	49	2205	预收账款
1	1001	库存现金	50	2211	应付职工薪酬
2	1002	银行存款	51	2221	应交税费
3	1015	其他货币资金	52	2231	应付股利
4	1101	交易性金融资产	53	2232	应付利息
5	1121	应收票据	54	2241	其他应付款
6	1122	应收账款	55	2314	代理业务负债
7	1123	预付账款	56	2401	预提费用
8	1131	应收股利	57	2411	预计负债
9	1132	应收利息	58	2501	递延收益
10	1231	其他应收款	59	2601	长期借款
11	1241	坏账准备	60	2602	应付债券
12	1321	代理业务资产	61	2801	长期应付款
13	1401	材料采购	62	2802	未确认融资费用
14	1402	在途物资	63	2811	专项应付款

续表

顺序	编号	会计科目名称	顺序	编号	会计科目名称
15	1403	原材料	64	2901	递延所得税负债
16	1404	材料成本差异			三、共同类
17	1406	库存商品	65	3101	衍生工具
18	1407	发出商品	66	3201	套期工具
19	1410	商品进销差价	67	3202	被套期项目
20	1411	委托加工物资			四、所有者权益类
21	1412	周转材料	68	4001	实收资本
22	1461	存货跌价准备	69	4002	资本公积
23	1501	待摊费用	70	4101	盈余公积
24	1521	持有至到期投资	71	4103	本年利润
25	1522	持有至到期投资减值准备	72	4104	利润分配
26	1523	可供出售金额资产	73	4201	库存股
27	1524	长期股权投资			五、成本类
28	1525	长期股权投资减值准备	74	5001	生产成本
29	1526	投资性房地产	75	5101	制造费用
30	1531	长期应收款	76	5201	劳务成本
31	1541	未实现融资收益	77	5301	研发支出
32	1601	固定资产			六、损益类
33	1602	累计折旧	78	6001	主营业务收入
34	1603	固定资产减值准备	79	6051	其他业务收入
35	1604	在建工程	80	6101	公允价值变动损益
36	1605	工程物资	81	6111	投资收益
37	1606	固定资产清理	82	6301	营业外收入
38	1701	无形资产	83	6401	主营业务成本
39	1702	累计摊销	84	6402	其他业务成本
40	1703	无形资产减值准备	85	6405	营业税金及附加
41	1711	商誉	86	6601	销售费用
42	1801	长期待摊费用	87	6602	管理费用
43	1811	递延所得税资产	88	6603	财务费用
44	1901	待处理财产损溢	89	6701	资产减值损失
		二、负债类	90	6711	营业外支出
45	2001	短期借款	91	6801	所得税费用

续表

顺序	编号	会计科目名称	顺序	编号	会计科目名称
46	2101	交易性金融负债	92	6901	以前年度损益调整
47	2201	应付票据			
48	2202	应付账款			

为了便于会计核算工作的顺利进行，尤其是适应会计电算化的要求，一般在上述分类基础上另行编制《会计科目表》，将所使用的全部会计科目列于其中，并对每一会计科目加以编号。我国会计制度规定，对会计科目的编号一般采用“四位数编号法”，如“1”为资产类会计科目，“2”为负债类会计科目，“3”为共同类会计科目，“4”为所有者权益类会计科目，“5”为成本类会计科目，“6”为损益类会计科目。为了便于会计科目增减，在编号时，要注意留有空号。

2. 会计科目按提供指标的详细程度分类

会计科目按提供会计指标的详细程度不同，可分为以下两类：

(1)总分类科目。也称一级科目，是指对会计要素的具体内容进行总括分类，提供总括核算指标的会计科目。如表 2—2 所列的会计科目都是总分类科目。

(2)明细分类科目。包括二级、三级会计科目，有时甚至还包括四级、五级会计科目。明细分类科目是对总分类科目进一步划分，提供更详细、更具体的核算指标的会计科目。

下面以“原材料”、“库存商品”为例，说明它们之间的相互关系(如表 2—3 所示)。

表 2—3　　总分类科目与明细分类科目的关系

总分类科目(一级科目)	明细分类科目	
	二级科目(子目)	三级科目(细目)
原材料	主要材料	A 材料
		B 材料
	辅助材料	油漆
		润滑油
库存商品	白酒	五粮液
		茅台酒
	服装	西装
		运动服

我国《企业会计制度》规定，总分类科目由财政部统一制定，明细分类科目除《企业会计制度》规定设置的以外，企业可根据会计核算和管理的实际需要自行设置。但必须指出，并不是所有的一级科目都需要设置二级和三级科目，如“坏账准备”、“所得税费用”、“累计摊销”等科目就不需要设置二级、三级科目。

上述的会计科目是就一般企业设置的，由于企业的性质不同，核算时涉及的会计科目也各不相同。外贸企业作为企业的一种，所涉及的总分类科目相同、明细科目有所不同，其目的就是为了使核算更加科学、规范。具体来说，主要有“银行存款——外币户”、“应收账款——应收外汇账款”、“应付账款——应付外汇账款”、“短期借款——短期外汇借款”、“应收票据——应收外汇票据”、“财务费用——汇兑损益”、“主营业务收入——自营出口销售收入”、“主营业务成本——自营出口销售成本”、“主营业务收入——代理出口销售收入”、“主营业务成本——代理出口销售成本”、“其他应收款——应收出口退税款”、“应交税费—应交增值税(出口抵减内销产品应纳税额)”、“应交税费——应交增值税(出口退税)”等，随后将结合具体业务展开和讲解。

二、账户的设置

(一)设置账户的必要性

会计科目只是规定了对会计要素具体内容进行分类核算的项目或名称，还不能进行具体的会计核算，不能反映经济业务发生所引起的会计要素各项目的增减变动情况和结果。为了全面、系统、连续、序时地记录由于经济业务发生而引起的会计要素增减变动，提供各种会计信息，还必须根据规定的会计科目在账簿中开设账户。

账户是根据会计科目设置的，具有一定格式和结构，用于分类记录和计算会计要素增减变动情况及其结果的户头。每个账户都有一个名称，在账簿中拥有一定的账页，具有规定的账页格式。账户的设置与会计科目的分类密切相关，即根据总分类科目开设总分类账户，根据明细分类科目开设明细分类账户。由于总分类账户提供的是总括核算指标，因而一般用货币计量；明细分类账户提供的是明细分类核算指标，因而除用货币计量外，还有的用实物计量(件、千克等)。

(二)会计科目与账户的关系

账户和会计科目是两个既有一定区别又密切联系的概念。其共同点在于：它们都是对会计对象的具体内容在按照会计要素分类的基础上所作的进一步分类，反映的经济内容相同。其不同点在于：会计科目只是对会计对象的具体内容进行分类核算的项目，而账户是记录由于发生经济业务而引起的会计要素具体内容的各个项目增减变化的空间场所。会计科目只是一个分类标志，本身没有结构，不能记录和反映经济业务的增减变化及结果。会计科目是由国家会计制度统一规定的，而账户除规定外，企业还可以根据实际需要自行确定。

由于账户是根据会计科目开设的，会计科目就是账户的名称，因此，在实际工作中，会计科目与账户通常被作为同义词来使用而不加以严格的区别。

(三)账户的基本结构

账户的结构是指账页的格式。账户要记录由于经济业务发生而引起的各会计要素增减变动的情况，必须是拥有一定格式的账页。账户的基本结构是由会计要素的数量变化情况决定的，由于经济业务发生所引起的各会计要素的变动，从数量上看不外乎是增加和减少两种情况，因此，账户结构也就相应分为左方、右方两个方向，一方登记增加数，另一方登记减少数。同时，为了反映其增减变化的结果，账户还需要设置反映结余数的部分。这样，账户的基本结构由“增加栏”、“减少栏”和“余额栏”三部分构成。无论企业在实际工作中所使用的账户具体格式如何，这一基本结构总是一样的。

当然对于一个完整的账户而言，除了必须反映增加数、减少数和余额外，还应包括其他栏目，反映其他相关内容。一般来说，一个完整的账户结构应包括下列内容：

(1)账户名称(即会计科目)；

(2)日期(用以记录经济业务发生的日期)；

(3)凭证编号(表明账户记录所依据的凭证)；

(4)经济业务摘要(概括说明经济业务的内容)；

(5)增加额、减少额(说明经济业务的数量)；

(6)余额(包括期初余额和期末余额)。

账户一般格式如表 2－4 所示。

表 2－4　　账户名称(会计科目)

年		凭证编号	摘　要	增加金额	减少金额	余　额
月	日					

为便于说明问题,可将账户的核心部分简化为"T"字形,只保留左、右两方,其他略去,将余额写在下方。其简化式账户结构如表 2－5 所示。

表 2－5　　简化式账户结构

左方　　账户名称(会计科目)　　右方

账户的左方和右方分别记录增加额和减少额,增减相抵的差额即为余额。因此,每个账户一般有四个金额要素,即期初余额、本期增加发生额、本期减少发生额和期末余额。本期增加发生额和本期减少发生额是指在一定的会计期间内,账户在左、右两方分别登记的增加额合计和减少额合计。本期增加发生额和本期减少发生额相抵后的差额即为本期的期末余额。如果将本期的期末余额转入下一期,就是下一期的期初余额。每个账户的本期发生额反映的是该类经济业务内容在本期内变动的情况,而余额则反映变动的结果。正常情况下,账户的四项金额要素的基本关系可以用下列等式来表示:

期末余额＝期初余额＋本期增加发生额－本期减少发生额

账户的左、右两方是按相反方向来记录增加额和减少额的,也就是说,如果在账户左方记录增加额,则在账户右方记录减少额;反之,如果在账户右方记录增加额,则在账户左方记录减少额。在每一个具体账户的左右两方,究竟哪一方记录增加额、哪一方记录减少额,取决于所采用的记账方法和账户所记录的经济业务内容。账户的余额一般与账户记录的增加额在同一方向。

三、账户的分类

(一)账户按提供指标的详细程度分类

由于账户是根据会计科目设置的,同会计科目的分类相对应,因此,账户也分为总分类账户和明细分类账户。

1. 总分类账户

总分类账户是指根据总分类科目设置的,用于对会计要素具体内容进行总括分类核算的账户,简称总账账户或一级账户。例如,"银行存款"账户、"无形资产"账户等都是总分类账户。

2. 明细分类账户

明细分类账户是指根据明细分类科目设置的，用于对会计要素具体内容进行明细分类核算的账户，简称明细账户或二级、三级账户。例如，“应收账款”账户下设的“A 公司”和“B 公司”、“应付职工薪酬”账户下设的“工资”和“职工福利”等都是明细分类账户。

（二）账户按所反映的经济内容分类

根据账户所反映的经济内容不同，账户可分为资产类账户、负债类账户、共同类账户、所有者权益类账户、成本类账户和损益类账户六大类。

1. 资产类账户

资产类账户是指用来核算和监督企业各种资产增减变动及其结存情况的账户。按照资产的流动性，又可分为流动资产类账户和非流动资产类账户。例如，“库存现金”、“原材料”、“周转材料”、“待摊费用”等账户就属于流动资产类账户；“长期股权投资”、“固定资产”、“无形资产”、“长期待摊费用”等账户就属于非流动资产类账户。

2. 负债类账户

负债类账户是指用来核算和监督企业各种负债的增减变动及其结存情况的账户。按负债偿还期限的长短不同，又可分为流动负债类账户和长期负债类账户。例如，“短期借款”、“应付账款”、“应交税费”、“预提费用”等账户就属于流动负债类账户；“长期借款”、“应付债券”、“长期应付款”等账户就属于长期负债类账户。

3. 共同类账户

共同类账户是指用来核算和监督企业衍生工具以及开展套期保值业务的套期工具、被套期项目的公允价值变动所形成的资产类或负债类账户。例如，“衍生工具”、“套期工具”、“被套期项目”等账户。

4. 所有者权益类账户

所有者权益类账户是指用来核算和监督所有者权益增减变动及其结存情况的账户。例如，“实收资本”、“资本公积”、“盈余公积”、“本年利润”等账户。

5. 成本类账户

成本类账户是指用来反映企业生产经营过程中各成本计算对象的费用归集、成本计算情况的账户。例如，“生产成本”、“制造费用”、“劳务成本”等账户。

6. 损益类账户

损益类账户是指用来反映企业应直接计入当期损益的各项收入和费用的账户。例如，“主营业务收入”、“其他业务收入”、“营业外收入”、“管理费用”、“销售费用”等账户。

（三）账户按用途和结构分类

账户按会计要素分类，可以使我们了解账户所反映的经济内容，但却不能说明设置各种账户的作用，以及它们如何提供各种所需的核算指标。因此，为了正确地运用账户来记录经济业务、掌握账户运用的规律性，在按会计要素分类的基础上，账户还需要按用途和结构分类。

账户按用途和结构分类，可分为盘存账户、所有者权益账户、结算账户、调整账户、成本计算账户、集合分配账户、跨期摊提账户、期间汇转账户、财务成果账户九类。

1. 盘存账户

盘存账户是用来核算各项货币资金和实物资产的增减变动及其结存数额的账户。该类账户的借方登记各项货币资金和实物资产的增加数，贷方登记其减少数，期末余额总是在借方，表示各项货币资金和实物资产的结存数。其中，实物资产的明细账户一般既用货币量核算，又用实物量核算，该类账户的结存数额的真实性可以通过实物盘点或对账（银行存款）来核实。

盘存账户的结构如表 2－6 所示。

表 2－6　　盘存账户

借方	贷方
期初余额： 期初货币资金或实物资产的结存数 发生额： 本期货币资金或实物资产的增加数	发生额： 本期货币资金或实物资产的减少数
期末余额： 期末货币资金或实物资产的结存数	

属于盘存账户的主要有“库存现金”、“银行存款”、“原材料”、“库存商品”、“固定资产”等账户。

2. 所有者权益账户

所有者权益账户是用来核算企业所有者权益的增减变动及其结果的账户。该类账户的贷方登记所有者权益的增加数，借方登记其减少数，期末余额总是在贷方，表示所有者权益的实有数。所有者权益账户的结构如表 2－7 所示。

表 2－7　　所有者权益账户

借方	贷方
发生额： 本期所有者权益的减少数	期初余额： 期初所有者权益的实有数 发生额： 本期所有者权益的增加数
	期末余额： 期末所有者权益的实有数

属于所有者权益类账户的主要有“实收资本”、“资本公积”、“盈余公积”等账户。

3. 结算账户

结算账户是用来核算企业与其他单位或个人之间的债权、债务结算情况的账户。由于结算业务的性质不同，结算账户根据不同的账户结构又可分为债权结算账户和债务结算账户两类。

(1)债权结算账户是用来核算企业同债务单位和个人之间的债权结算的账户。该类账户的借方登记债权(应收款项或预付款项)的增加数，贷方登记债权的减少数，期末余额一般在借方，表示期末尚未收回或尚未结算的债权实有数。债权结算账户的结构如表 2－8 所示。

表 2－8　　债权结算账户

借方	贷方
期初余额： 期初尚未收回或尚未结算的债权实有数 发生额： 本期债权的增加数	发生额： 本期债权的减少数
期末余额： 期末尚未收回或尚未结算的债权实有数	

属于债权结算类账户的主要有“应收账款”、“预付账款”、“其他应收款”、“应收票据”等账户。

(2)债务结算账户是用来核算企业同债权单位和个人之间的债务结算的账户。该类账户的贷方登记债务(应付及预收款项和各种借款)的增加数,借方登记其减少数,期末余额一般在贷方,表示尚未偿还的债务实有数。债务结算账户的结构如表 2—9 所示。

表 2—9 债务结算账户

借方	贷方
	期初余额: 期初尚未偿还的债务实有数
发生额: 本期债务的减少数	发生额: 本期债务的增加数
	期末余额: 期末尚未偿还的债务实有数

属于债务结算类账户的主要有“应付账款”、“预收账款”、“应付票据”、“应付职工薪酬”、“应交税费”、“短期借款”、“长期借款”等账户。

4. 调整账户

调整账户是为了求得被调整账户的实际余额而设置的账户。为了满足经营管理上的需要,在会计核算中对某些会计要素需同时设置两个账户,即被调整账户和调整账户。用被调整账户反映原始数额,用调整账户反映对原始数额的调整数,两者结合起来使用,共同反映了同一会计对象。调整账户按其调整方式的不同,可分为备抵账户、附加账户和备抵附加账户三类。

(1)备抵账户。它是用来抵减被调整账户的余额,以求得被调整账户的实际余额的账户。其调整公式为:

被调整账户的余额－备抵账户的余额＝被调整账户的实际余额

由公式可知,备抵账户与其被调整账户的余额方向相反。

属于备抵调整类账户的主要有“累计折旧”、“累计摊销”、“坏账准备”账户。现以“累计折旧”账户为例加以说明。“累计折旧”账户是“固定资产”账户的备抵账户,“固定资产”账户反映固定资产的原始价值,“累计折旧”账户反映固定资产由于磨损而减少的价值,“固定资产”账户的借方余额减去“累计折旧”账户的贷方余额后,其差额等于固定资产的净值。这两个账户之间的关系如表 2—10 所示。

表 2—10 “固定资产”账户与“累计折旧”账户之间的关系

借方 固定资产	贷方	借方 累计折旧	贷方
期末余额: 固定资产的原始价值 855 000			期末余额: 固定资产的累计折旧额 355 000

固定资产净值＝固定资产原始价值－固定资产累计折旧

＝855 000－355 000

＝500 000(元)

(2)附加账户。它是用于增加被调整账户的余额,以求得被调整账户的实际余额的账户。其调整公式如下:

被调整账户的余额＋附加账户的余额＝被调整账户的实际余额

由公式可知,附加账户与其被调整账户的实际余额方向相同。在实际工作中,该类账户很少使用。

(3)备抵附加账户。它是用来抵减或增加被调整账户的余额,以求得被调整账户的实际余额的账户。备抵附加账户兼有备抵账户和附加账户的作用。当备抵附加账户的余额与被调整账户的余额方向相同时,该账户便起到附加账户的作用;当备抵附加账户的余额与被调整账户的余额方向相反时,该账户便起到备抵账户的作用。

属于备抵附加类账户的主要有"材料成本差异"账户,该账户是"原材料"账户的备抵附加账户。关于"材料成本差异"账户的具体运用,在专业会计中会有所介绍。

5. 成本计算账户

成本计算账户是用来核算企业生产经营活动的某一阶段所发生的费用,并确定各成本计算对象的实际成本的账户。该类账户的借方登记应计入成本的各项费用,贷方登记转出的实际成本,期末如有余额,一定在借方,表示尚未完成某一过程的成本计算对象的实际成本。现以"生产成本"账户为例,列示成本计算账户的结构,如表2－11所示。

表2－11　　成本计算账户

借方　　生产成本	贷方
期初余额: 期初在产品成本	
发生额: 本期发生的生产费用	发生额: 转出本期已完工产品的实际成本
期末余额: 期末在产品成本	

属于成本计算类账户的主要有"生产成本"、"在途物资"(或"材料采购")、"在建工程"等账户。

6. 集合分配账户

集合分配账户是用来核算企业在经营过程中发生的应由若干成本计算对象共同负担的费用,并将该费用分配计入各成本计算对象成本的账户。该类账户的借方登记有关费用的实际发生数,贷方登记费用的分配转出数,一般情况下,当期费用在当期分配完毕,期末无余额。集合分配账户的结构如表2－12所示。

表2－12　　集合分配账户

借方	贷方
发生额: 归集本期发生的费用数	发生额: 本期分配转出的费用数
0	

属于集合分配类账户的主要有"制造费用"账户。

7. 跨期摊提账户

跨期摊提账户是用来核算应由若干个会计期间共同负担的费用，并将这些费用摊配于各相关会计期间的账户。这是按照"权责发生制"、"划分收益性支出与资本性支出"原则正确划分各个会计期间费用而设置的账户。跨期摊提账户主要包括"待摊费用"、"长期待摊费用"和"预提费用"账户。

(1)"待摊费用"和"长期待摊费用"账户的借方登记实际发生或支付的，应由若干个会计期间摊销的费用数；贷方登记本期摊销的费用数。期末余额一般在借方，表示期末尚未摊销的费用数。该类账户的结构如表 2—13 所示。

表 2—13　　待摊费用

借方	贷方
期初余额： 上期尚未摊完的费用数 发生额： 本期发生或支付的费用数	发生额： 本期摊销的费用数
期末余额： 期末尚未摊销的费用数	

(2)"预提费用"账户的贷方登记预提计入各会计期间的费用数，借方登记费用的实际支付数。期末余额一般在贷方，表示期末已经预提但尚未支付的费用数。该类账户的结构如表 2—14所示。

表 2—14　　预提费用

借方	贷方
发生额： 本期支付的费用数	期初余额： 上期已预提但尚未支付的费用数 发生额： 本期预提的费用数
	期末余额： 期末已预提但尚未支付的费用数

8. 期间汇转账户

期间汇转账户是用来核算企业在某一会计期间的生产经营活动中发生的收入和费用的账户。按账户结构不同又具体分为"期间收入汇转"账户和"期间费用汇转"账户两类。

(1)"期间收入汇转"账户。它是用来核算在某一会计期间取得的收入的账户。该类账户的贷方登记当期取得的收入数，借方登记期末转入"本年利润"账户的收入数，期间收入汇转后，期末无余额。该类账户的结构如表 2—15 所示。

表 2—15　　期间收入汇转账户

借方	贷方
发生额： 期末转入"本年利润"账户的收入数	发生额： 本期取得的收入数
	0

属于期间收入汇转类账户的主要有“主营业务收入”、“其他业务收入”、“营业外收入”、“投资收益”等账户。

(2)“期间费用汇转”账户。它是用来核算在某一会计期间发生的各项费用的账户。该类账户的借方登记本期发生的费用数，贷方登记期末转入“本年利润”账户的费用数，期间费用汇转后，账户期末无余额。该类账户的结构如表 2－16 所示。

表 2－16　期间费用汇转账户

借方	贷方
发生额： 本期发生的费用数	发生额： 期末转入“本年利润”账户的费用数
0	

属于期间费用汇转类账户的主要有“主营业务成本”、“销售费用”、“营业税金及附加”、“管理费用”、“财务费用”、“其他业务成本”、“所得税费用”等账户。

9. 财务成果账户

财务成果账户是用来核算企业在一定会计期间全部经营活动的最终财务成果的账户。属于财务成果类账户的主要有“本年利润”账户。该类账户的贷方登记期末从各收入账户转入的收入数，借方登记期末从有关费用账户转入的费用数。期末贷方余额表示企业累计实现的净利润额；若为借方余额，则表示企业累计发生的亏损总额。该类账户的结构如表 2－17 所示。

表 2－17　财务成果账户

借方	贷方
期初余额： 自年初累计发生的亏损总额	期初余额： 自年初累计实现的净利润额
发生额： 从有关费用账户转入的费用数	发生额： 从各收入账户转入的收入数
期末余额： 累计发生的亏损总额	期末余额： 累计实现的净利润额

第四节　复式记账法

一、复式记账法的概念

为了全面、连续、系统地核算和监督企业的经济活动所引起的会计要素的增减变化及其结果，提供经营管理所需要的会计信息，除了设置会计科目、开设账户外，还需要采用一定的记账方法将会计要素的增减变动情况登记在账户中。所谓记账方法，是指按照一定的规则、使用一定符号，在账户中登记会计要素增减变动的技术方法。记账方法按记账方式的不同，可分为单式记账法和复式记账法两种。

单式记账法是指对发生的每一项经济业务，只在一个账户中进行记录的记账方法。例如，用银行存款2 000元购买原材料的经济业务发生后，只在“银行存款”账户中记录一笔银行存款减少了2 000元，而不在“原材料”账户中记录原材料增加了2 000元。由此可见，采用单式记账法操作简单，没有设置完整的账户体系，不能全面、系统地反映因经济业务发生而引起的会计要素增减变动及其结果，不便于检查账户记录的正确性，因而是一种不完整的记账方法。

复式记账法是指对发生的每一项经济业务，都以相等的金额，在相互关联的两个或两个以上账户中进行记录的记账方法。例如，用银行存款2 000元购买原材料，按照复式记账法的要求，必须以相等的金额，一方面，要在“银行存款”账户中记录银行存款减少了2 000元；另一方面，还要在“原材料”账户中记录原材料增加了2 000元。因此，与单式记账法相比，复式记账法有两个明显的特点：

1. 对于每一项经济业务，都要在两个或两个以上相互关联的账户中进行记录。因此，通过账户记录不仅可以全面、清晰地反映出经济业务的来龙去脉，而且还能通过会计要素的增减变动，全面、系统地反映经济活动的过程和结果。

2. 由于每项经济业务发生后，都以相等的金额在有关账户中进行记录，因而便于核对账户记录，进行试算平衡，保证账户记录的正确性。

复式记账法是以会计恒等式为依据建立的一种记账方法，被公认为是一种科学的记账方法，为世界各国所广泛采用。

我国过去采用的复式记账法主要有借贷记账法、增减记账法和收付记账法。目前，我国企业、行政、事业单位采用的记账方法都是复式记账法中的借贷记账法。

我国《企业会计准则——基本准则》中明确规定我国统一采用借贷记账法。这是因为经过数百年的锤炼，借贷记账法已被世界各国的会计工作者普遍接受，是一种公认的比较成熟、完善、科学的复式记账法。

二、借贷记账法

(一)借贷记账法的概念

借贷记账法是指以“借”、“贷”作为记账符号，以“有借必有贷，借贷必相等”作为记账规则，反映会计要素的增减变动情况的一种复式记账方法。

借贷记账法起源于13世纪的意大利。“借”、“贷”的含义，最初是从借贷资本家的角度来解释的，用来表示债权和债务的增减变动。借贷资本家对于借进的款项，记在贷主名下，表示自身的债务增加；对于贷出的款项，则记在借主名下，表示自身的债权增加。这样，“借”、“贷”二字分别表示债权、债务的变化。

随着社会经济的发展，经济活动的内容日益复杂，记录的经济业务不再局限于货币资金的借贷，而是扩展到财产物资的增减变化。即对非货币资金的借贷，也要求用“借”、“贷”二字记录其增减变动情况，以求账簿记录的统一。这样，“借”、“贷”二字逐渐失去了原来的字面含义，而演变成纯粹的记账符号，成为会计上的专业术语，用来反映资产的存在形态和权益的增减变化，“借贷记账法”的名称由此而来，目前已成为我国法定的记账方法。

(二)借贷记账法的基本内容

借贷记账法作为复式记账法的一种，它主要包括记账符号、账户结构、记账规则和试算平衡四个方面的基本内容。

1. 借贷记账法的记账符号

记账符号是指用来表示经济业务的增减变动和记账方向而规定使用的符号。借贷记账法以“借”、“贷”二字作为记账符号，分别作为账户的左方和右方。“借”表示记入账户的借方，

“贷”表示记入账户的贷方，“借”和“贷”本身不具有任何内在含义。在借贷记账法下，既不是“借”表示增加，“贷”表示减少，也不是相反的理解方法。至于“借”和“贷”哪一方记增加、哪一方记减少，则取决于账户的性质及结构。一般来说，以“借”表示资产类账户、成本类账户和费用类账户的增加，以及负债类账户、所有者权益类账户和收入类账户的减少；以“贷”表示资产类账户、成本类账户和费用类账户的减少，以及负债类账户、所有者权益类账户和收入类账户的增加。

2. 借贷记账法下的账户结构

在借贷记账法下，账户的基本结构是：左方为借方，右方为贷方。但哪一方登记增加、哪一方登记减少，则要根据账户反映的经济内容决定，余额一般在登记增加的一方。

(1)资产类账户结构

资产类账户，借方登记资产的增加额，贷方登记资产的减少额。余额在借方，表示各项资产的结存额。

资产类账户的本期借方发生额合计是指一定期间(一个月、一个季度或一年)借方登记金额的合计；本期贷方发生额合计是指一定期间(一个月、一个季度或一年)贷方登记金额的合计。

资产类账户的发生额与余额之间的关系用公式表示如下：

期末借方余额＝期初借方余额＋本期借方发生额合计－本期贷方发生额合计

上期的期末余额就是本期的期初余额。

资产类账户的基本结构如表 2—18 所示。

表 2—18　　资产类账户的基本结构

借方　　资产类账户	贷方
期初余额	
①本期增加额	①本期减少额
……	……
本期发生额合计	本期发生额合计
期末余额	

(2)负债及所有者权益类账户结构

负债及所有者权益类账户，贷方登记其增加额，借方登记其减少额。余额在贷方，表示负债及所有者权益的实际数额。

该类账户的发生额与余额之间的关系用公式表示如下：

期末贷方余额＝期初贷方余额＋本期贷方发生额合计－本期借方发生额合计

负债及所有者权益类账户的基本结构如表 2—19 所示。

表 2—19　　负债及所有者权益类账户的基本结构

借方　　负债及所有者权益类账户	贷方
	期初余额
①本期减少额	①本期增加额
……	……
本期发生额合计	本期发生额合计
	期末余额

(3)成本、费用类账户结构

成本、费用类账户的结构与资产类账户的结构基本相同，账户的借方登记其增加额，贷方登记其减少额或转销额。由于借方登记的增加额一般都要通过贷方转出，所以，该类账户通常期末没有余额。如果有余额，则一定为借方余额。

成本、费用类账户的基本结构如表 2—20 所示。

表 2—20　　成本、费用类账户的基本结构

借方　　成本、费用类账户	贷方
期初余额 ①本期增加额 ……	①本期减少额 ……
本期发生额合计	本期发生额合计
成本类账户期末余额 （费用类账户期末余额 0）	

(4)收入类账户结构

收入类账户的结构与负债及所有者权益类账户结构基本相同，账户的贷方登记其增加额，借方登记其减少额或转销额。由于贷方登记的增加额一般都要通过借方转出，所以，该类账户通常期末没有余额。

收入类账户的基本结构如表 2—21 所示。

表 2—21　　收入类账户的基本结构

借方　　收入类账户	贷方
本期减少或转销额	本期增加额
本期发生额合计	本期发生额合计
	0

若将上述各类账户的结构归纳起来，可得到表 2—22。

表 2—22　　借贷记账法下各类账户的基本结构

账户类别	借方	贷方	余额方向
资产类	增加	减少	借方
负债类	减少	增加	贷方
所有者权益类	减少	增加	贷方
收入类	减少(或转销)	增加	一般无余额
成本类	增加	减少(或转销)	借方
费用类	增加	减少(或转销)	一般无余额

3. 借贷记账法的记账规则

借贷记账法的记账规则，概括而言就是“有借必有贷，借贷必相等”。借贷记账法的记账规则是根据以下两个方面的原理来确定的：

(1)根据复式记账的原理，对每一项经济业务都必须以相等的金额在两个或两个以上相互联系的账户中进行登记。

(2)根据借贷记账法账户结构的原理，对每一项经济业务所涉及的金额的增减都必须以相反的方向进行登记。

因此，借贷记账法要求对每一项经济业务都要按相反的借贷方向、以相等的金额，在两个或两个以上相互联系的账户中进行登记，也就是说，对每一项经济业务，都要在记入一个账户借方的同时，记入一个或几个账户的贷方；或者在记入一个账户贷方的同时，记入另一个或几个账户的借方，而且记入借方的金额必须等于记入贷方的金额。

在运用借贷记账法的记账规则登记经济业务时，一般应按以下两个步骤进行：

首先，应分析经济业务中所涉及的账户名称，并判断出账户的性质；

其次，应根据上述分析，确定该项经济业务是记入相关账户的借方还是贷方，以及各账户应记入的金额。

下面以大众公司2013年6月份发生的经济业务为例来说明借贷记账法的记账规则。

［例2—1］ 6月3日，公司从银行取得短期借款50 000元，存入银行。

这项经济业务的发生，一方面，使公司的资产项目“银行存款”增加了50 000元；另一方面，使公司的负债项目“短期借款”增加了50 000元。

因此，这项经济业务涉及“银行存款”和“短期借款”两个账户。根据账户结构的规定，在“银行存款”账户应记入借方，同时，在“短期借款”账户应记入贷方。

其登记结果如下：

借　　银行存款	贷
(2—1)50 000	

借　　短期借款	贷
	(2—1)50 000

［例2—2］ 6月8日，公司接受A公司投入资本200 000元，存入银行。

这项经济业务的发生，一方面，使公司的资产项目“银行存款”增加了200 000元；另一方面，使公司的所有者权益项目“实收资本”增加了200 000元。

因此，这项经济业务涉及“银行存款”和“实收资本”两个账户。根据账户结构的规定，在“银行存款”账户应记入借方，同时，在“实收资本”账户应记入贷方。

其登记结果如下：

借　　银行存款	贷
(2—2)200 000	

借　　实收资本	贷
	(2—2)200 000

［例2—3］ 6月11日，公司以银行存款偿还之前欠B公司的应付账款80 000元。

这项经济业务的发生，一方面，使公司的资产项目“银行存款”减少了80 000元；另一方面，使公司的负债项目“应付账款”减少了80 000元。因此，这项经济业务涉及“银行存款”和“应付账款”两个账户。根据账户结构的规定，在“应付账款”账户应记入借方，同时，在“银行存款”账户应记入贷方。

其登记结果如下：

借	应付账款	贷	借	银行存款	贷
(2—3)80 000					(2—3)80 000

［例 2—4］ 6 月 15 日，公司从银行提取现金100 000元。

这项经济业务的发生，一方面，使公司的资产项目“库存现金”增加了100 000元；另一方面，使公司的资产项目“银行存款”减少了100 000元。因此，这项经济业务涉及“库存现金”和“银行存款”两个账户。根据账户结构的规定，在“库存现金”账户应记入借方，同时，在“银行存款”账户应记入贷方。

其登记结果如下：

借	库存现金	贷	借	银行存款	贷
(2—4)100 000					(2—4)100 000

［例 2—5］ 6 月 20 日，公司接到银行通知，已用公司存款支付水电费3 500元。

这项经济业务的发生，一方面，使公司的费用项目“管理费用”增加了3 500元；另一方面，使公司的资产项目“银行存款”减少了3 500元。因此，这项经济业务涉及“管理费用”和“银行存款”两个账户。根据账户结构的规定，在“管理费用”账户应记入借方，同时，在“银行存款”账户应记入贷方。

其登记结果如下：

借	管理费用	贷	借	银行存款	贷
(2—5)3 500					(2—5)3 500

［例 2—6］ 6 月 28 日，公司销售产品取得销售收入60 000元，款项尚未收到(暂不考虑缴纳的增值税)。

这项经济业务的发生，一方面，使公司的资产项目“应收账款”增加了60 000元；另一方面，使公司的收入项目“主营业务收入”增加了60 000元。因此，这项经济业务涉及“应收账款”和“主营业务收入”两个账户。根据账户结构的规定，在“应收账款”账户应记入借方，同时，在“主营业务收入”账户应记入贷方。

其登记结果如下：

借	应收账款	贷	借	主营业务收入	贷
(2—6)60 000					(2—6)60 000

通过上述例题，我们可以概括出采用借贷记账法可能遇到的情况，无论是资产类与负债及

所有者权益类会计要素同增或同减的经济业务，还是在资产类会计要素内部或者负债及所有者权益类会计要素内部一增一减的经济业务，都适用于“有借必有贷，借贷必相等”的记账法则。

借贷记账法的记账规则可用图 2－2 表示。

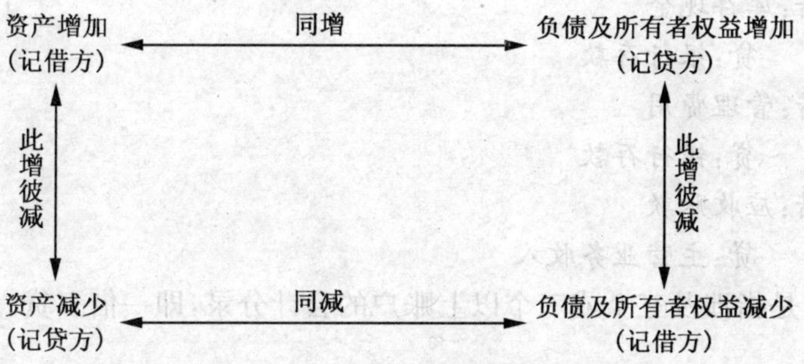

图 2—2 借贷记账法的记账规则

4. 账户的对应关系和会计分录

在运用借贷记账法时，根据借贷记账法的记账规则对每项经济业务都要在两个或两个以上的账户中进行登记，于是在有关账户之间便形成了应借、应贷的关系，我们把账户之间应借、应贷的相互关系称为账户的对应关系，把存在这种对应关系的账户称为对应账户。例如，企业用银行存款3 000元购买原材料，对这项经济业务要分别在“原材料”账户的借方和“银行存款”账户的贷方进行登记。这样，“原材料”和“银行存款”账户之间就发生了相互对应关系，两个账户就互为对应账户。

通过账户的对应关系，可以了解经济业务的内容，检查账务处理是否正确，发生的经济业务是否合理、合法。

为了保证账户对应关系的正确性，登记账户前应先根据经济业务所涉及的账户及其借贷方向和金额编制会计分录，据以登记账户。所谓会计分录，是指标明某项经济业务应借、应贷账户及其金额的记录，简称分录。会计分录的书写格式是“借”在上、“贷”在下，每一个会计科目各占一行，“借”、“贷”前后错位表示。

编制会计分录时，应遵循以下基本步骤：

第一，分析这项经济业务涉及的是资产、成本、费用，还是负债、所有者权益、收入；

第二，确定涉及哪些账户，是增加还是减少；

第三，根据账户的性质和结构，确定记入哪个账户的借方，以及哪个账户的贷方；

第四，根据借贷记账法的记账规则，确定应借、应贷账户是否正确，借方、贷方金额是否相等。

在实际工作中，会计分录是通过填制记账凭证来完成的。

根据会计分录所涉及账户数量的多少，可将会计分录分为简单会计分录和复合会计分录两种。简单会计分录是指仅涉及一个账户借方和另一个账户贷方的会计分录，即一借一贷的会计分录。

现以前面大众公司 6 月份发生的 6 笔经济业务为例，编制简单会计分录如下：

［例 2—1］ 借：银行存款 50 000

　　贷：短期借款 50 000

[例 2—2] 借:银行存款 200 000

贷:实收资本 200 000

[例 2—3] 借:应付账款 80 000

贷:银行存款 80 000

[例 2—4] 借:库存现金 100 000

贷:银行存款 100 000

[例 2—5] 借:管理费用 3 500

贷:银行存款 3 500

[例 2—6] 借:应收账款 60 000

贷:主营业务收入 60 000

复合会计分录是指涉及三个或三个以上账户的会计分录,即一借多贷、多借一贷和多借多贷的会计分录。

一般情况下,不允许编制多借多贷的会计分录,因为它不便于体现账户与账户之间的对应关系。

[例 2—7] 2013 年 6 月 30 日,大众公司为生产产品领用原材料10 000元,管理部门领用原材料2 000元,销售部门领用原材料3 000元。编制会计分录如下:

借:生产成本 10 000

管理费用 2 000

销售费用 3 000

贷:原材料 15 000

例 2—7 就是一笔复合会计分录,它是由三个借方账户与一个贷方账户相对应组成的。实际上,复合会计分录是由几笔简单会计分录组成的,因而可将其分解为若干笔简单会计分录。如该例复合会计分录可分解为以下三笔简单会计分录:

(1)借:生产成本 10 000

贷:原材料 10 000

(2)借:管理费用 2 000

贷:原材料 2 000

(3)借:销售费用 3 000

贷:原材料 3 000

5. 借贷记账法的试算平衡

企业在日常会计记录中可能会发生错记、重记、漏记的情况,从而影响账户之间的平衡,为了检查本期会计分录过入总分类账户后借、贷双方金额是否相等,有无错记、漏记或重复记账的情况发生,必须进行试算平衡。

所谓试算平衡,是指根据资产与权益之间的恒等关系和借贷记账法的记账规则,在一定时期终了时将所有账户的本期发生额和期末余额进行汇总计算,以检查所有账户记录是否正确的一种方法,包括发生额试算平衡和余额试算平衡两种方法。

从发生额来看,由于对任何经济业务都要根据"有借必有贷,借贷必相等"的记账规则编制会计分录,这样,不仅每一笔会计分录的借方和贷方发生额会相等,而且将一定时期内(如一个月)对全部经济业务编制的会计分录记入相关账户后,所有账户的借方发生额合计数与贷方发生额合计数也必然相等。

从余额来看，由于借方余额的账户都是资产类账户，贷方余额的账户都是负债及所有者权益类账户，因此，根据“资产＝负债＋所有者权益”的恒等关系，所有账户借方余额的合计数必然与所有账户贷方余额的合计数相等。

因此，在借贷记账法下，试算平衡可用下列三个公式表示：

全部账户的本期借方发生额合计＝全部账户的本期贷方发生额合计

全部账户的期初借方余额合计＝全部账户的期初贷方余额合计

全部账户的期末借方余额合计＝全部账户的期末贷方余额合计

现根据本章第二节大众公司2013年5月末资产与权益情况(表2－1)和前述例2－1至例2－7的会计分录，经过账后编制试算平衡表，如表2－23所示。

表2－23　**大众公司试算平衡表**

2013年6月　单位：元

账户名称	期初余额		本期发生额		期末余额	
	借方	贷方	借方	贷方	借方	贷方
库存现金			100 000		100 000	
银行存款	50 000		250 000	183 500	116 500	
应收账款	80 000		60 000		140 000	
原材料	100 000			15 000	85 000	
长期股权投资	60 000				60 000	
固定资产	150 000				150 000	
短期借款		10 000		50 000		60 000
应付账款		180 000	80 000			100 000
应交税费		80 000				80 000
实收资本		110 000		200 000		310 000
资本公积		60 000				60 000
生产成本			10 000		10 000	
管理费用			5 500		5 500	
销售费用			3 000		3 000	
主营业务收入				60 000		60 000
合计	440 000	440 000	508 500	508 500	670 000	670 000

在编制试算平衡表时，通常应注意以下几个方面：

第一，必须保证所有账户的余额都已记入试算平衡表，并计算正确。

第二，如果试算平衡表中借贷金额不相等，可以肯定账户记录有错误，应认真查找原因，直到实现平衡为止。

第三，试算平衡表中即使“期初余额”、“本期发生额”和“期末余额”都已平衡，也不能说明账户记录绝对正确，因为，有些账户记录错误并不会影响借贷双方的平衡关系。例如，(1)某项经济业务记错了账户，如应当记入“库存现金”账户的而误记入“银行存款”账户，借贷仍保持平衡；(2)漏记某项经济业务会使本期借贷双方的发生额等额减少，借贷仍保持平衡；(3)重记某项经济业务会使本期借贷双方的发生额等额增加，借贷仍保持平衡；(4)某项经济业务在账户记录中颠倒了记账方向，借贷仍保持平衡；(5)借方或贷方发生额中，偶尔发生多记和少记并相互抵销，借贷双方仍保持平衡。

第五节　总分类账户与明细分类账户及其平行登记

一、总分类账户和明细分类账户的关系

如前所述，总分类账户是指根据总分类科目设置的，用于对会计要素具体内容进行总括分类核算的账户；而明细分类账户是指根据明细分类科目设置的，用于对会计要素具体内容进行明细分类核算的账户。这就表明，总分类账户与明细分类账户是既有内在联系又有区别的两类账户。总分类账户提供的是总括核算资料，对其所属的明细分类账户起着统驭控制的作用；而明细分类账户提供的是详细核算资料，对其归属的总分类账户起着补充、详细说明的作用。两者相辅相成，只是反映经济业务的详细程度与作用不同，但是，两者所反映的经济业务内容是相同的，登记的原始依据也是相同的。

二、总分类账户与明细分类账户的平行登记

由于总分类账户与明细分类账户之间存在着上述关系，因此，在会计核算中，必须对总分类账户与其所属的明细分类账户采用平行登记的方法。所谓平行登记，是指对发生的每一项经济业务，都要以会计凭证为依据，一方面记入有关总分类账户，另一方面又记入有关总分类账户所属的明细分类账户的一种方法。平行登记的要点主要包括以下四个方面：

(1)依据相同。对发生的每一项经济业务，应根据会计凭证，既要登记有关总分类账户，又要登记其所属明细分类账户。

(2)方向相同。记入总分类账户和记入明细分类账户的借贷方向必须相同。即总分类账户记入借方，明细分类账户也记入借方；总分类账户记入贷方，明细分类账户也记入贷方。

(3)期间相同。对每项经济业务在记入总分类账户和明细分类账户的过程中，可以有先有后，但必须在同一会计期间全部登记入账。

(4)金额相等。记入总分类账户的金额与记入所属明细分类账户的金额之和在任何情况下必须相等。

用公式表示如下：

总分类账户本期借方(贷方)发生额＝总分类账户所属各明细分类账户本期借方(贷方)发生额之和

总分类账户借方(贷方)余额＝总分类账户所属各明细分类账户借方(贷方)余额之和

下面以“原材料”和“应付账款”两个账户为例，说明平行登记的方法。

[例 2—8]　大众公司 2013 年 7 月初“原材料”和“应付账款”两个总分类账户及所属明细分类账户的余额如下：

“原材料”总分类账户借方余额为85 000元，其所属明细分类账户中甲材料1 000吨，每吨

50 元，计50 000元；乙材料 500 吨，每吨 70 元，计35 000元。

“应付账款”总分类账户贷方余额为100 000元，其所属明细分类账户中 A 公司贷方余额为60 000元，B 公司贷方余额为40 000元。7 月份该公司发生的材料收发业务和应付账款业务如下：

(1)7 月 3 日，向 A 公司购进甲材料 500 吨，单价 50 元，计25 000元；向 B 公司购进乙材料 300 吨，单价 70 元，计21 000元，货款未付。

(2)7 月 10 日，公司为生产产品领用甲材料1 200吨，单价 50 元，计60 000元；领用乙材料 600 吨，单价 70 元，计42 000元。

(3)7 月 15 日，公司通过银行支付之前欠 A 公司货款70 000元、B 公司货款50 000元。

根据上述经济业务，编制会计分录如下：

(1)借：原材料——甲材料　　25 000
　　　　　　——乙材料　　21 000
　　贷：应付账款——A 公司　　25 000
　　　　　　　——B 公司　　21 000

(2)借：生产成本　　102 000
　　贷：原材料——甲材料　　60 000
　　　　　　——乙材料　　42 000

(3)借：应付账款——A 公司　　70 000
　　　　　　——B 公司　　50 000
　　贷：银行存款　　120 000

根据上述资料及会计分录平行登记“原材料”和“应付账款”两个总分类账户及其所属各明细分类账户。登记结果如表 2—24、表 2—25、表 2—26、表 2—27、表 2—28、表 2—29 所示。

表 2—24　　**总分类账户**

账户名称：原材料　　单位：元

2013 年		凭证		摘要	借方	贷方	借或贷	余额
月	日	字	号					
7	1			月初余额			借	85 000
	3	转	(1)	购进材料	46 000		借	131 000
	10	转	(2)	领用材料		102 000	借	29 000
	31			本月合计	46 000	102 000	借	29 000

表 2—25　　**原材料明细分类账户**

材料名称：甲材料　　计量单位：吨　　金额单位：元

2013 年		凭证		摘要	收入			发出			结存		
月	日	字	号		数量	单价	金额	数量	单价	金额	数量	单价	金额
7	1			月初余额							1 000	50	50 000
	3	转	(1)	购进材料	500	50	25 000				1 500	50	75 000
	10	转	(2)	领用材料				1 200	50	60 000	300	50	15 000
	31			本月合计	500	50	25 000	1 200	50	60 000	300	50	15 000

表 2—26　原材料明细分类账户

材料名称:乙材料　　计量单位:吨　　金额单位:元

2013 年		凭证		摘要	收入			发出			结存		
月	日	字	号		数量	单价	金额	数量	单价	金额	数量	单价	金额
7	1			月初余额							500	70	35 000
	3	转	(1)	购进材料	300	70	21 000				800	70	56 000
	10	转	(2)	领用材料				600	70	42 000	200	70	14 000
	31			本月合计	300	70	21 000	600	70	42 000	200	70	14 000

表 2—27　总分类账户

账户名称:应付账款　　单位:元

2013 年		凭证		摘要	借方	贷方	借或贷	余额
月	日	字	号					
7	1			月初余额			贷	100 000
	3	转	(1)	购进材料		46 000	贷	146 000
	15	付	(3)	偿还货款	120 000		贷	26 000
	31			本月合计	120 000	46 000	贷	26 000

表 2—28　应付账款明细分类账户

明细账户名称:A 公司　　单位:元

2013 年		凭证		摘要	借方	贷方	借或贷	余额
月	日	字	号					
7	1			月初余额			贷	60 000
	3	转	(1)	购进材料		25 000	贷	85 000
	15	付	(3)	偿还货款	70 000		贷	15 000
	31			本月合计	70 000	25 000	贷	15 000

表 2—29　应付账款明细分类账户

明细账户名称:B 公司　　单位:元

2013 年		凭证		摘要	借方	贷方	借或贷	余额
月	日	字	号					
7	1			月初余额			贷	40 000
	3	转	(1)	购进材料		21 000	贷	61 000
	15	付	(3)	偿还货款	50 000		贷	11 000
	31			本月合计	50 000	21 000	贷	11 000

从上述平行登记的结果可以看出，“原材料”和“应付账款”总分类账户的期初、期末余额及本期借、贷方发生额与其所属明细分类账户的期初、期末余额之和及本期借、贷方发生额之和都是相等的。利用这种相等的关系，可以核对总分类账户与明细分类账户的登记是否正确，以便及时发现错账并加以更正，从而保证账簿记录的准确无误。

本章知识结构图

- 账户与复式记账
  - 会计要素——资产、负债、所有者权益、收入、费用和利润
  - 会计恒等式
    - 资产＝负债＋所有者权益
    - 收入－费用＝利润
  - 会计科目
    - 按经济内容
      - 资产类、负债率、共同类、
      - 所有者权益类、成本类、损益类
    - 按详细程度
      - 总分类科目
      - 明细分类科目
  - 账户
    - 按经济内容
      - 资产类、负债类、共同类、
      - 所有者权益类、成本类、损益类
    - 按详细程度
      - 总分类账户
      - 明细分类账户
    - 按用途和结构
      - 盘存、所有者权益、结算、调整、
      - 成本计算、集合分配、跨期摊提、
      - 期间汇转、财务成果账户
  - 借贷记账法
    - 记账符号——以“借”、“贷”作为记账符号
    - 账户结构——如资产增加记借方，减少记贷方
    - 记账规则——有借必有贷，借贷必相等
    - 会计分录——简单分录与复合分录
    - 试算平衡——发生额与余额试算平衡
    - 平行登记——同时、同向、等额

复习思考题

一、单项选择题

1. 企业的原材料属于会计要素中的(　　)。

A. 资产　　B. 收入　　C. 负债　　D. 所有者权益

2. 下列项目中，属于负债项目的是(　　)。

A. 应收账款　　B. 待摊费用　　C. 应交税费　　D. 长期股权投资

3. 下列各项中，属于所有者权益项目的是(　　)。

A. 短期借款　　B. 应付票据　　C. 存货　　D. 资本公积

4. 某企业刚刚成立时，权益总额为 80 万元，现发生一笔以银行存款 10 万元偿还银行借款的经济业务，此时，该企业的资产总额为(　　)万元。

A. 70　　B. 80　　C. 90　　D. 100

5. 下列各项中，会引起资产和权益同时减少的经济业务是(　　)。

A. 购入原材料，货款未付　　B. 收到外单位投入设备一台

C. 以银行存款归还银行借款　　D. 收回应收账款并存入银行

6. 下列各项中，不属于会计科目的是(　　)。

A. 应付股利　B. 预付账款　C. 盈余公积　D. 所有者权益

7. 下列会计科目中，属于流动负债类的是(　　)。

A. 应付票据　B. 预付账款　C. 累计摊销　D. 生产成本

8. 账户是根据(　　)来开设的。

A. 会计要素　B. 会计科目　C. 会计账簿　D. 复式记账

9. 复式记账法建立的理论依据是(　　)。

A. 账户对应关系　B. 会计分录

C. 会计恒等式　D. 借贷记账法的记账规则

10. 为了保证账户对应关系的清晰，一般情况下不宜编制(　　)分录。

A. 多借一贷　B. 一借多贷　C. 一借一贷　D. 多借多贷

二、多项选择题

1. 下列各项目中，属于流动资产的有(　　)。

A. 无形资产　B. 预收账款　C. 库存现金　D. 应收票据

2. 下列各项目中，属于所有者权益项目的有(　　)。

A. 实收资本　B. 资本公积　C. 盈余公积　D. 利润分配

3. 下列等式中，属于正确的会计恒等式的有(　　)。

A. 资产＝权益　B. 收入－费用＝利润

C. 资产＋负债＝所有者权益　D. 资产＝负债＋所有者权益

4. 下列经济业务的发生，不会使会计恒等式两边发生等额增减变化的有(　　)。

A. 从银行提取库存现金　B. 用银行存款缴纳税金

C. 从银行取得长期借款　D. 将资本公积转增资本

5. 采用借贷记账法时，账户的贷方登记(　　)。

A. 资产的减少　B. 收入的减少

C. 成本、费用的减少　D. 负债及所有者权益的增加

6. 下列各会计分录中，属于复合会计分录的有(　　)。

A. 一借一贷　B. 多借一贷　C. 一借多贷　D. 多借多贷

7. 下列错误中，不能通过试算平衡发现的有(　　)。

A. 应借、应贷科目写错　B. 借、贷方向记反

C. 某笔经济业务重复记账　D. 某项经济业务漏记账

8. 下列属于总账与明细账平行登记的要点有(　　)。

A. 金额相等　B. 方向相同　C. 依据相同　D. 期间相同

9. 借贷记账法的试算平衡有(　　)。

A. 期初余额平衡　B. 期末余额平衡　C. 资产＝权益　D. 发生额平衡

10. 按用途和结构进行分类，下列账户中属于盘存类账户的有(　　)。

A. 原材料　B. 固定资产　C. 库存现金　D. 材料采购

三、判断题

1. 所有者权益是指企业投资人对企业资产的所有权。(　　)

2. 不管企业发生什么样的经济业务，会计恒等式的左、右两边金额永远不变，因此永远相等。(　　)

3. 会计科目是由国家统一的会计制度规定的，各单位必须严格执行，不能增设或减并。(　　)

4. 账户与会计科目虽然有区别，但在实际工作中，两者的名称往往互相通用，不加区别。(　　)

5. 在借贷记账法下，账户的借方表示增加，贷方表示减少。(　　)

6. 按照现行会计科目表设置的负债类账户，其余额一定在贷方。(　　)

7. 一项经济业务的发生引起负债的增加和所有者权益的减少，但会计恒等式的平衡关系仍没有被破坏。(　　)

8.“期末余额＝期初余额＋本期增加发生额－本期减少发生额”这一公式适用于任何性质账户的结账。（　）

9.“待摊费用”和“预提费用”账户按用途和结构分类都属于跨期摊提类账户。（　）

10. 从1994年起，我国的企业、行政、事业单位统一采用的记账方法是借贷记账法。（　）

四、名词解释

1. 资产　2. 负债　3. 所有者权益　4. 收入　5. 费用

五、简答题

1. 简述会计科目、账户及其关系。
2. 简述试算平衡的含义和内容。

第三章　借贷记账法的应用

知识目标

1. 知晓账户的类别和结构。
2. 掌握不同经济业务所运用的会计科目。

技能目标

1. 能根据不同业务编制正确的会计分录。
2. 能对收入、费用和利润进行正确的归集、结转和分配。

导入案例

张晓旭曾在速成班不认真地学了一点会计常识，还“考”取了会计人员从业资格证书。某日，一企业招聘会计人员，张晓旭欣然前往。当招聘人员问其是否系统地学过会计课程时，答：“学过。”问其会计的职能是什么时，答：“管钱的。”问其工业企业的生产过程和核算的主要业务有哪些时，答：“买和卖。”问其会计记账的方法时，答：“收和支。”问其怎样才能做好一名会计时，答：“听领导的。”问其如何看待贪污、挪用和舞弊时，答：“顺其自然。”招聘人员听完之后告诉他：“你可以走了。”

思考题：

1. 为什么张晓旭没有被聘用？
2. 你对上述问题知道多少？你的回答是怎样的？

工业企业的生产经营活动，是由工业企业再生产过程的资金运动所引起的经济活动，这些经济活动是会计核算的具体内容，包括筹集资金过程的核算、供应过程的核算、生产过程的核算、销售过程的核算、财务成果的核算。由于工业企业的经济活动具有典型性和代表性，因此，本章借贷记账法的应用就以工业企业经济业务的核算为例进行阐述和分析。

第一节　筹集资金过程的核算

企业要进行生产经营活动，必须具有一定数量的货币资金、固定资产和无形资产。而一定数量的货币资金、固定资产和无形资产从何取得？通过哪些渠道取得？取得数量各是多少？这些业务就是资金筹集业务，它是企业储备资金形成的前提，也是企业生产经营活动顺利开展的保证。

一、筹集资金业务的渠道和要求

（一）筹集资金的渠道和方式

（1）筹集资金的渠道是指企业在筹资活动中客观存在的筹措资金的来源与通道，主要有国家财政资金、银行信贷资金、非银行金融机构资金、居民个人资金、企业自留资金等。认识和了解筹集资金渠道，有利于企业拓宽和利用筹集渠道，按时筹集到足够的资金，保证企业生产经营活动的开展。

（2）筹集资金的方式是指企业在筹资过程中，针对筹资渠道所选用的具体筹资方式。目前，企业筹资的方式有吸收直接投资、发行股票、利用留存收益、向银行借款、利用商业信用、发行公司债券、融资租赁等。企业在关注和研究筹资渠道的同时，还要关注和研究企业筹集资金的方式，以便降低资金成本、提高企业的效益。

（二）筹集资金业务核算的要求

（1）保证筹集资金业务符合国家相关法律和法规的规定。

（2）科学预测筹集资金的数量，规避财务风险。

（3）保证应付债券折价和溢价的合理摊销。

（4）保证应付利息和股利的正确计提和按时支付。

（5）保证会计科目选用和账户记录的正确。

二、筹集资金业务核算的主要账户及其结构和对应账户

（一）筹集资金业务核算需要设置的主要账户

企业在设立和运转过程中，都需要及时、足额地筹集到企业生存和发展所需的资金。根据筹资渠道和方式，其经济业务主要有接受投资者根据合同进行的投资，包括用货币资产、实物资产和无形资产等进行的投资；从银行和非金融机构取得的借款，包括短期借款和长期借款；若是大中型企业，还可以发行股票和债券等。因此，筹集资金业务核算需要设置的主要账户有“银行存款”、“原材料”、“无形资产”、“实收资本”、“资本公积”、“短期借款”和“长期借款”等。

（二）筹集资金业务核算的主要账户的结构和对应账户

1.“实收资本”账户

“实收资本”账户是一个所有者权益类账户，用来核算投资者投入资本的增减变动及其结果。该账户只要接受了投资，以后各期就都有期初余额，并且期初余额在贷方。本期的增加额登记在贷方，本期的减少额登记在借方。期末余额在贷方，表示实收资本的实际金额。该账户的结构和主要对应账户用“T”型账户列示如表3—1：

表3—1　　“实收资本”账户的结构和主要对应账户

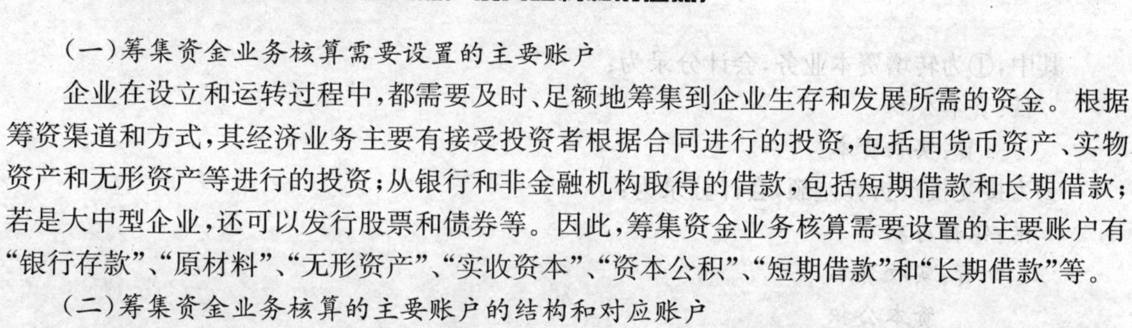

其中，①为减少注册资本业务，会计分录为：

借:实收资本

　　贷:银行存款

②为接受货币资金投资,会计分录为:

借:银行存款

　　贷:实收资本

③为接受固定资产投资,会计分录为:

借:固定资产

　　贷:实收资本

2.“资本公积”账户

“资本公积”账户是一个所有者权益类账户,用来核算由于外商用外币投资、转增资本等原因致使资本公积发生的增减变动及其结果。该账户的期初余额在贷方。本期的增加额登记在贷方,本期的减少额登记在借方。期末余额在贷方,表示各种原因形成的资本公积实际金额。该账户的结构和主要对应账户用“T”型账户列示如表3－2:

表3－2　“资本公积”账户的结构和主要对应账户

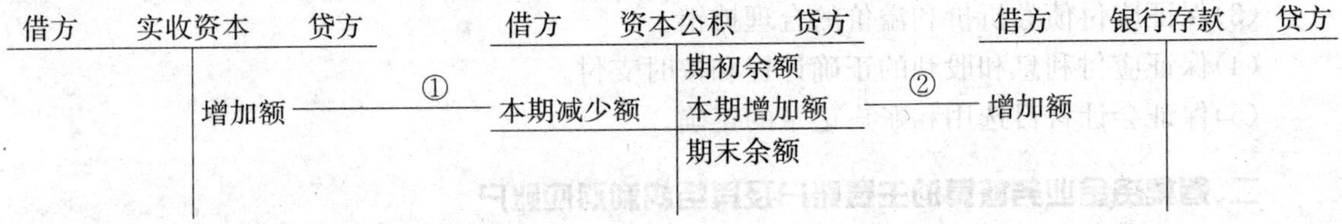

其中,①为转增资本业务,会计分录为:

借:资本公积

　　贷:实收资本

②为接受投资折算差额,会计分录为:

借:银行存款

　　贷:实收资本

　　　　资本公积

3.“银行存款”账户

“银行存款”账户是一个资产类账户,用来核算企业银行存款增减变动及其结果。该账户期初余额在借方。本期的增加额登记在借方,本期的减少额登记在贷方。期末余额在借方,表示企业银行存款的实际金额。该账户的结构和主要对应账户用“T”型账户列示如表3－3:

表3－3　“银行存款”账户的结构和主要对应账户

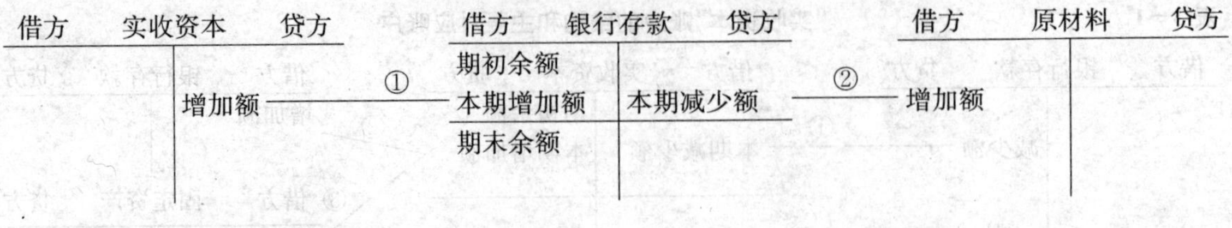

其中,①为接受投资业务,会计分录为:

借:银行存款

　　贷:实收资本

②为购买生产所需材料，会计分录为：

借：原材料

应交税费

贷：银行存款

4.“短期借款”账户

“短期借款”账户是一个负债类账户，用来核算企业银行借款增减变动及其结果。该账户期初余额在贷方。本期的增加额登记在贷方，本期的减少额登记在借方。期末余额在贷方，表示企业尚未归还银行借款的实际金额。该账户的结构和主要对应账户用“T”型账户列示如表3—4：

表 3—4 “短期借款”账户的结构和主要对应账户

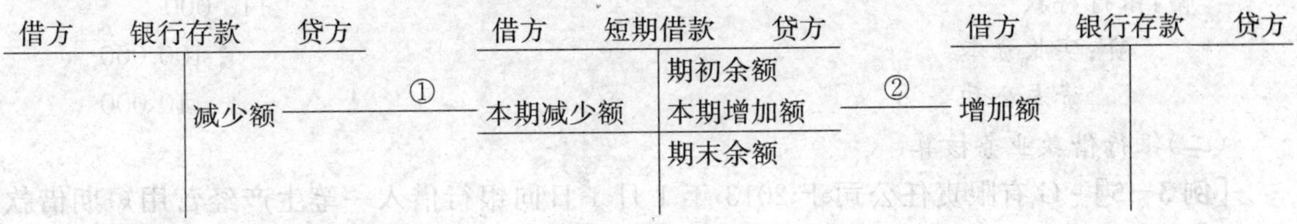

其中，①为归还银行借款业务，会计分录为：

借：短期借款

贷：银行存款

②为取得银行借款业务，会计分录为：

借：银行存款

贷：短期借款

三、筹集资金主要经济业务核算

(一)接受投资的核算

[例 3—1] 甲、乙、丙共同投资设立G有限责任公司，注册资本为1 000 000元，甲、乙、丙持股比例分别为50%、30%和20%。按照章程规定，甲、乙、丙投入资本分别为500 000元、300 000元和200 000元。G公司已如期收到各投资者一次缴足的款项。G有限责任公司在进行会计处理时，编制的会计分录为：

借：银行存款	1 000 000	
贷：实收资本——甲		500 000
——乙		300 000
——丙		200 000

[例 3—2] 甲有限责任公司于设立时收到乙公司作为资本投入的不需要安装的机器设备一台，合同约定该机器设备的价值为200 000元，增值税进项税额为34 000元。合同约定的固定资产价值与公允价值相符，不考虑其他因素，甲有限责任公司在进行会计处理时，编制的会计分录如下：

借：固定资产	200 000	
应交税费——应交增值税(进项税额)	34 000	
贷：实收资本——乙		234 000

［例 3—3］ 承［例 3－1］，因扩大经营规模需要，经批准 G 有限责任公司按原出资比例将资本公积100 000元转增资本，G 有限责任公司在进行会计处理时，编制的会计分录为：

借：资本公积　　100 000

　　贷：实收资本——甲　　50 000

　　　　　　　　——乙　　30 000

　　　　　　　　——丙　　20 000

［例 3—4］ C 有限责任公司由两位投资者投资200 000元设立，每人各出资100 000元。一年后，为扩大经营规模，经批准，C 有限责任公司注册资本增加到300 000元，并引入第三位投资者加入。按照投资协议，新投资者需缴入现金110 000元，同时享有该公司 1/3 的股份。C 有限责任公司在收到该现金投资进行会计处理时，编制的会计分录为：

借：银行存款　　110 000

　　贷：实收资本　　100 000

　　　　资本公积　　10 000

（二）银行借款业务核算

［例 3—5］ G 有限责任公司于 2013 年 1 月 1 日向银行借入一笔生产经营用短期借款120 000元，期限为 6 个月，年利率为 8%。根据和银行签署的借款协议，该项借款的本金到期后一次性归还；利息分月预提，按季支付。G 有限责任公司在进行会计处理时，编制的会计分录为：

（1）1 月 1 日借入短期借款时：

借：银行存款　　120 000

　　贷：短期借款　　120 000

（2）1 月末和 2 月末计提应计利息时：

借：财务费用　　800

　　贷：应付利息　　800

（3）3 月末支付第一季度银行借款利息时：

借：财务费用　　800

　　应付利息　　1 600

　　贷：银行存款　　2 400

本例中第二季度的会计处理同（2）和（3）。

（4）7 月 1 日偿还银行借款本金时：

借：短期借款　　120 000

　　贷：银行存款　　120 000

（三）外币兑换业务核算

［例 3—6］ 宏达外贸公司决定把20 000美元兑换成人民币。该公司外币业务采用市场汇率折算，银行当日的美元买入价为 1 美元＝6.15 元人民币，当日的市场汇率为 1 美元＝6.20 元人民币。该公司在进行会计处理时，编制如下会计分录：

借：银行存款——人民币户（US＄20 000×6.15）　　123 000

　　财务费用　　1 000

　　贷：银行存款——美元户（US＄20 000×6.20）　　124 000

［例 3—7］ 宏达外贸公司因进口货物需支付外汇，决定从银行购入15 000美元。该公司

外币业务采用市场汇率折算，银行当日的美元卖出价为1美元＝6.25元人民币，当日的市场汇率为1美元＝6.20元人民币。该公司在进行会计处理时，编制如下会计分录：

借：银行存款——美元户（US＄15 000×6.20）	93 000	
财务费用	750	
贷：银行存款——人民币户（US＄15 000×6.25）		93 750

（四）外汇借款业务核算

［例3－8］ 宏达外贸公司因拓展市场需支付外汇，决定从银行借入300 000美元，期限为6个月，年利率为2.4%，当天的市场汇率为1美元＝6.20元人民币。该企业在进行会计处理时，编制如下会计分录：

(1)取得借款时：

借：银行存款——美元户（US＄300 000×6.20）	1 860 000	
贷：短期借款——短期外汇借款（US＄300 000×6.20）		1 860 000

(2)每个月计提利息时：

借：财务费用——借款利息（US＄600×6.20）	3 720	
贷：短期借款——短期外汇借款（US＄600×6.20）		3 720

(3)借款到期还本付息时（当日市场汇率1美元＝6.15元人民币）：

借：短期借款——短期外汇借款（US＄303 600×6.20）	1 882 320	
贷：银行存款——美元户（US＄303 600×6.15）		1 867 140
财务费用——汇兑损益		15 180

（五）接受外币投资的核算

［例3－9］ 宏达外贸公司收到外商投资400 000美元，投资合同约定的汇率1美元＝7.5元人民币，投资款到账时的当天汇率为1美元＝6.20元人民币。该公司在进行会计处理时，编制如下会计分录：

借：银行存款——美元户（US＄400 000×6.20）	2 480 000	
贷：实收资本（US＄400 000×6.20）		2 480 000

［例3－10］ 承［例3－4］，假设投资合同中没有约定汇率，其他条件不变，该公司在进行会计处理时，编制如下会计分录：

借：银行存款——美元户（US＄400 000×6.20）	2 480 000	
贷：实收资本（US＄400 000×6.20）		2 480 000

［例3－11］ 承［例3－4］，假设投资合同中没有约定汇率，但外商的400 000美元分两次投入。宏达外贸公司第一次收到200 000美元时的市场汇率为1美元＝6.25元人民币，第二次收到200 000美元时的市场汇率为1美元＝6.20元人民币，则该公司在进行会计处理时，编制如下会计分录：

(1)第一次收到200 000美元时：

借：银行存款——美元户（US＄200 000×6.25）	1 250 000	
贷：实收资本（US＄200 000×6.25）		1 250 000

(2)第二次收到200 000美元时：

借：银行存款——美元户（US＄200 000×6.20）	1 240 000	
贷：实收资本（US＄200 000×6.20）		1 240 000

第二节 供应过程的核算

一、供应过程的主要业务内容和核算的要求

供应过程是指企业从采购原材料开始，到原材料出库投入生产为止这个阶段，因此，也称为供应阶段。这个阶段是生产的准备阶段，决定着生产是否能连续不断地进行以及产品的质量和产品成本的高低。这是因为材料储备不足，生产难以连续；材料储备过多，占用资金，增加材料成本；材料质量欠佳，必然影响产品的质量。因此，加强供应过程的核算和监督是企业良性循环和长足发展的重要环节。

（一）供应过程业务的主要内容

供应过程业务的主要内容有：采购计划的编制；采购合同的签订；采购成本的确认；材料质量、批次、储备量的控制；材料入库、出库凭证的填制；采购款项的支付以及材料账簿的登记；等等。

（二）供应过程业务核算的要求

（1）保证采购业务的合理、经济和规范。

（2）保证所购物资及时、足额入库，妥善保管。

（3）保证货款及时支付，维护企业的形象和信誉。

（4）保证会计记录的真实、合法和完整。

二、供应过程核算的主要账户及其结构和对应账户

（一）供应过程核算需要设置的主要账户

供应过程的主要工作是根据企业筹集到的资金和生产计划，及时地、保质保量地采购到生产所需材料，以满足生产的需要。其具体工作包括材料的采购、运输、验收入库、挑选、整理、准备以及发出等。其中，采购的款项有用银行存款支付的，有用商业汇票结算的，有的还需预付和赊欠等，除此之外，还要对增值税的进项税额进行确认和记录等。因此，供应过程的核算需要设置的主要账户有“在途物资”、“原材料”、“银行存款”、“应交税费——应交增值税”、“应付票据”、“应付账款”、“预付账款”和“其他货币资金”等。

（二）供应过程核算的主要账户的结构和对应账户

1.“在途物资”账户

“在途物资”账户是一个资产类账户，用来核算在实际成本情况下的采购成本、材料在途和验收入库等。该账户若有期初余额，是在借方。本期的增加额登记在借方，本期的减少额登记在贷方。期末余额在借方，表示已采购材料在途或已运抵企业尚未验收入库的实际金额。该账户的结构和主要对应账户用“T”型账户列示如表3－5：

表3－5 “在途物资”账户的结构和主要对应账户

借方 银行存款	贷方		借方 在途物资	贷方		借方 原材料	贷方
			期初余额				
	减少额	①	本期增加额	本期减少额	②	增加额	
			期末余额				

其中，①为材料采购业务，会计分录为：

借：在途物资

应交税费

贷：银行存款

②为材料验收入库业务，会计分录为：

借：原材料

贷：在途物资

2.“原材料”账户

“原材料”账户是一个资产类账户，用来核算企业库存材料增减变动及其结果。该账户的期初余额在借方。本期的增加额登记在借方，本期的减少额登记在贷方。期末余额在借方，表示企业库存材料的实际金额。该账户的结构和主要对应账户用“T”型账户列示如表 3－6：

表 3－6　　“原材料”账户的结构和主要对应账户

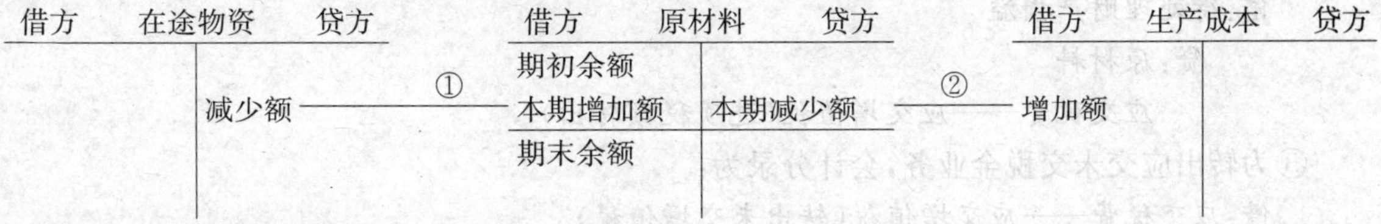

其中，①为材料验收入库业务，会计分录为：

借：原材料

贷：在途物资

②为生产领用材料业务，会计分录为：

借：生产成本

贷：原材料

3.“应交税费——应交增值税”账户

“应交税费——应交增值税”账户是一个负债类账户，用来核算企业“应交税费——应交增值税”的应交、已交、转出未交、转出多交和应交未交增值税的增减变动及其成果。该账户一般无期初余额。借方登记进项税额、已交税金和转出未交增值税。贷方登记销项税额、进项税额转出和转出多交增值税。该账户若有应交未交增值税转出，则无余额；否则其余额在贷方，表示应交未交增值税的金额。该账户借方和贷方登记的主要内容和主要对应账户用“T”型账户列示如表 3－7：

表 3－7　　“应交税费——应交增值税”的主要内容和主要对应账户

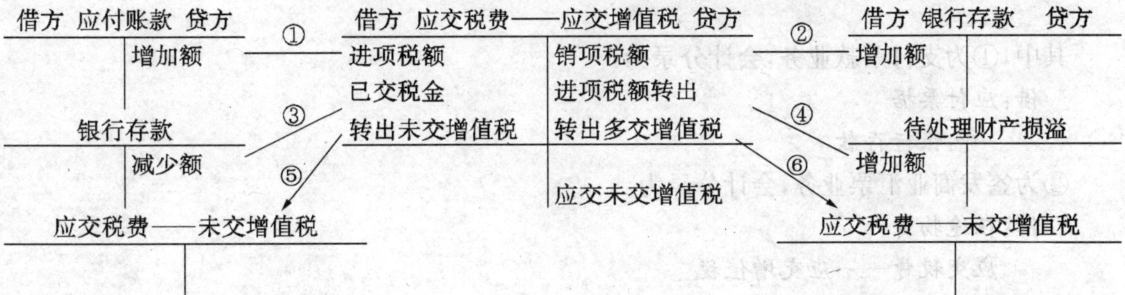

其中，①为购进材料未付款业务，会计分录为：

借：原材料

应交税费——应交增值税(进项税额)

贷：应付账款

②为销售商品并收到款项业务，会计分录为：

借：银行存款

贷：主营业务收入

应交税费——应交增值税(进项税额)

③为上缴税金业务，会计分录为：

借：应交税费——应交增值税(已交税金)

贷：银行存款

④为材料盘亏业务，会计分录为：

借：待处理财产损溢

贷：原材料

应交税费——应交增值税(进项税额转出)

⑤为转出应交未交税金业务，会计分录为：

借：应交税费——应交增值税(转出未交增值税)

贷：应交税费——未交增值税

⑥为转出多交增值税业务，会计分录为：

借：应交税费——未交增值税

贷：应交税费——应交增值税(转出多交增值税)

4."应付票据"账户

"应付票据"账户是一个负债类账户，用来核算企业因购买材料物资而签发的商业汇票的增减变动及其结果。该账户若有期初余额，则在贷方。本期的增加额登记在贷方，本期的减少额登记在借方。期末若有余额，则在贷方，表示尚未到期应付票据的实际金额。该账户的结构和主要对应账户用"T"型账户列示如表3－8：

表3－8　"应付票据"账户的结构和主要对应账户

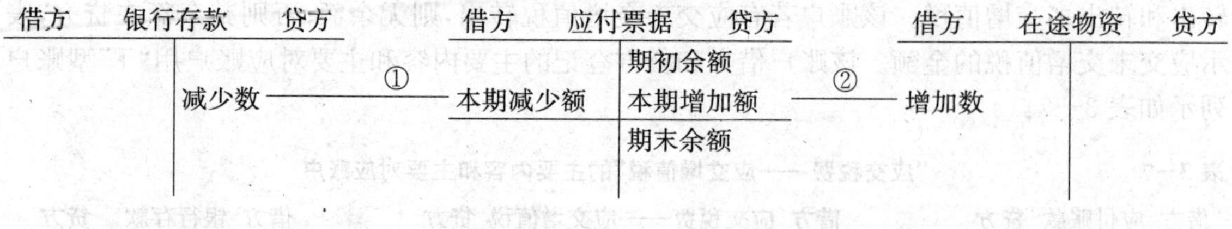

其中，①为支付票款业务，会计分录为：

借：应付票据

贷：银行存款

②为签发商业汇票业务，会计分录为：

借：在途物资

应交税费——应交增值税

贷：应付票据

5."应付账款"账户

"应付账款"账户是一个负债类账户,用来核算企业在采购材料物资过程中,应付未付款项的增减变动及其结果。该账户的期初余额在贷方。本期的增加额登记在贷方,本期的减少额登记在借方。期末余额在贷方,表示应付款项的实际金额。该账户的结构和主要对应账户用"T"型账户列示如表 3－9:

表 3－9　"应收账款"账户的结构和主要对应账户

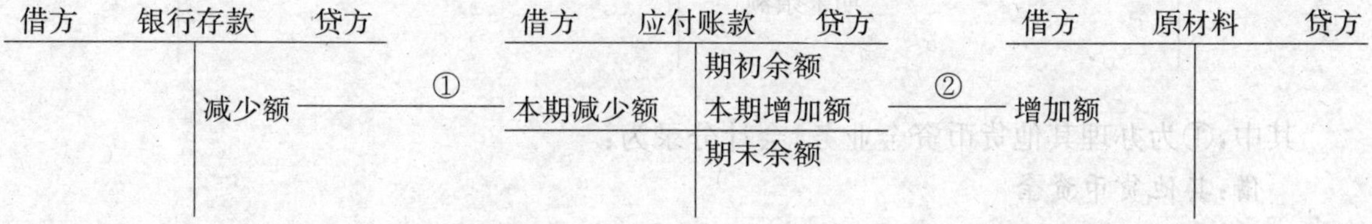

其中,①为归还应付账款业务,会计分录为:

借:应付账款

　贷:银行存款

②为采购材料未付款业务,会计分录为:

借:原材料

　应交税费

　贷:应付账款

6."预付账款"账户

"预付账款"账户是一个资产类账户,用来核算企业为购买材料物资等而预付给供货单位的货款。该账户若有期初余额,则在借方。本期的增加额登记在借方,本期的减少额登记在贷方。期末余额在借方,表示已预付的款项但尚未收到材料,或结算的实际金额。该账户的结构和主要对应账户用"T"型账户列示如表 3－10:

表 3－10　"预付账款"账户的结构和主要对应账户

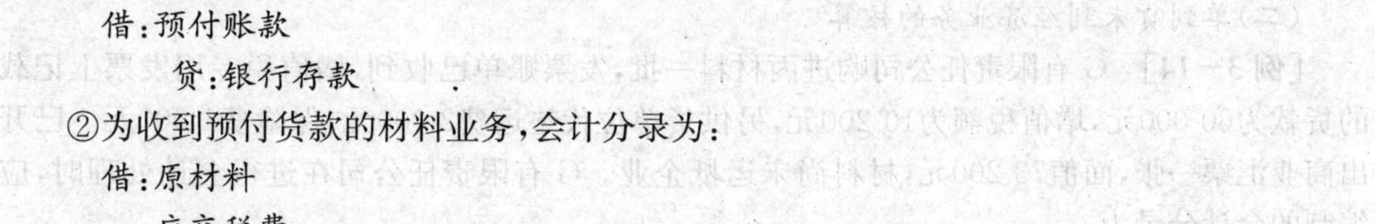

其中,①为预付货款业务,会计分录为:

借:预付账款

　贷:银行存款

②为收到预付货款的材料业务,会计分录为:

借:原材料

　应交税费

　贷:预付账款

7."其他货币资金"账户

"其他货币资金"账户是一个资产类账户,用来核算企业银行汇票存款、银行本票存款、信用证保证金存款和外埠存款等其他货币资金的增减变动及其结果。该账户若有期初余额,则在借方。本期的增加额登记在借方，本期的减少额登记在贷方。期末余额在借方，表示其他资金的实际金额。该账户的结构和主要对应账户用“T”型账户列示如表3－11：

表3－11　　“其他货币资金”账户的结构和主要对应账户

借方　银行存款	贷方		借方　其他货币资金	贷方		借方　在途物资	贷方
			期初余额				
	减少额	①	本期增加额	本期减少额	②	增加额	
			期末余额				

其中，①为办理其他货币资金业务，会计分录为：

借：其他货币资金

　贷：银行存款

②为用其他货币资金采购业务，会计分录为：

借：在途物资

　应交税费

　　贷：其他货币资金

三、供应过程主要经济业务核算

（一）单货同到经济业务的核算

［例3－12］ G有限责任公司购入甲材料一批，增值税专用发票上记载的货款为50 000元，增值税额为8 500元，另对方代垫包装费600元，全部款项已用转账支票付讫，材料已验收入库。G有限责任公司在进行会计处理时，应编制的会计分录为：

借：原材料——甲材料	50 600	
应交税费——应交增值税（进项税额）	8 500	
贷：银行存款		59 100

［例3－13］ G有限责任公司持银行汇票118 800元购入乙材料一批，增值税专用发票上记载的货款为100 000元，增值税额为17 000元，对方代垫运费1 000元，保险费800元，材料已验收入库。G有限责任公司在进行会计处理时，应编制的会计分录为：

借：原材料——乙材料	101 730	
应交税费——应交增值税（进项税额）	17 070	
贷：其他货币资金——银行汇票		118 800

（二）单到货未到经济业务的核算

［例3－14］ G有限责任公司购进丙材料一批，发票账单已收到，增值税专用发票上记载的货款为60 000元，增值税额为10 200元，另供货单位代垫运费2 000元，保险费1 000元。已开出商业汇票一张，面值73 200元，材料尚未运抵企业。G有限责任公司在进行会计处理时，应编制的会计分录为：

（1）通过“在途物资”确认购进材料，会计分录为：

借：在途物资——丙材料	62 860	
应交税费——应交增值税（进项税额）	10 340	
贷：应付票据		73 200

(2)材料到达、验收入库后,根据收料单编制会计分录:

借:原材料——丙材料 62 860

  贷:在途物资——丙材料 62 860

(3)商业汇票到期,支付款项后编制会计分录:

借:应付票据 73 200

  贷:银行存款 73 200

[例 3—15] G 有限责任公司根据协议从 B 企业购进甲材料一批,发票账单已到,增值税专用发票上记载的货款为20 000元,增值税额为3 400元,另供货单位代垫包装费 500 元。材料尚未运抵企业,款项也尚未支付。G 有限责任公司在进行会计处理时,应编制的会计分录为:

(1)通过"在途物资"确认购进材料,会计分录为:

借:在途物资——甲材料 20 500

  应交税费——应交增值税(进项税额) 3 400

  贷:应付账款——B 企业 23 900

(2)材料到达、验收入库后,根据收料单编制会计分录:

借:原材料——甲材料 20 500

  贷:在途物资——甲材料 20 500

(3)归还所欠 B 企业款项时,编制会计分录为:

借:应付账款——B 企业 23 900

  贷:银行存款 23 900

(三)货到单未到经济业务的核算

[例 3—16] G 有限责任公司根据协议购进乙材料一批,材料已验收入库,月末发票账单尚未收到,难以准确确认其实际成本,根据以往实际情况,以暂估价值42 000元入账,G 有限责任公司在进行会计处理时,应编制的会计分录为:

(1)月末暂估入账的会计分录:

借:原材料——乙材料 42 000

  贷:应付账款——暂估应付账款 42 000

(2)下月初红字冲回的会计分录:

借:原材料——乙材料 42 000

  贷:应付账款——暂估应付账款 42 000

(3)发票账单到达后,增值税专用发票上的记载货款为40 000元,增值税额6 800元,供货单位代垫运费1 000元,已用银行存款付讫,应编制会计分录为:

借:原材料——乙材料 40 930

  应交税费——应交增值税(进项税额) 6 870

  贷:银行存款 47 800

(四)先预付货款,后收材料业务的核算

[例 3—17] G 有限责任公司根据与红光公司签订的购销合同上的约定,G 有限责任公司需预付购买甲材料货款100 000元的 70%,已通过汇兑方式汇出。G 有限责任公司在进行会计处理时,应编制的会计分录为:

(1)预付货款的会计分录:

借:预付账款——红光公司　　70 000
　贷:银行存款　　70 000

(2)收到材料时,根据发票账单上的记载货款100 000元,增值税额17 000元,对方代垫包装费3 000元,编制的会计分录为:

借:原材料——甲材料　　103 000
　应交税费——应交增值税(进项税额)　　17 000
　贷:预付账款——红光公司　　120 000

(3)补付货款时的会计分录:

借:预付账款——红光公司　　50 000
　贷:银行存款　　50 000

(五)外币进口业务的核算

[例 3-18] 宏达外贸公司向国外 A 公司进口甲材料 50 吨,每吨单价2 000美元,当日的市场汇率为 1 美元=6.20 元人民币。

(1)开立信用证时:

借:其他货币资金——信用证保证金(US＄100 000×6.20)　　620 000
　贷:银行存款——美元户(US＄100 000×6.20)　　620 000

(2)付款赎单时:

借:物资采购——进口商品采购　　620 000
　贷:其他货币资金——信用保证金　　620 000

(3)确认关税时:

借:物资采购——进口商品采购　　62 000
　贷:应交税费——应交进口关税　　62 000

(4)支付关税和增值税时:

借:应交税费——应交进口关税　　62 000
　——应交增值税(进项税额)　　115 940
　贷:银行存款　　177 940

(5)进口商品入库时:

借:库存商品——进口商品　　682 000
　贷:物资采购——进口商品采购　　682 000

第三节　生产过程的核算

一、生产过程的主要业务内容和核算的要求

生产过程是指从生产领用原材料开始,一直到产品加工完毕、验收合格入库为止这个阶段,因此,也称为生产阶段。这个阶段是企业供应、生产、销售三个阶段中的关键阶段,决定着产品质量的好坏、产品成本的高低以及企业的生存和发展。这是因为生产工艺是否先进、生产的设备是否先进、生产工人的技术是否娴熟、企业是否具有核心竞争力和创造力、企业所生产的产品是否能占有市场和扩大市场份额,都是由这一阶段所决定的,所以,加强生产过程的核算和监督是企业生存和长远发展的关键环节。

（一）生产过程业务的主要内容

生产过程业务的主要内容有：生产计划的实施和调整；消耗定额的制定；生产费用的归集和分配；产品成本的计算和降低；凭证填制和审核以及账簿的登记；等等。

（二）生产过程业务核算的要求

(1)正确划分生产成本和期间费用的界限。

(2)正确划分各期成本的界限。

(3)正确划分各种产品成本的界限。

(4)正确划分完工产品和在产品成本的界限。

二、生产过程核算的主要账户及其结构和对应账户

（一）生产过程核算需要设置的主要账户

企业的生产阶段是企业供、产、销三个阶段中最为重要的阶段。它既涉及产品质量的好坏，又决定着产品成本的高低。其核算内容既有流动资产耗费的核算，又有固定资产和计提折旧的核算；既有直接费用的核算，又有间接和期间费用的核算；既有当期费用的核算，又有跨期分摊费用的核算；等等。因此，需要设置"生产成本"、"制造费用"、"管理费用"、"销售费用"、"财务费用"、"累计折旧"、"应付职工薪酬"账户。

（二）生产过程核算的主要账户的结构和对应账户

1."生产成本"账户

"生产成本"账户是一个成本类账户，用来核算企业在生产过程中生产成本归集、结转及其结果。该账户的期初余额在借方。本期的增加额登记在借方，本期的减少额登记在贷方。期末余额在借方，表示处于生产过程尚未完工的在产品的实际数额。该账户的结构和主要对应账户用"T"型账户列示如表3－12：

表3－12　　**"生产成本"账户的结构和主要对应账户**

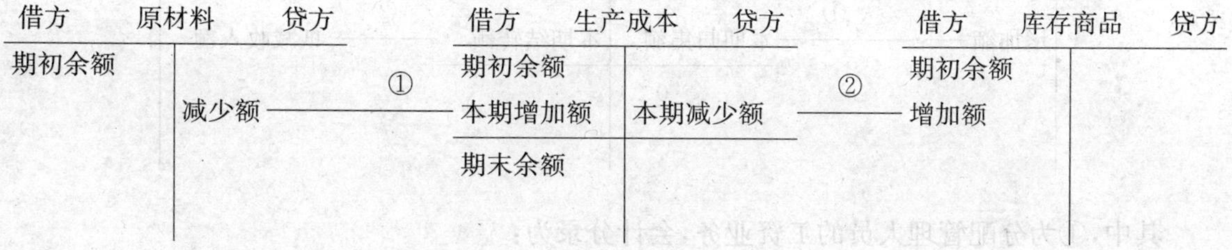

其中，①为生产领用材料业务，会计分录为：

借：生产成本

　　贷：原材料

②为产成品入库业务，会计分录为：

借：库存商品

　　贷：生产成本

2."制造费用"账户

"制造费用"账户是一个成本类账户，用来核算企业在生产过程中制造费用的归集、分配及其结转。该账户无期初余额。本期发生的增加额登记在借方，本期发生的减少额登记在贷方。期末要将本月在借方归集的制造费用全部从贷方转到相关生产成本中去，因此，期末无余额。

该账户的结构和主要对应账户用“T”型账户列示如表 3—13：

表 3—13　　“制造费用”账户的结构和主要对应账户

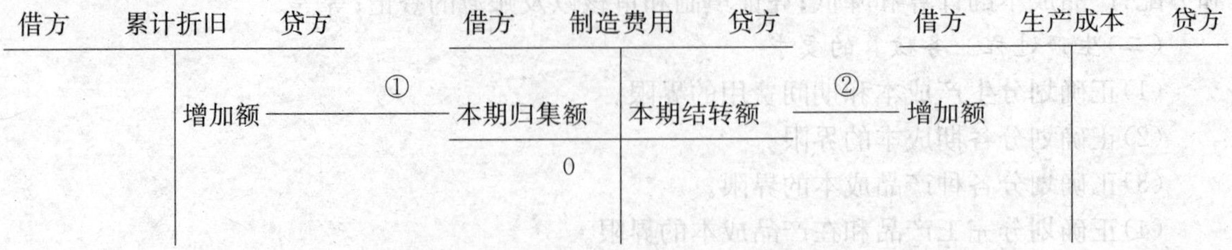

其中，①为计提固定资产折旧业务，会计分录为：

借：制造费用

　　贷：累计折旧

②为分配制造费用业务，会计分录为：

借：生产成本

　　贷：制造费用

3.“管理费用”账户

“管理费用”账户属于损益类账户中的期间费用账户，用来核算企业在生产经营过程中管理费用的归集、结转及其结果。该账户无期初余额。本期发生的增加额登记在借方，本期发生的减少额登记在贷方。期末要将本月在借方归集的管理费用全部从贷方转入“本年利润”账户的借方，因此，该账户期末无余额。该账户的结构和主要对应账户用“T”型账户列示如表 3—14：

表 3—14　　“管理费用”账户的结构和主要对应账户

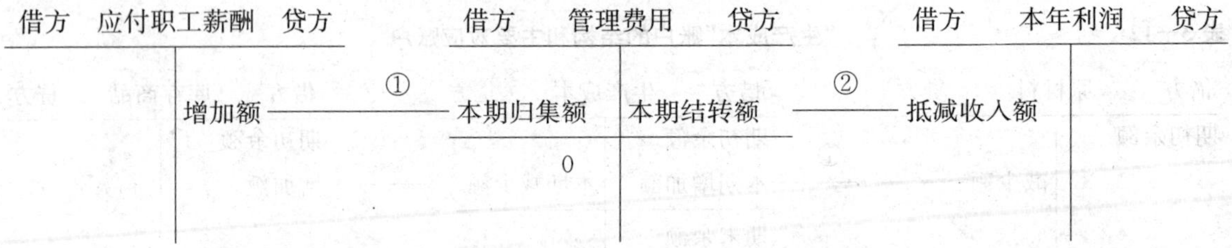

其中，①为分配管理人员的工资业务，会计分录为：

借：管理费用

　　贷：应付职工薪酬

②为结转本期管理费用业务，会计分录为：

借：本年利润

　　贷：管理费用

4.“销售费用”账户

“销售费用”账户属于损益类账户中的期间费用账户，用来核算企业在销售过程中销售费用的归集、结转及其结果。该账户无期初余额。本期发生的增加额登记在借方，本期发生的减少额登记在贷方。期末要将本月在借方归集的销售费用全部从贷方转入“本年利润”账户的借方，因此，该账户期末无余额。该账户的结构和主要对应账户用“T”型账户列示如表 3—15：

表 3－15　“销售费用”账户的结构和主要对应账户

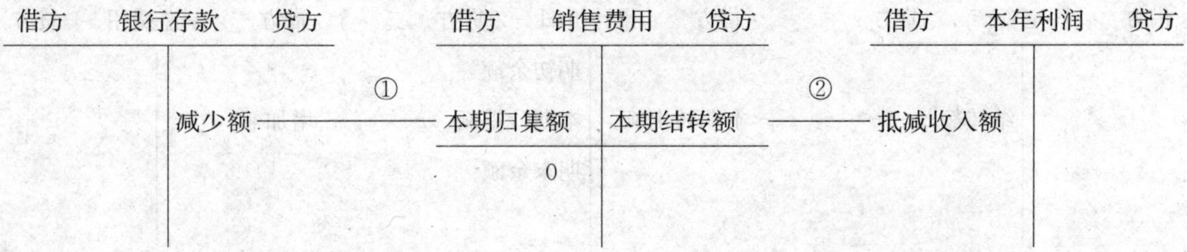

其中，①为支付销售费用业务，会计分录为：

借：销售费用

　　贷：银行存款

②为结转本期销售费用业务，会计分录为：

借：本年利润

　　贷：销售费用

5.“财务费用”账户

“账务费用”账户属于损益类账户中的期间费用账户，用来核算企业在筹资和银行结算过程中财务费用的归集、结转及其结果。该账户无期初余额。本期发生的增加额登记在借方，本期发生的减少额登记在贷方。期末要将本月在借方归集的财务费用全部从贷方转入“本年利润”账户的借方，因此，该账户期末无余额。该账户的结构和主要对应账户用“T”型账户列示如表 3－16：

表 3－16　“财务费用”账户的结构和主要对应账户

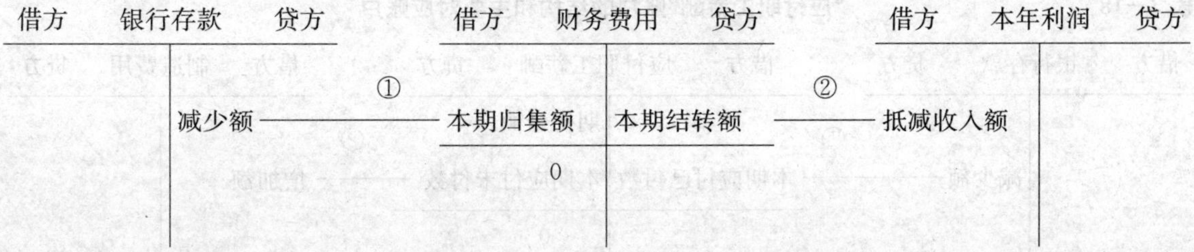

其中，①为支付财务费用业务，会计分录为：

借：财务费用

　　贷：银行存款

②为结转本期财务费用业务，会计分录为：

借：本年利润

　　贷：财务费用

6.“累计折旧”账户

“累积折旧”账户属于资产类账户中固定资产的备抵账户，用来核算固定资产在使用过程中累计折旧的计提和固定资产在处置过程中累计折旧的转出及其结果。该账户期初余额在贷方。本期计提的折旧额登记在贷方，本期转出的折旧额登记在借方，期末余额在贷方，表示固定资产已计提折旧的实际金额。该账户的结构和主要对应账户用“T”型账户列示如表 3－17：

表 3－17　　“累计折旧”账户的结构和主要对应账户

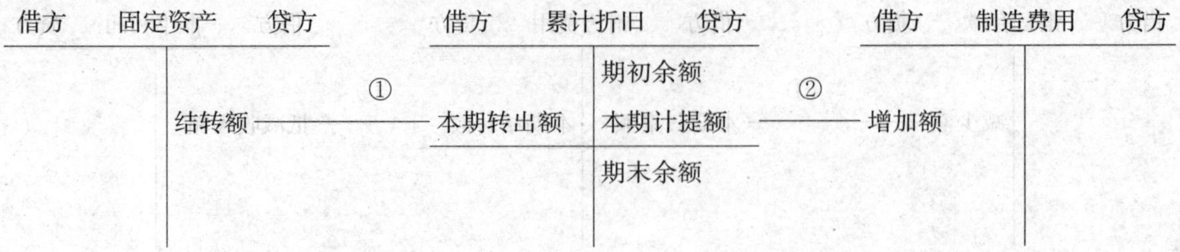

其中，①为固定资产减少业务，会计分录为：

借：固定资产清理

　　累计折旧

　　贷：固定资产

②为计提折旧业务，会计分录为：

借：制造费用

　　贷：累计折旧

7.“应付职工薪酬”账户

“应付职工薪酬”账户属于负债类账户中的流动负债账户，用来核算企业职工的工资、奖金、津贴和福利等的应付、已付及其结果。该账户一般无期初余额。本期应付未付数登记在该账户的贷方，本期应付已付数登记在该账户的借方。期末一般无余额，若有余额，则在贷方，表示应付职工薪酬的实际金额。该账户的结构和主要对应账户用“T”型账户列示如表 3－18：

表 3－18　　“应付职工薪酬”账户的结构和主要对应账户

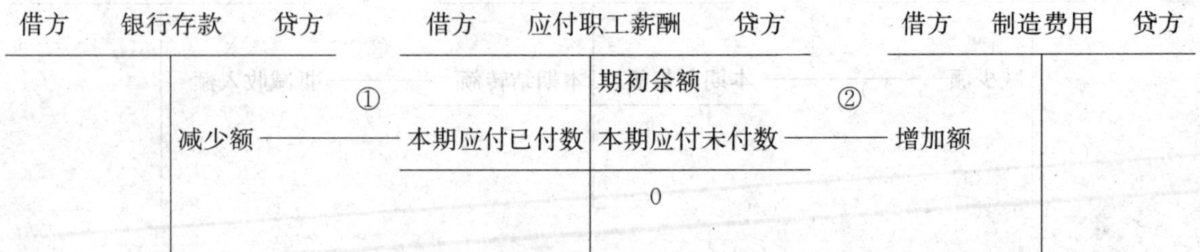

其中，①为发放职工薪酬业务，会计分录为：

借：应付职工薪酬

　　贷：银行存款

②为分配职工薪酬业务，会计分录为：

借：制造费用

　　贷：应付职工薪酬

三、生产过程主要经济业务的核算

（一）材料耗用的核算

［例 3－19］　G 有限责任公司××年××月仓库发出材料情况如表 3－19 所示。

表 3—19 材料耗用汇总表

××年××月××日 数量单位:千克 金额单位:元

用途＼材料名称	甲材料		乙材料		丙材料		合计金额
	数量	金额	数量	金额	数量	金额	
一、产品生产耗用	8 000	120 000	3 000	24 000	1 500	15 000	159 000
其中:A 产品	5 000	75 000	2 000	16 000	1 000	10 000	101 000
B 产品	3 000	45 000	1 000	8 000	500	5 000	58 000
二、车间一般耗用	1 000	15 000	1 500	12 000			27 000
三、厂部管理耗用			3 000	24 000	2 000	20 000	44 000
合 计	9 000	135 000	7 500	60 000	3 500	35 000	230 000

G 有限责任公司在进行会计处理时,应编制的会计分录为:

借:生产成本——A 产品 101 000
——B 产品 58 000
制造费用 27 000
管理费用 44 000
贷:原材料——甲材料 135 000
——乙材料 60 000
——丙材料 35 000

(二)应付职工薪酬的核算

[例 3—20] G 有限责任公司本月应付工资总额286 000元,其中,产品生产人员工资为180 000元(生产 A 产品工人工资120 000元,生产 B 产品工人工资60 000元),车间管理人员工资为40 000元,企业行政管理人员工资为50 000元,销售人员工资为16 000元,G 有限责任公司在进行会计处理时,应编制的会计分录为:

借:生产成本——A 产品 120 000
——B 产品 60 000
制造费用 40 000
管理费用 50 000
销售费用 16 000
贷:应付职工薪酬——工资 286 000

[例 3—21] G 有限责任公司根据在岗职工数量及岗位分布情况计算需要补贴食堂的金额。××年××月在岗职工 220 人,其中厂部管理人员 50 人,车间管理人员 20 人,生产车间工人 150 人(其中,生产 A 产品工人为 100 人、生产 B 产品工人为 50 人)。企业根据历史数据,对每个职工每月需补贴食堂 120 元。G 有限责任公司在进行会计处理时,应编制的会计分录为:

借:生产成本——A 产品 12 000
——B 产品 6 000
制造费用 2 400
管理费用 6 000
贷:应付职工薪酬——职工福利 26 400

[例3—22] 根据国家规定的计提标准计算，G有限责任公司本月应向社会保险经办机构缴纳职工基本养老保险110 000元，其中，应计入基本生产车间生产成本的金额为75 000元（应计入A产品成本的为50 000元，应计入B产品成本的为25 000元），应计入制造费用的金额为10 000元，应计入管理费用的金额为25 000元。G有限责任公司在进行会计处理时，应编制的会计分录为：

借：生产成本——A产品　50 000
　　　　　　——B产品　25 000
　　制造费用　10 000
　　管理费用　25 000
　贷：应付职工薪酬——社会保险费　110 000

[例3—23] G有限责任公司根据"工资结算汇总表"结算本月应付职工工资总额286 000元，代扣企业代垫职工家属医药费6 000元，实发280 000元。G有限责任公司在进行会计处理时，应编制的会计分录为：

(1)从银行提取现金：

借：库存现金　280 000
　贷：银行存款　280 000

(2)用现金发放工资：

借：应付职工薪酬——工资　280 000
　贷：库存现金　280 000

(3)代扣医药费：

借：应付职工薪酬——工资　6 000
　贷：其他应收款　6 000

[例3—24] G有限责任公司以现金支付职工李某生活困难补助1 000元。G有限责任公司在进行会计处理时，应编制的会计分录为：

借：应付职工薪酬——职工福利　1 000
　贷：库存现金　1 000

[例3—25] 承[例3—21]，G有限责任公司用现金向食堂支付补贴26 400元。G有限责任公司在进行会计处理时，应编制的会计分录为：

借：应付职工薪酬——职工福利　26 400
　贷：库存现金　26 400

(三)固定资产折旧的核算

[例3—26] G有限责任公司本月按照期初应计固定资产折旧总值和确定的折旧方法，应提取的折旧额为16 000元。其中，生产车间用设备应提取的折旧为10 500元，行政管理部门所用固定资产应提取的折旧为5 500元。G有限责任公司在进行会计处理时，应编制的会计分录为：

借：制造费用　10 500
　　管理费用　5 500
　贷：累计折旧　16 000

(四)制造费用的归集和分配

[例3—27] G有限责任公司用银行存款支付水电费3 700元。G有限责任公司在进行会

计处理时，应编制的会计分录为：

借：制造费用　　3 700

　　贷：银行存款　　3 700

［例 3－28］　将［例 3－19］至［例 3－27］中发生的制造费用记入“制造费用”总分类账户，然后按生产工人工资进行分配。

表 3－20　　制造费用总分类账

××年××月××日　　单位：元

××年		凭证号	摘　要	借方	贷方	借或贷	余额
月	日						
略	略	1	车间一般耗用材料	27 000		借	27 000
		2	车间管理人员工资	40 000		借	67 000
		3	车间管理人员补贴款	2 400		借	69 400
		4	车间管理人员养老保险	10 000		借	79 400
		10	计提折旧费用	10 500		借	89 900
		11	支付车间水电费	3 700		借	93 600

制造费用分配率＝制造费用总额 / 生产工人工资总额

＝93 600/(120 000＋60 000)＝0.52

A 产品应负担的制造费用＝A 产品生产工人工资×分配率

＝120 000×0.52

＝62 400(元)

B 产品应负担的制造费用＝B 产品生产工人工资×分配率

＝60 000×0.52

＝31 200(元)

将分配的要素填入下表：

表 3－21　　制造费用分配表　　单位：元

产品名称	生产工人工资	分配率	分配金额
A 产品	120 000	0.52	62 400
B 产品	60 000	0.52	31 200
合　计	180 000	0.52	93 600

根据制造费用分配表进行会计处理时，编制的会计分录为：

借：生产成本——A 产品　　62 400

　　　　　　——B 产品　　31 200

　　贷：制造费用　　93 600

（五）结转完工产品生产成本

［例 3－29］　G 有限责任公司本期生产的 A、B 两种产品生产成本情况见生产成本明细分类账“生产成本——A 产品”和“生产成本——B 产品”，其中，A 产品没有全部完工，在产品

成本按年初固定数确定，即直接材料费15 000元，直接人工费60 000元，制造费用5 000元。B产品月初成本和月末成本不计入在产品成本，本月投产部分全部完工，验收入库。

表 3—22　　生产成本明细分类账

产品名称：A产品　　单位：元

××年 月	日	凭证号	摘　要	直接材料费	直接人工费	制造费用	合　计
略	略		期初在产品成本	15 000	60 000	5 000	80 000
		1	生产耗用材料	101 000			101 000
		2	生产工人工资		120 000		120 000
		3	生产工人补贴		12 000		12 000
		4	生产工人养老保险		50 000		50 000
		12	分配制造费用			62 400	62 400
			合　计	116 000	242 000	67 400	425 400

表 3—23　　生产成本明细分类账

产品名称：B产品　　单位：元

××年 月	日	凭证号	摘　要	直接材料费	直接人工费	制造费用	合　计
略	略	1	生产耗用材料	58 000			58 000
		2	生产工人工资		60 000		60 000
		3	生产工人补贴		6 000		6 000
		4	生产工人养老保险		25 000		25 000
		12	分配制造费用			31 200	31 200
			合　计	58 000	91 000	31 200	180 200

根据A、B产品生产成本明细分类账，分别编制生产成本计算单：

表 3—24　　生产成本计算单

产品名称：A产品　　××年××月××日　　单位：元

摘　要	成本项目			
	直接材料费	直接人工费	制造费用	合　计
月初在产品成本	15 000	60 000	5 000	80 000
本月生产费用	101 000	182 000	62 400	345 400
合　计	116 000	242 000	67 400	425 400
完工产品成本	101 000	182 000	62 400	345 400
月末在产品成本	15 000	60 000	5 000	80 000

表 3—25

生产成本计算单

产品名称:B产品　　××年××月××日　　单位:元

摘　要	成本项目			
	直接材料费	直接人工费	制造费用	合　计
月初在产品成本	0	0	0	0
本月生产费用	58 000	91 000	31 200	180 200
合　计	58 000	91 000	31 200	180 200
完工产品成本	58 000	91 000	31 200	180 200
月末在产品成本	0	0	0	0

根据生产成本计算单,G有限责任公司在进行会计处理时,应编制的会计分录为:

借:库存商品——A产品　　345 400

——B产品　　180 200

贷:生产成本——A产品　　345 400

——B产品　　180 200

第四节　销售过程的核算

一、销售过程的主要业务内容和要求

销售过程是指企业按照协议或合同,从发出库存商品到确认销售收入和收取款项,直至结转销售成本这个阶段,也称销售阶段。企业为了正常生产经营活动的有序进行,就必须及时地将所生产的适销对路、质量上乘的商品销售出去,取得再生产所需的补偿资金,实现既定的利润,进而扩大再生产,实现企业的经营目标;否则,企业就会因缺少流动资金而出现财务困难,甚至破产或倒闭。所以,在企业销售与收款过程中,销售价格确定是否合理,销售收入确认和计量是否规范、销售成本结转是否及时和正确、应收款项收回是否及时和全额等,都直接关系到企业的利润,影响着企业的经济效益。因此,企业必须加强对销售业务的核算和监督,以便企业生存和发展。

(一)销售业务的主要内容

企业销售业务的主要内容包括:销售计划的编制;销售价格的合理确定;签订销售合同;确定促销的策略和措施;及时、有序地发运商品;销售收入的规范确认和计量;产品销售成本的正确结转;款项的及时收回和登记账簿;等等。

(二)销售业务核算的要求

(1)加强销售计划的实施和调整。

(2)合理地制定价格和促销策略。

(3)及时、足额地收取款项,减少坏账损失。

(4)保证会计记录的及时、规范和完整。

二、销售过程核算的主要账户及其结构和对应账户

（一）销售过程核算需要设置的主要账户

销售业务活动是物流、信息和资金流的统一。既有商品销售收入，也有提供劳务收入和让渡资产使用权的收入；既有钱货两清的销售，也有分期收款和委托代销；既有商业折扣和现金折扣，也有销售折让与退回；既有应收账款，也有应收票据；等等。因此，需要设置"主营业务收入"、"主营业务成本"、"销售费用"、"营业税金及附加"、"应交税费"、"应收账款"、"应收票据"、"预收账款"、"其他业务收入"和"其他业务成本"等账户。

（二）销售过程核算的主要账户的结构和对应账户

1."主营业务收入"账户

"主营业务收入"账户是一个损益类账户，用来核算企业在日常活动中由主营业务产生的销售收入及其结转情况。该账户无期初余额。本期的增加额登记在贷方，本期的结转额登记在借方，期末无余额。该账户的结构和主要对应账户用"T"型账户列示如表3－26：

表3－26　"主营业务收入"账户的结构和主要对应账户

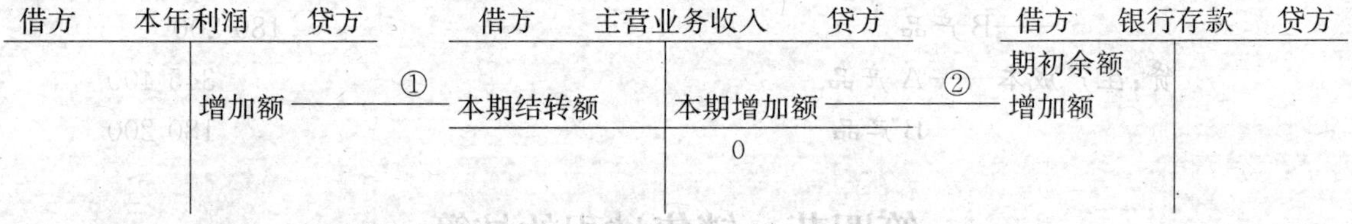

其中，①为结转本期收入业务，会计分录为：

借：主营业务收入

　　贷：本年利润

②为确认本期收入业务，会计分录为：

借：银行存款

　　贷：主营业务收入

　　　　应交税费——应交增值税

2."主营业务成本"账户

"主营业务成本"账户是一个损益类账户，用来核算企业与本期实现的销售收入相配比的销售成本的发生及其结转情况。该账户无期初余额。本期的增加额登记在借方，本期的结转额登记在贷方，期末无余额。该账户的结构和主要对应账户用"T"型账户列示如表3－27：

表3－27　"主营业务成本"账户的结构和主要对应账户

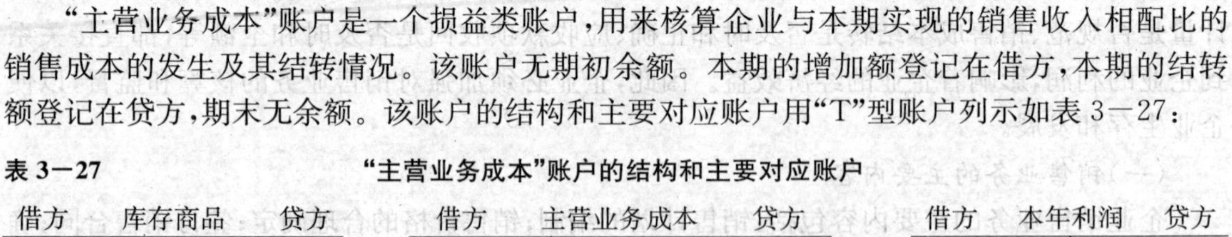

其中，①为结转销售成本的业务，会计分录为：

借：主营业务成本

　　贷：库存商品

②为结转本期主营业务成本，会计分录为：

借：本年利润

　　贷：主营业务成本

3."营业税金及附加"账户

该账户是一个损益类账户，用来核算企业在日常活动中应负担的相关税金及其教育附加等相关税费的发生及其结转情况。该账户无期初余额。本期的增加额登记在借方，本期的结转额登记在贷方，期末无余额。该账户的结构和主要对应账户用"T"型账户列示如表3—28：

表3—28　"营业税金及附加"账户的结构和主要对应账户

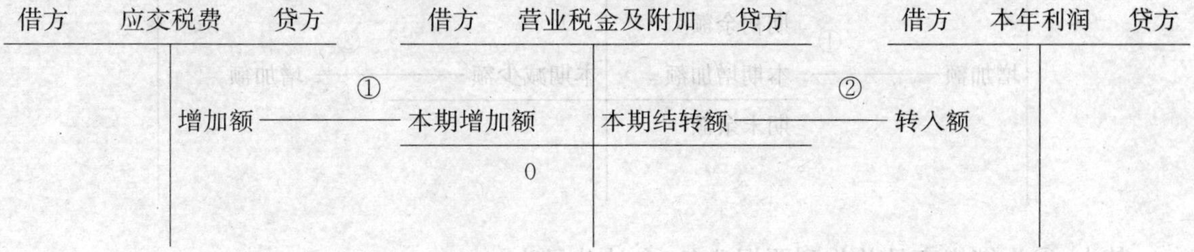

其中，①为确定应交税费业务，会计分录为：

借：营业税金及附加

　　贷：应交税费

②为结转营业税金及附加业务，会计分录为：

借：本年利润

　　贷：营业税金及附加

4."应收账款"账户

"应收账款"账户是一个资产类账户，用来核算企业在日常活动中因销售商品或提供劳务等应向购货单位或接受劳务单位收取的款项的增减及其结果。该账户若有期初余额，则在借方。本期发生的增加额登记在借方，本期发生的减少额登记在贷方。期末余额在借方，表示应收账款的实际数。该账户的结构和主要对应账户用"T"型账户列示如表3—29：

表3—29　"应收账款"账户的结构和主要对应账户

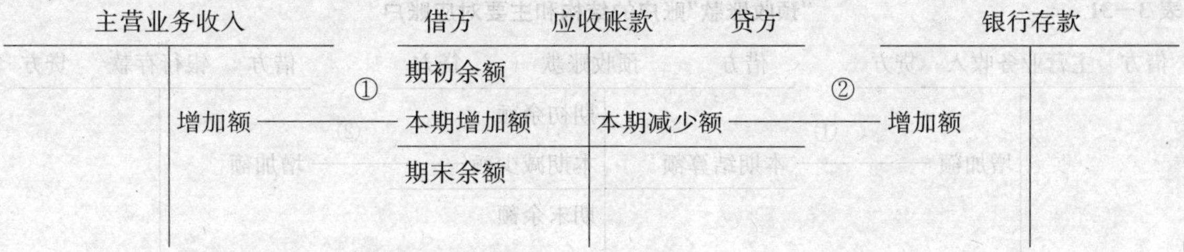

其中，①为销售商品但尚未收款业务，会计分录为：

借：应收账款

　　贷：主营业务收入

　　　　应交税费——应交增值税

②为收回应收款项业务，会计分录为：

借：银行存款

贷:应收账款

5."应收票据"账户

"应收票据"账户是一个资产类账户,用来核算企业在日常活动中因销售商品或提供劳务等收到的商业汇票及其到期收款情况。该账户若有期初余额,则在借方。本期发生的增加额登记在借方,票据到期、收回款项时登记在贷方。若有期末余额,则在借方,表示应收票据的实际数。该账户的结构和主要对应账户用"T"型账户列示如表3—30:

表3—30　"应收票据"账户的结构和主要对应账户

借方　主营业务收入	贷方		借方　应收票据	贷方		借方　银行存款	贷方
			期初余额				
	增加额	①	本期增加额	本期减少额	②	增加额	
			期末余额				

其中,①为销售商品并收到票据业务,会计分录为:

借:应收票据

　　贷:主营业务收入

　　　　应交税费——应交增值税

②为到期收取款项业务,会计分录为:

借:银行存款

　　贷:应收票据

6."预收账款"账户

"预收账款"账户是一个负债类账户,用来核算企业在日常活动中因销售商品或提供劳务等按照合同或协议规定,向购货单位或接受劳务单位预先收取的款项及其结算情况。该账户若有期初余额,则在贷方。本期预收的款项登记在贷方,本期结算的预收款项登记在借方。期末若有余额,则在贷方,表示预收账款的实际数。该账户的结构和主要对应账户用"T"型账户列示如表3—31:

表3—31　"预收账款"账户的结构和主要对应账户

借方　主营业务收入	贷方		借方　预收账款	贷方		借方　银行存款	贷方
				期初余额			
	增加额	①	本期结算额	本期减少额	②	增加额	
				期末余额			

其中,①为预收账款结算业务,会计分录为:

借:预收账款

　　贷:主营业务收入

②为取得预收账款业务,会计分录为:

借:银行存款

贷：预收账款

7.“其他业务收入”账户

“其他业务收入”账户是一个损益类账户，用来核算企业在日常活动中因销售材料和提供非工业性劳务或出租资产等取得的收入及其结转情况。该账户无期初余额。本期的增加额登记在贷方，本期的结转额登记在借方，期末无余额。该账户的结构和主要对应账户用“T”型账户列示如表 3－32：

表 3－32　“其他业务收入”账户的结构和主要对应账户

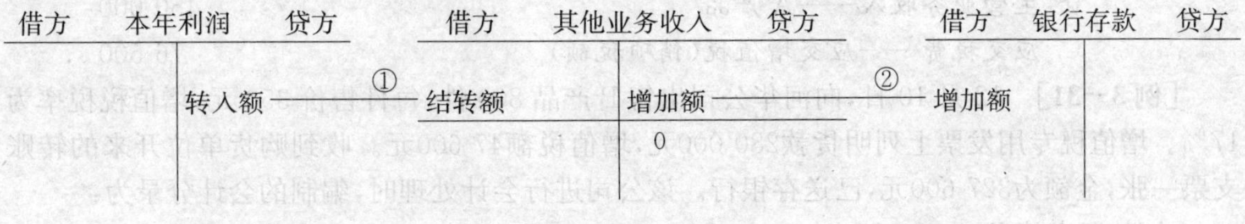

其中，①为结转至本年利润业务，会计分录为：

借：其他业务收入

贷：本年利润

②为取得出租资产收入业务，会计分录为：

借：银行存款

贷：其他业务收入

8.“其他业务成本”账户

“其他业务成本”账户是一个损益类账户，用来核算企业与本期实现的其他业务收入相匹配的成本的发生及其结转情况。该账户无期初余额。本期发生的增加额登记在借方，本期的结转额登记在贷方。期末无余额。该账户的结构和主要对应账户用“T”型账户列示如表 3－33：

表 3－33　“其他业务成本”账户的结构和主要对应账户

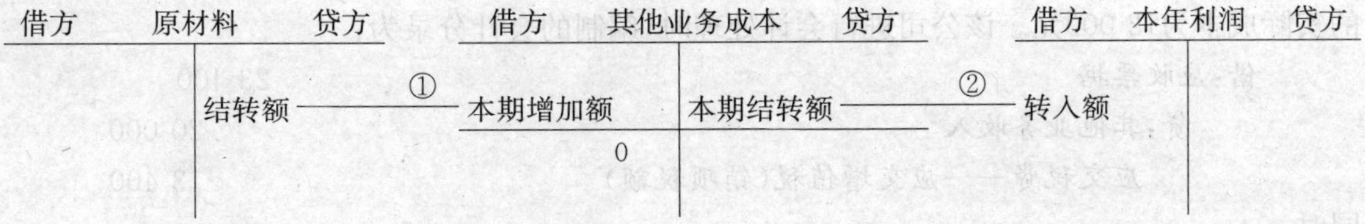

其中，①为结转已销材料成本业务，会计分录为：

借：其他业务成本

贷：原材料

②为结转其他业务成本至本年利润业务，会计分录为：

借：本年利润

贷：其他业务成本

关于销售过程应设置的“销售费用”和“应交税费”的账户类别、结构和主要对应账户，在供应和生产过程中分别进行了讲解和列示，故在此不再赘述。但例子中若涉及运用，则依然进行列示。

三、销售过程主要经济业务的核算

为了便于财务成果核算，假定G有限责任公司销售业务发生于2013年12月份。

[例3—30] 12月5日，向海华公司出售A产品900件，每件售价500元，增值税税率为17%。增值税专用发票上列明货款450 000元，增值税额76 500元。货已发出，款项尚未收到。该公司进行会计处理时，编制的会计分录为：

借：应收账款——海华公司　　526 500

　　贷：主营业务收入——A产品　　450 000

　　　　应交税费——应交增值税（销项税额）　　76 500

[例3—31] 12月10日，向河华公司出售B产品800件，每件售价350元，增值税税率为17%。增值税专用发票上列明货款280 000元，增值税额47 600元。收到购货单位开来的转账支票一张，金额为327 600元，已送存银行。该公司进行会计处理时，编制的会计分录为：

借：银行存款　　327 600

　　贷：主营业务收入　　280 000

　　　　应交税费——应交增值税（销项税额）　　47 600

[例3—32] 承[例3—31]，B产品属于应纳消费税的产品，其消费税税率为10%，应纳消费税额为280 000×10%＝28 000元，该公司进行会计处理时，编制的会计分录为：

借：营业税金及附加　　28 000

　　贷：应交税费——应交消费税　　28 000

[例3—33] 12月18日，以银行存款10 000元支付广告费。该公司进行会计处理时，编制的会计分录为：

借：销售费用　　10 000

　　贷：银行存款　　10 000

[例3—34] 12月22日，向江华公司出售一批不需要使用的丙材料，售价20 000元，增值税税率为17%。收到江华公司期限为3个月的商业汇票一张，金额为23 400元。该批丙材料的实际成本为12 000元。该公司进行会计处理时，编制的会计分录为：

借：应收票据　　23 400

　　贷：其他业务收入　　20 000

　　　　应交税费——应交增值税（销项税额）　　3 400

同时：

借：其他业务成本　　12 000

　　贷：原材料——丙材料　　12 000

[例3—35] 12月26日，以银行存款1 000元支付展览费，以现金200元支付展览品的运费。该公司进行会计处理时，编制的会计分录为：

借：销售费用　　1 200

　　贷：银行存款　　1 000

　　　　库存现金　　200

[例3—36] 12月28日，收到海华公司汇来的12月5日购买A产品时的欠款526 500元，已办妥银行收款手续。该公司进行会计处理时，编制的会计分录为：

借：银行存款　　526 500

贷:应收账款——海华公司 526 500

［例 3－37］ 12 月 31 日,结转本月售出产品的生产成本,共计455 020元。其中,A 产品 900 件,每件 345.40 元,计310 860元;B 产品 800 件,每件 180.20 元,计144 160元。该公司进行会计处理时,编制的会计分录为:

借:主营业务成本——A 产品 310 860
——B 产品 144 160
贷:库存商品——A 产品 310 860
——B 产品 144 160

［例 3－38］ 宏达外贸公司根据合同出口 B 商品一批,合计人民币40 000元(不含增值税)。该批商品对美国出口,CIF 纽约价为10 000美元,佣金率 4%,且为明佣。当日的市场汇率为 1 美元＝6.20 元人民币。收到应收账款时的市场汇率为 1 美元＝6.18 元人民币。该公司在进行会计处理时,编制如下会计分录:

(1)依据外销发票、装箱单及其他出口单证:

借:待运和发出商品——B 商品 40 000
贷:库存商品——B 商品 40 000

(2)出口交单时:

借:应收账款——应收外汇账款(US＄9 600×6.20) 59 520
贷:主营业务收入——自营出口销售收入(US＄10 000×6. 20) 62 000
——自营出口销售收入——佣金(US＄400×6. 20) 2 480

(3)结转自营出口销售成本时:

借:主营业务成本——自营出口销售成本 40 000
贷:待运和发出商品——B 商品 40 000

(4)收到出口销售货款时:

借:银行存款——美元户(US＄9 600×6.18) 59 328
财务费用——汇兑损益 192
贷:应收账款——应收外汇账款(US＄9 600×6.20) 59 520

第五节 财务成果的核算

一、财务成果核算的主要业务内容和要求

企业在一定期间经营的财务成果即利润,换言之,利润是指企业在一定会计期间的经营成果,也就是一定会计期间的收入减去费用后的净额和直接计入当期利润的利得和损失等。直接计入当期利润的利得和损失,是指应当计入当期损益、会导致所有者权益发生增减变动的、与所有者投入资本或者向所有者分配利润无关的利得或者损失。利得和损失在实际工作中相对应的业务是营业外收入和营业外支出。财务成果的多少直接关系到企业的生存和发展,关系着投资者的利益和国家的利益。因此,企业必须加强对财务成果的核算和监督,及时、全面地提供有价值的会计信息,以便企业增收节支,提高经济效益。

(一)财务成果核算的主要业务内容

财务成果核算的主要业务内容有:营业收入的确认和记录;营业成本的确认和记录;期间

费用的确认和记录；营业利润的确认和记录；利得和损失的确认和记录；利润总额的确认和记录；企业应纳和缴纳所得税的确认和记录；净利润和利润的分配与记录；等等。

（二）财务成果核算的要求

（1）按《企业会计准则》对相关业务进行会计处理。

（2）按既定程序分步确认营业利润、利润总额和净利润。

（3）按相关规定和顺序进行利润分配。

（4）账结或表结出未分配利润的金额。

二、财务成果核算的主要账户及其结构和对应账户

（一）财务成果核算需要设置的主要账户

财务成果核算既涉及收入与成本，也涉及期间费用以及企业的利得和损失等。除在筹集资金过程、供应过程、生产过程和销售过程已讲解和列示的账户外，本项业务主要应设置"本年利润"、"利润分配"、"盈余公积"、"营业外收入"、"营业外支出"、"所得税费用"和"应付股利"账户进行核算。

（二）财务成果核算的主要账户的结构和对应账户

1."本年利润"账户

"本年利润"账户是一个所有者权益类账户，用来核算企业在会计年度实现的利润总额和净利润及其结转情况。该账户无期初余额。借方登记由成本类、费用类账户贷方转入的数额，贷方登记由"主营业务收入"等收入类账户借方转入的数额。期末余额若在贷方，则为利润；若在借方，则为亏损。年度终了，应将其净利润或亏损转入"利润分配——未分配利润"账户。结转后无余额。该账户的结构和主要对应账户用"T"型账户列示如表3－34：

表3－34　"本年利润"账户的结构和主要对应账户

借方　主营业务成本	贷方		借方　本年利润	贷方		借方　主营业务收入	贷方
	结转额	① →	转入额	转入额	← ②	结转额	
				净利润			

其中，①为将成本、费用转入本年利润业务，会计分录为：

借：本年利润

　　贷：主营业务成本

②为将本期收入转入本年利润业务，会计分录为：

借：主营业务收入

　　贷：本年利润

2."利润分配——未分配利润"账户

"利润分配——未分配利润"账户是一个所有者权益类账户，用来核算企业利润的分配（或亏损的弥补）数额以及未分配利润的实有情况。该账户的期初余额一般在贷方。贷方登记从本年利润借方转入的数额，借方登记从"利润分配——应付股利"等利润分配明细账户贷方转入的数额。期末余额在贷方，表示企业未分配利润的实有数额。该账户的结构和主要对应账户用"T"型账户（仅以"利润分配——未分配利润"为例，"利润分配"其他明细科目在例子中讲

解)列示如表3—35：

表3—35 “利润分配——未分配利润”账户的结构和主要对应账户

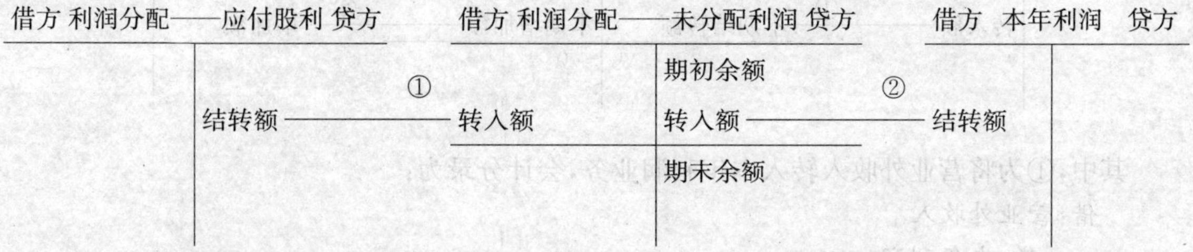

其中，①为将“利润分配——应付股利”账户余额转入未分配利润业务，会计分录为：

借：利润分配——未分配利润

贷：利润分配——应付股利

②为将净利润转入利润分配账户业务，会计分录为：

借：本年利润

贷：利润分配——未分配利润

3.“盈余公积”账户

“盈余公积”账户是一个所有者权益类账户，用来核算企业按规定从净利润中提取的盈余公积以及用盈余公积弥补亏损或转增资本的实际情况。该账户的期初余额在贷方。从净利润中提取的法定盈余公积等登记在贷方，用盈余公积弥补亏损或转增资本时登记在借方。期末余额在贷方，表示盈余公积的实有数。该账户的结构和主要对应账户用“T”型账户列示如表3—36：

表3—36 “盈余公积”账户的结构和主要对应账户

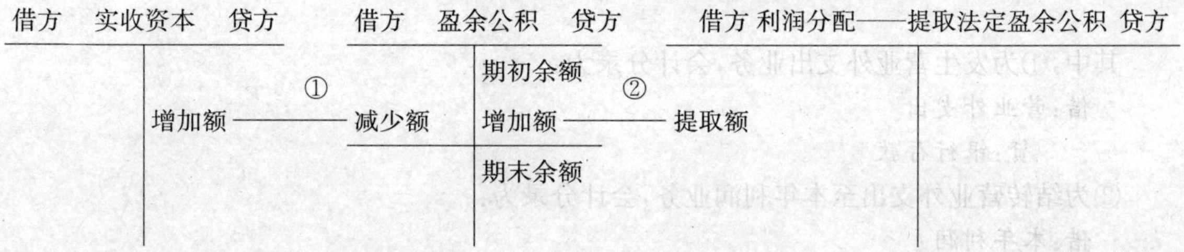

其中，①为用盈余公积转增资本业务，会计分录为：

借：盈余公积

贷：实收资本

②为提取盈余公积业务，会计分录为：

借：利润分配——提取法定盈余公积

贷：盈余公积——法定盈余公积

4.“营业外收入”账户

“营业外收入”账户是一个损益类账户，用来核算与企业日常生产经营活动无直接关系的各项收入的增加和结转情况。该账户无期初余额。本期发生的增加额登记在贷方，将本期的营业外收入结转至“本年利润”账户时登记在借方。该账户无期末余额。该账户的结构和主要对应账户用“T”型账户列示如表3—37：

表 3－37　　“营业外收入”账户的结构和主要对应账户

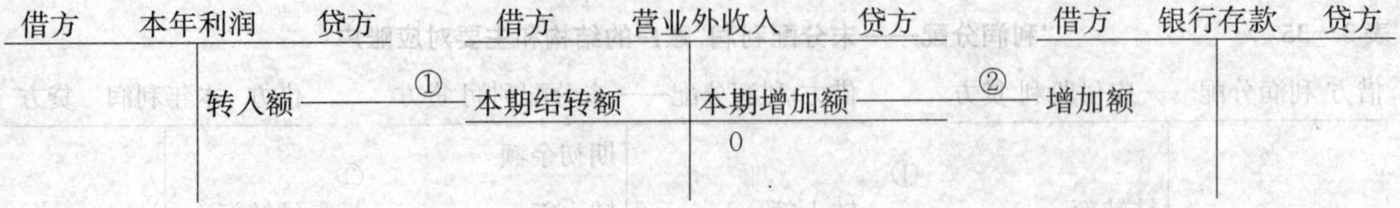

其中，①为将营业外收入转入本年利润业务，会计分录为：

借：营业外收入

　　贷：本年利润

②为取得营业外收入业务，会计分录为：

借：银行存款

　　贷：营业外收入

5.“营业外支出”账户

“营业外支出”账户是一个损益类账户，用来核算与企业日常生产经营活动无直接关系的各项支出的发生和结转情况。该账户无期初余额。本期发生的增加额登记在借方，将本期的营业外支出结转至“本年利润”账户时登记在贷方。该账户无期末余额。该账户的结构和主要对应账户用“T”型账户列示如表 3－38：

表 3－38　　“营业外支出”账户的结构和主要对应账户

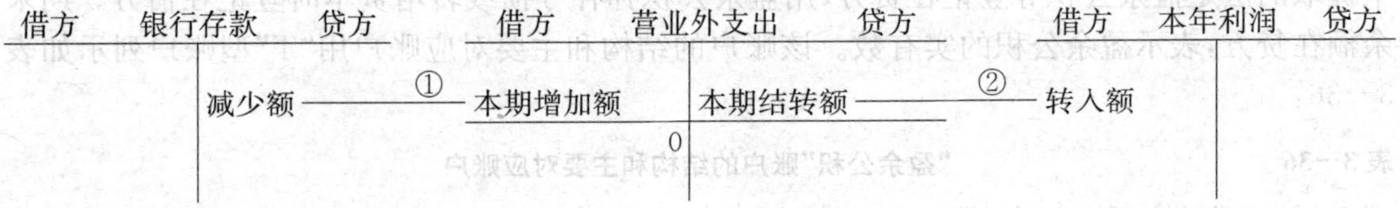

其中，①为发生营业外支出业务，会计分录为：

借：营业外支出

　　贷：银行存款

②为结转营业外支出至本年利润业务，会计分录为：

借：本年利润

　　贷：营业外支出

6.“所得税费用”账户

“所得税费用”账户是一个损益类账户，用来核算企业按应纳税所得额和法定的所得税税率计算应交所得税形成的所得税费用及其结转情况。该账户无期初余额。确认的应从当期利润总额中扣除的应交所得税额登记在借方，将本期的所得税费用结转到“本年利润”账户时登记在贷方。该账户无期末余额。该账户的结构和主要对应账户用“T”型账户列示如表 3－39：

表 3－39　　“所得税费用”账户的结构和主要对应账户

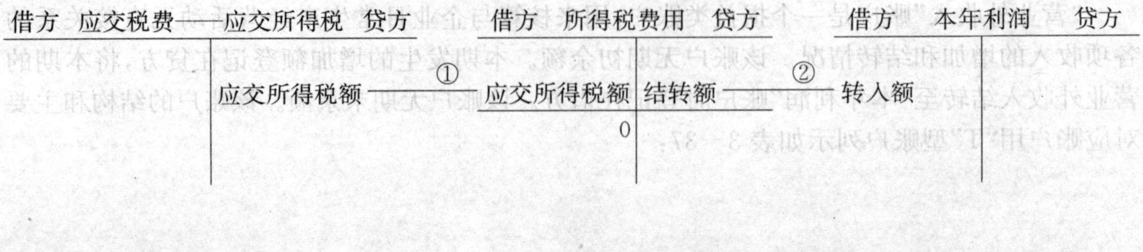

其中，①为确认应交所得税业务，会计分录为：

借：所得税费用

　　贷：应交税费——应交所得税

②为将所得税费用转入本年利润业务，会计分录为：

借：本年利润

　　贷：所得税费用

7.“应付股利”账户

“应付股利”账户是一个负债类账户，用来核算企业按合同或协议规定，且经企业董事会或股东大会等类似机构批准应付的股利及已付情况。该账户一般无期初余额，若有期初余额，则在贷方。本期确认的应付股利登记在贷方，实际支付的应付股利登记在借方。期末若有余额在贷方，表示应付而未付股利的实际数。该账户的结构和主要对应账户用“T”型账户列示如表3—40：

表 3—40　　“应付股利”账户的结构和主要对应账户

借方　银行存款	贷方	借方　应付股利	贷方	借方　利润分配——应付股利	贷方
			期初余额		
	减少额 ——①——	支付额	确认额 ——②——	确认额	
			期末余额		

其中，①为实际支付应付股利业务，会计分录为：

借：应付股利

　　贷：银行存款

②为分配应付股利业务，会计分录为：

借：利润分配——应付股利

　　贷：应付股利

三、财务成果主要经济业务的核算

(一)营业外收支的核算

为了掌握财务成果的形成和利润分配的步骤和要点，假定下列经济业务均发生在12月份。

[例3—39]　12月10日，G有限责任公司确定一笔应付账款23 400元，因故无法支付，经报批后按《企业会计准则》转账。该公司在进行会计处理时，编制的会计分录为：

借：应付账款　　23 400

　　贷：营业外收入　　23 400

[例3—40]　12月20日，向宋庆龄基金会捐赠人民币15 000元，款项通过银行汇出。该公司在进行会计处理时，编制的会计分录为：

借：营业外支出　　15 000

　　贷：银行存款　　15 000

(二)财务成果实现的核算

根据前述几个阶段的经济业务，汇总出G有限责任公司12月末损益类账户余额如下：

主营业务收入　　730 000(贷方)

营业税金及附加　　28 000(借方)
销售费用　　11 200(借方)
其他业务收入　　20 000(贷方)
其他业务成本　　12 000(借方)
主营业务成本　　455 020(借方)
管理费用　　130 500(借方)
营业外收入　　23 400(贷方)
营业外支出　　15 000(借方)

[例 3－41]　12 月 31 日,将上述损益类账户中收入类账户余额转入“本年利润”账户时,该公司编制的会计分录为:

借:主营业务收入　　730 000
　　其他业务收入　　20 000
　　营业外收入　　23 400
　　贷:本年利润　　773 400

[例 3－42]　12 月 31 日,将上述损益类账户中成本、费用类账户余额转入“本年利润”账户时,该公司编制的会计分录为:

借:本年利润　　651 720
　　贷:主营业务成本　　455 020
　　　　其他业务成本　　12 000
　　　　营业税金及附加　　28 000
　　　　管理费用　　130 500
　　　　销售费用　　11 200
　　　　营业外支出　　15 000

[例 3－43]　确定利润总额和应交所得税。

利润总额＝773 400－651 720＝121 680(元)

应交所得税＝121 680×25％＝30 420(元)

根据计算得出的应交所得税额,该公司编制的会计分录为:

借:所得税费用　　30 420
　　贷:应交税费——应交所得税　　30 420

[例 3－44]　12 月 31 日,将“所得税费用”账户余额转入“本年利润”账户时,该公司编制的会计分录为:

借:本年利润　　30 420
　　贷:所得税费用　　30 420

(三)利润分配的核算

为了突出利润分配的步骤和会计分录,假定该公司以前年度既无亏损,也无未分配利润,承[例 3－43]和[例 3－44],可计算出净利润为:

净利润＝利润总额—所得税费用
　　＝121 680－30 420
　　＝91 260(元)

[例 3－45]　12 月 31 日,将净利润转入“利润分配——未分配利润”账户时,该公司编制

的会计分录为：

借：本年利润　　91 260

　　贷：利润分配——未分配利润　　91 260

［例 3－46］ 12 月 31 日，按国家相关规定提取盈余公积，其中，法定盈余公积按净利润的10％提取。该公司在进行会计处理时，编制的会计分录为：

借：利润分配——提取法定盈余公积　　9 126

　　贷：盈余公积——法定盈余公积　　9 126

［例 3－47］ 12 月 31 日，根据协议或合同以及董事会等权力机构的决定，向投资人分配利润30 000元。该公司进行会计处理时，编制的会计分录为：

借：利润分配——应付股利　　30 000

　　贷：应付股利　　30 000

［例 3－48］ 12 月 31 日，将上述"利润分配"的明细分类账户提取的"法定盈余公积"和"应付股利"的余额转入"利润分配——未分配利润"明细分类账户，进而确定出企业未分配利润的实际数额，留待以后年度进行分配。该公司进行会计处理时，编制的会计分录为：

借：利润分配——未分配利润　　39 126

　　贷：利润分配——提取法定盈余公积　　9 126

　　　　　　　　——应付股利　　30 000

G 有限责任公司年末未分配利润的数额为：

"利润分配——未分配利润"账户贷方数额－借方数额＝91 260－39 126＝52 134(元)

本章知识结构图

- 工业企业主要经济业务的核算
  - 筹集资金过程的核算
    - 筹集资金业务的渠道和要求
    - 主要账户及其结构和对应账户
    - 主要经济业务的核算
  - 供应过程的核算
    - 主要业务内容和要求
    - 主要账户及其结构和对应账户
    - 主要经济业务的核算
  - 生产过程的核算
    - 主要业务内容和要求
    - 主要账户及其结构和对应账户
    - 主要经济业务的核算
  - 销售过程的核算
    - 主要业务内容和要求
    - 主要账户及其结构和对应账户
    - 主要经济业务的核算
  - 财务成果的核算
    - 主要业务内容和要求
    - 主要账户及其结构和对应账户
    - 主要经济业务的核算

复习思考题

一、单项选择题

1. 下列属于筹集资金业务核算运用的会计账户是(　　)。

A. 在途物资　　B. 短期借款　　C. 生产成本　　D. 主营业务收入

2. 下列属于供应阶段业务核算运用的会计账户是(　　)。

A. 实收资本 B. 在途物资 C. 生产成本 D. 主营业务收入

3. 下列属于生产阶段核算运用的会计账户是（ ）。

A. 实收资本 B. 在途物资 C. 生产成本 D. 主营业务收入

4. 下列属于销售阶段核算运用的会计账户是（ ）。

A. 实收资本 B. 在途物资 C. 生产成本 D. 主营业务收入

5. 下列属于财务成果阶段核算运用的会计账户是（ ）。

A. 本年利润 B. 在途物资 C. 生产成本 D. 短期借款

二、多项选择题

1. 筹集资金渠道是指企业在筹集资金活动中客观存在的来源和通道，主要有（ ）。

A. 国家财政资金 B. 银行信贷资金 C. 居民个人资金 D. 企业自留资金

E. 非银行金融机构资金 F. 高息揽储资金

2. 筹集资金的方式是指企业在筹资过程中，针对筹资渠道所选用的具体筹资方式，主要有（ ）。

A. 吸收直接投资 B. 发行股票 C. 利用商业信用 D. 银行借款

E. 发行公司债券 F. 融资租赁

3. 下列属于供应过程业务主要内容的有（ ）。

A. 采购计划的编制 B. 采购合同的签订 C. 采购成本的确认 D. 销售成本的结转

E. 采购款项的支付 F. 材料账簿的登记

4. 下列属于生产过程业务核算运用的会计账户的有（ ）。

A. 生产成本 B. 制造费用 C. 管理费用 D. 累计折旧

E. 在途物资 F. 应付职工薪酬

5. 下列属于财务成果核算运用的会计账户的有（ ）。

A. 本年利润 B. 营业外收入 C. 盈余公积 D. 营业外支出

E. 利润分配 F. 所得税费用

三、判断题

1. 实收资本账户的期末余额在借方。（ ）

2. 短期借款和实收资本是对应账户。（ ）

3. 应付票据是资产类账户。（ ）

4. 预付账款是负债类账户。（ ）

5. 制造费用账户期初有余额。（ ）

6. 生产成本账户期初一般无余额。（ ）

7. 销售费用是损益类账户。（ ）

8. 营业税金及附加和应收账款是对应账户。（ ）

9. 盈余公积账户期初一般无余额。（ ）

10. 年末转入利润分配账户贷方的数额是企业利润总额。（ ）

四、名词解释

1. 筹集资金的渠道 2. 筹集资金的方式 3. 供应过程 4. 生产过程 5. 销售过程

五、简答题

1. 简述生产过程核算的要求。

2. 简述财务成果核算的主要内容。

第四章　会计凭证

知识目标

1. 了解会计凭证的分类及传递。
2. 掌握会计凭证的填制及审核。

技能目标

1. 正确填制、审核各类原始凭证。
2. 根据不同业务编制正确的记账凭证。

导入案例

2008 年 4 月 10 日，刚刚上班不久的小王接受单位委派到北京联系业务，出差前他向单位财务处预借现金2 000元。在北京办好相关事宜后，由于他第一次来北京，于是到故宫、颐和园、长城等景点游览参观，于 4 月 16 日返回单位。回来向领导汇报工作后，便把本次出差的票据粘贴好准备报销，其中，火车票 360 元(2 张)、市内交通票 150 元(5 张)、住宿发票 600 元(1 张)、旅游门票 400 元(5 张)、买车票手续费 20 元(2 张)，共计1 530元。

思考题：

小王的这些票据单位能给他全部报销吗?

第一节　会计凭证的作用和种类

一、会计凭证的作用

会计凭证是记录经济业务事项的发生和完成情况，明确经济责任，并作为记账依据的书面证明。会计工作有一个重要特点就是重凭证，一切款项物资的收付和账务处理都要以凭证为依据。

任何一个企业、单位，对所发生的每一项经济业务事项都必须按照规定的程序和要求，由经办人员填制或取得会计凭证，以此证明经济业务的发生或完成情况。会计凭证须载明经济业务的内容、数量、金额，并签名盖章；有的还要加盖公章，以明确对该项经济业务的真实性、完整性负责。会计凭证记载的内容和格式，必须符合国家统一的会计制度的规定。一切会计凭证都应经过专人进行严格的审核，只有审核无误的凭证，才能作为记账的依据；任何单位和个人不得伪造、变造会计凭证。使用计算机进行会计核算的企业，其软件生成的会计凭证也必须符合国家统一的会计制度的规定。

会计凭证的填制和审核是会计核算的基础工作和关键环节。做好会计凭证的填制、取得和审核工作，对提高会计核算质量和管理水平，具有以下重要的作用：

（一）提供经济活动的原始资料及详细的会计信息

任何一项经济业务事项的发生都要填制或取得会计凭证，将经济业务事项如实记录下来。会计凭证详细记录了经济业务事项发生的具体内容，使其成为反映经济业务事项内容的原始资料。通过对会计凭证中的原始资料进行整理，可以获取详细的会计信息。

（二）为记账提供依据，传递会计信息

每一项经济业务事项发生时，都必须按规定及时填制和取得会计凭证，对经济业务事项的发生时间、地点、内容及完成情况作出记录；必须经过严格审核，保证记录的客观性、真实性和正确性，据以作为记账的依据。通过会计凭证的传递，为会计分析和会计检查提供信息资料。

（三）可以明确经济责任，加强经济责任制

会计凭证不仅可以反映经济业务事项的内容，而且有关经办人员及责任人都要在凭证上签字或盖章，以明确经济责任。这样就促使有关人员提高责任感，按规章制度办事，一旦发现问题，便于追查和承担责任，从而加强经济责任制。

（四）可以发挥会计的监督作用，保护财产安全、完整

通过审核会计凭证可以检查发生的经济业务是否真实、正确、合理、合法，有无违纪和铺张浪费现象，以便加强会计监督，及时发现经营管理及会计核算工作中存在的问题，有效地加以纠正和改进，保证企业经济活动的良性发展，保护财产的安全、完整。

二、会计凭证的种类

会计凭证的种类很多，最基本的分类方法是按会计凭证的填制程序和用途进行分类。会计凭证按其编制程序和用途不同可分为原始凭证和记账凭证两大类。原始凭证是记载经济业务事项的原始书面证据，也是会计核算的原始依据；记账凭证是以原始凭证为依据编制的，作为确定会计分录、登记账簿的直接依据。原始凭证与记账凭证有着密切的联系，但其作用有所不同。

第二节 原始凭证

一、原始凭证的基本内容

由于经济业务的多样性和复杂性，因此用来记录经济业务事项的原始凭证的种类、格式、内容也不尽相同。为了能够客观反映经济业务事项的发生或完成情况、表明经济业务的性质、明确有关单位和人员的经济责任等，我国《会计基础工作规范》第四十条规定，原始凭证必须具备以下基本内容：

（1）凭证的名称；

（2）填制凭证的日期；

（3）填制凭证单位的名称或者填制人的姓名；

（4）经办人员的签名或盖章；

（5）接受凭证单位的名称；

（6）经济业务内容；

（7）经济业务的数量、单价和金额。

对一些特殊的原始凭证，除应当具备原始凭证的上述内容外，还应当有一定的附加条件。

二、原始凭证的种类

原始凭证是在经济业务事项发生时，由业务经办人员直接取得或者填制，用以表明某项经济业务已经发生或其完成情况，并明确有关经济责任的一种凭证。原始凭证是填制记账凭证或登记账簿的原始依据，是重要的会计核算资料。凡不能证明经济业务发生或完成情况的各种单证，不能作为原始凭证并据以记账，如购销合同、购料申请单等。

(一)原始凭证按其取得的来源不同，可分为外来原始凭证和自制原始凭证

1. 外来原始凭证

外来原始凭证是由业务经办人员在业务发生或者完成时从外单位取得的原始凭证，如购买商品时取得的购货发票、银行收款通知等。

部分外来原始凭证的格式及内容如表 4－1、表 4－2 所示。

表 4－1

增值税专用发票
发票联

开票日期：　年　月　日　　　　No：

<table>
<tr><td rowspan="2">购货单位</td><td colspan="3">名称</td><td colspan="9">纳税人登记号</td><td colspan="10"></td><td rowspan="12">第二联 发票联 购货方记账</td></tr>
<tr><td colspan="3">地址电话</td><td colspan="9">开户银行及账号</td><td colspan="10"></td></tr>
<tr><td rowspan="2">货物或应税劳务名称</td><td rowspan="2">计量单位</td><td rowspan="2">数量</td><td rowspan="2">单价</td><td colspan="9">金额</td><td rowspan="2">税率(%)</td><td colspan="9">税额</td></tr>
<tr><td>百</td><td>十</td><td>万</td><td>千</td><td>百</td><td>十</td><td>元</td><td>角</td><td>分</td><td>百</td><td>十</td><td>万</td><td>千</td><td>百</td><td>十</td><td>元</td><td>角</td><td>分</td></tr>
<tr><td></td><td></td><td></td><td></td><td></td><td></td><td></td><td></td><td></td><td></td><td></td><td></td><td></td><td></td><td></td><td></td><td></td><td></td><td></td><td></td><td></td><td></td><td></td></tr>
<tr><td></td><td></td><td></td><td></td><td></td><td></td><td></td><td></td><td></td><td></td><td></td><td></td><td></td><td></td><td></td><td></td><td></td><td></td><td></td><td></td><td></td><td></td><td></td></tr>
<tr><td></td><td></td><td></td><td></td><td></td><td></td><td></td><td></td><td></td><td></td><td></td><td></td><td></td><td></td><td></td><td></td><td></td><td></td><td></td><td></td><td></td><td></td><td></td></tr>
<tr><td>合计</td><td></td><td></td><td></td><td></td><td></td><td></td><td></td><td></td><td></td><td></td><td></td><td></td><td></td><td></td><td></td><td></td><td></td><td></td><td></td><td></td><td></td><td></td></tr>
<tr><td>价税合计(大写)</td><td colspan="22">佰　拾　万　仟　佰　拾　元　角　分　¥</td></tr>
<tr><td rowspan="2">销货单位</td><td colspan="3">名称</td><td colspan="9">纳税人登记号</td><td colspan="10"></td></tr>
<tr><td colspan="3">地址电话</td><td colspan="9">开户银行及账号</td><td colspan="10"></td></tr>
<tr><td>备注</td><td colspan="22"></td></tr>
</table>

收款人：　　　　开票单位：(未盖章无效)

表 4－2

××市工业商业统一发票
发票联

No：××××

购货单位：　　　　开票日期：　年　月　日

<table>
<tr><td rowspan="2">货号</td><td rowspan="2">品名规格</td><td rowspan="2">单位</td><td rowspan="2">数量</td><td rowspan="2">单价</td><td colspan="7">金额</td><td rowspan="2">备注</td><td rowspan="7">第二联 发票联</td></tr>
<tr><td>万</td><td>千</td><td>百</td><td>十</td><td>元</td><td>角</td><td>分</td></tr>
<tr><td></td><td></td><td></td><td></td><td></td><td></td><td></td><td></td><td></td><td></td><td></td><td></td><td></td></tr>
<tr><td></td><td></td><td></td><td></td><td></td><td></td><td></td><td></td><td></td><td></td><td></td><td></td><td></td></tr>
<tr><td></td><td></td><td></td><td></td><td></td><td></td><td></td><td></td><td></td><td></td><td></td><td></td><td></td></tr>
<tr><td></td><td></td><td></td><td></td><td></td><td></td><td></td><td></td><td></td><td></td><td></td><td></td><td></td></tr>
<tr><td colspan="12">合计　人民币(大写)　　　　¥</td><td></td></tr>
</table>

填票人：　　　　收款人：　　　　单位：(盖章)

2. 自制原始凭证

自制原始凭证是指在经济业务事项发生或完成时由本单位内部有关经办部门或人员填制

的原始凭证，如购进材料、验收入库时由仓库保管员填制的入库单，销售产品时由销售部门开出的销货发票等。

部分自制原始凭证的格式及内容如表 4－3、表 4－4、表 4－5、表 4－6、表 4－7、表 4－8、表 4－9 所示。

表 4－3 **收 料 单**

年 月 日 ____号仓库 编号：

付款单号		供货单位		材料来源	合同订货		市场采购	其他	二
材料类别	材料编号	材料名称	规格	计量单位	数量		单价	金额	财务存
					发票	实收			
实际成本	原价	运杂费		附注					
	加成	合计							

核算：(印) 主管：(印) 保管：(印) 检验：(印) 交库：(印)

表 4－4 **领 料 单**

领料单位： 年 月 日 ____号仓库 编号：

用途				产品批量			订单号		二
材料类别	材料编号	材料名称	规格	计量单位	数量		单价	金额	财务存
					请领	实发			
备 注									

核算：(印) 主管：(印) 发料：(印) 保管：(印) 领料：(印)

表 4－5 **限额领料单**

领料单位： 编号：

用途： 年 月 日 发料仓库：

材料类别	材料编号	材料名称规格	计量单位	计划单价	全月领用限额	全月实领		
						数量	金额	

日期	请 领		实 发			退 料			限额结余
	数量	领料单位负责人	数量	发料人	领料人	数量	退料人	收料人	
合计									

供应部门负责人： 生产计划部门负责人： 仓库负责人：

表 4－6 **发料凭证汇总表**

年 月 日 附领料单 份

领料单位	材料名称	用 途	单 位	数 量	单 价		总 成 本	
					计 划	实 际	计 划	实 际
一车间								
二车间								

续表

领料单位	材料名称	用　途	单　位	数　量	单　价		总　成　本	
					计　划	实　际	计　划	实　际
机修车间								
供暖车间								
厂部								
运输科								
销售科								
合　计								

主管：　　　　审核：　　　　发料：　　　　保管：

表 4—7

收　款　收　据

年　月　日　　　　字第　号

今收到　　　　交来　　　　款项 人民币(大写)：　　　　¥	
备注	

单位(印章)：　　　　出纳：　　　　制证：

表 4—8

产成品入库单

审核日期：　　　　入库单号：

仓库：　　　　入库日期：　　　　入库类别：

部门：　　　　生产批号：　　　　备注：

产品编码	产品名称	规格型号	计量单位	数　量	单　价	金　额
合　计						

制证人：　　　　审核人：　　　　记账人：　　　　保管：

现存量：　　　　最高库存量：　　　　最低库存量：　　　　安全库存量：

表 4—9

产品出库单

审核日期：　　　　业务号：　　　　出库单号：

仓库：　　　　出库日期：　　　　出库类别：

部门：　　　　生产批号：　　　　备注：

材料编码	材料名称	规格型号	计量单位	数　量	单　价	金　额

制证人：　　　　审核人：　　　　记账人：　　　　保管：

现存量：　　　　安全库存量：　　　　最低库存量：　　　　最高库存量：

3. 复币原始凭证

(1)例如,2012 年 1 月 10 日收到越南 ACD 公司预付货款69 000美元。

表 4—10 外汇汇款收款通知

中国工商银行 (浙)C 35104×

外汇汇款收款通知

行名:中国工商银行股份有限公司嘉兴分行　汇入金额:USD 69 000.00　汇率:6.3

收款人账号:JX120406000000000××××

收款人户名:嘉兴市澳杰进出口有限公司待核查账户

付款人账号:TR19000990001230584838××××

付款人户名:越南 ACD 公司

大写金额:美元 陆万玖仟元整

小写金额:USD 69 000.00　汇款金额:USD 69 000.00

付款详情:货款

银行指示代码:

客户附言:/INS/CHASUS33×××

费用负担 71A:BEN　发报行费用 71F:USD 0.00　收报行费用 71G:

国际收支申报代码:33040000020120110N13　涉外收入申报单号:

手续费:　0.00　扣费需要:

业务编号:3226900325FS　收报流水号:32179

打印日期:2012-1-10　打印次数:1

收电:　记账:　复核:

(2)预付澳大利亚 DTT 公司货款 39 000 美元,手续费人民币 50 元。

表 4—11 转账凭证

中国工商银行

转账凭证(付款通知)

记账日期:2012-01-10　检索号:20120120000××××

付款人户名:嘉兴市澳杰进出口有限公司　付款人账号:12040600000000××××

收款人户名:其他应付款待清算过渡款项待转中间业务收入　收款人账号:12040500000000××××

金额:人民币(大写)伍拾元整　¥　50.00

摘要:　邮电 1204020011

金融自助卡号:621204000000××××　打印时间:2012-01-10　09:18:42

银行验证码:391324222132××××　打印方式:自助打印　已打印次数:1 次

地区号:××××　网点号:××××　柜员号:××　授权柜员号:××

(3)境外付款申请书。

表 4—12 。

境外汇款申请书

APPLICATION FOR FUNDS TRANSFERS (OVERSEAS)

致：中国银行
TO: BANK OF CHINA

日期 2012 年 1月10日
Date

☑电汇 □ T/T □票汇 D/D □信汇 M/T	发电等级 □普通Normal □加急 Urgent

申报号码 BOP REPORTING NO.	330400 0002 01 200000 ☒☒☒☒		
20 银行业务编号 Bank Transac Ref No	6003001	收电行/付款行 Receiver/Drawn on	
32A 汇款币种及金额 currency&interbank settlement amount	USD 39000.00	金额大写 Amount in Words	美元叁万玖仟元整
其中 现汇金额 Amount in FX		账号Account No.	
其中 购汇金额Amount of purchase	USD 39000.00	账号Account No.	120406000000000××××
其中 其他金额 Amount of others		账号Account No.	
50a 汇款人名称及地址 Remitter's Name & Address	JIAXING AUGER IMP&EXP CO.,LTD		
□对公 组织机构代码 Unit Code	60860888-8	□ 对私	个人身份证件号码 Individual ID No. □中国居民个人 □中国非居民个人
54/56A 收款银行之代理行名称及地址 Correspondent of Beneficiary's Bank Name &Address			
57a 收款人开户银行名称及地址 Beneficiary's Bank Name & Address	收款人开户银行在其代理行账号 Bene's Bank a/c No. BSB:063019 CTBAAU2S Commonwealth Bank of Australia Central Branch 190 Swanston Street Melbourne		
59a 收款人名称及地址 Beneficiary's Name & Address	收款人账号Bene's a/c No. Australia DTT CO.,LTD. 8 Park Road Mount Waverley		
70 汇款附言 Remittance Information	只限140个字位 Not exceeding 140 characters	71A	国内外费用承担 All bank's charges if any are to be borne by □汇款人our □收款人 ben☑共同sha

收款人常驻国家（地区）名称及代码 Resident country/region name & code	澳大利亚			036
请选择：□预付货款 ☑货到付款 □退款 □其他			最迟装运日期	
交易编码 BOPTransac code	101010	相应币种及金额 Currency & Amount	USD 39000.00	交易附言 Transac.remark：一般贸易货款
是否为进口核销项下付款	□是 □否	合同号 AJ20120113	发票号	AJ20120113
外汇局批件/备案表号		报关单经营单位代码		
报关单号		报关单币种及总金额	本次核注金额	
报关单号		报关单币种及总金额	本次核注金额	

银行专用栏		申请人签章	银行签章
购汇汇率		请按照贵行背页所列条款代办以上汇款并进行申报	
等值人民币			
手续费			
电报费			
合计			
支付费用方式	□现金 □支票 □账户	申请人姓名 JIAXING AUGER IMP&EXP CO.,LTD 电话 828283××	核准人签字 日期
核印		经办	复核

(二)原始凭证按其填制方法不同,可分为一次性原始凭证、累计原始凭证和汇总原始凭证

1. 一次性原始凭证

一次性原始凭证是指对所发生或完成的经济业务,每次或每笔只填制一份凭证,外来原始凭证多为一次性原始凭证,如供应单位的发货票等。

2. 累计原始凭证

累计原始凭证是指对在一定时期内(一般以一个月为限)连续发生的相同经济业务,逐次逐笔集中填制一份的凭证,这样可以简化填制手续,如工业企业使用的"限额领料单"就是一种典型的累计原始凭证。

3. 汇总原始凭证

汇总原始凭证又称原始凭证汇总表,是指将一定时期内若干张同类经济业务的原始凭证汇总成一份的凭证。它可以集中反映某项经济业务的总括情况,既简化了会计核算工作,又便于进行经济业务的分析比较,如发出材料汇总表、工资结算汇总表等。

三、原始凭证的填制

(一)原始凭证填制的基本要求

原始凭证的填制有三种形式:一是根据实际发生或完成的经济业务由经办人员直接填制;二是根据已经入账的有关经济业务由会计人员利用账簿资料进行加工整理填列;三是根据若干张反映同类经济业务的原始凭证定期汇总填列汇总原始凭证。

原始凭证是具有法律效力的证明文件,是进行会计核算的重要原始依据。它的填制是否符合要求,直接影响会计记录、会计报表的质量。因此,应保证原始凭证能够正确、真实、完整、及时地反映经济业务的执行或完成情况。原始凭证在填制时必须符合以下要求:

1. 记录要真实

要求严肃认真地记录各项经济业务实际发生或完成情况,凭证上填列的经济业务内容、数字、日期必须真实、可靠,不允许弄虚作假,更不得伪造凭证。

2. 内容要完整,手续齐备

要求严格按规定的格式和内容逐项填写齐全,不得省略或漏填;经办业务的有关部门和人员要认真审核后再签字盖章,明确经济责任。

3. 填制要及时

所有经办业务的有关部门和人员,在经济业务实际发生或完成时,必须及时填制原始凭证,做到不拖延、不积压,按规定的程序及时将原始凭证送交会计部门,由会计部门审核后据以编制记账凭证。

4. 书写要清晰、规范

原始凭证上的文字和数字必须按国家统一要求书写。使用印有编号的原始凭证,并按编号连续使用。

(1)汉字大写数字的书写要求。

①大写数字的书写。汉字大写数字金额一律用零、壹、贰、叁、肆、伍、陆、柒、捌、玖、拾、佰、仟、万、亿等,用正楷或者行书体书写,不得用0、一、二、三、四、五、六、七、八、九、十等代替,不得任意自造简化字。大写金额数字写到元或者角为止的,在"元"或者"角"字之后应当写"整"字或"正"字;大写金额数字有"分"的,"分"字后面不写"整"字或"正"字。

②货币名称的书写。大写金额数字前未印有货币名称的,应当加填货币名称,货币名称与

金额数字之间不得留有空白。在发货票等须填写大写金额数字的原始凭证上,如果有关货币名称事先未能印好,在填写大写金额数字时,应加填有关的货币名称,然后在其后紧接着填写大写金额数字,如人民币 98 479 元,应当写成"人民币玖万捌仟肆佰柒拾玖元整",不能分开写成"人民币　玖万捌仟肆佰柒拾玖元整"。

③"零"字的写法。阿拉伯数字金额中间有"0"时,汉字大写金额要写"零"字;阿拉伯数字金额中间连续有几个"0"时,汉字大写金额中可以只写一个"零"字;阿拉伯数字金额元位是"0",或者数字中间连续有几个是"0"、元位也是"0",但角位不是"0"时,汉字大写金额可以只写一个"零"字,也可以不写"零"字。如 6 800.52 的汉字大写金额应写为"人民币陆仟捌佰元零伍角贰分",或者写为"人民币陆仟捌佰元伍角贰分"。

(2)阿拉伯数字的书写要求。

阿拉伯数字应当逐个书写,不得连笔写。特别在要连着写几个"0"时,一定要单个地写,不能将几个"0"连在一起一笔写完。数字的排列要整齐,数字之间的空隙要均匀,不宜过大。此外,阿拉伯数字的书写还应有高度标准,一般要求数字的高度占凭证横格高度的 1/2 为宜。书写时还要注意紧靠横格底线,使上方能留一定的空位,以便需要进行更正时可以再次书写。

(3)货币符号的书写要求。

阿拉伯金额数字前面应当书写货币币种符号或者货币名称简写和币种符号。币种符号与阿拉伯金额数字之间不得留空白。凡阿拉伯数字前写有币种符号的,数字后面不再写货币单位。所有以"元"为单位的阿拉伯数字,除表示单价等情况外,一律填写到"角"、"分";无"角"、"分"的,角位和分位可写"00",或者符号"—"。有"角"无"分"的,分位应当写"0",不得用符号"—"代替。

5. 编号要连续

收付款项或实物的凭证要按顺序或分类编号,在填制时按编号的次序使用,跳号的凭证应加盖"作废"戳记,连同存根一起保管,不得撕毁。

(二)原始凭证填制的具体要求

(1)从外单位取得的原始凭证必须盖有填制单位的公章;从个人取得的原始凭证,必须有填制人员的签名或者盖章。自制原始凭证必须有经办部门负责人或其指定的人员的签名或者盖章;对外开出的原始凭证,必须加盖本单位的公章。

(2)凡需填写大写和小写金额的原始凭证,大写与小写的金额必须相符。支付款项的原始凭证,必须有收款单位和收款人的收款证明。

(3)购买实物的原始凭证,必须有验收证明。实物购入后,要按照规定办理验收手续,由仓库保管人员或使用人员在凭证上签名或者盖章,以明确经济责任,避免物资短缺或流失。

(4)一式多联的原始凭证,必须注明各联的用途,并且只能以一联用作报销凭证。填制时应用双面复写纸套写或凭证本身具备复写功能,要连续编号。作废时应加盖"作废"戳记,连同存根一起保存。

(5)发生销货退回时,必须填制退货发票,并附有退货验收证明;退回货款时,必须取得对方单位的收款收据或者汇款银行的结算凭证,不得以退货发票代替收据。

(6)职工因公出差的借款借据,必须附在记账凭证之后。在收回借款时,应当另开收据或者退还借款借据的副本,不得退还原借据正联。

(7)经上级有关部门批准的经济业务,应将批准文件作为原始凭证附件。如果批准文件需要归档,应当在凭证上注明批准机关名称、日期和文件字号。

《中华人民共和国会计法》第十四条规定："原始凭证记载的各项内容均不得涂改，原始凭证有错误的，应当由出具单位重开或者更正，更正处应当加盖出具单位印章。原始凭证金额有错误的，应当由出具单位重开，不得在原始凭证上更正。"

（三）原始凭证的填制方法

1. 外来原始凭证的填制方法

外来原始凭证是由业务经办人员在业务发生或者完成时从外单位取得的原始凭证。

（1）普通发票的填制。

填制普通发票首先要写清购货单位的名称，不能过于简略，然后按凭证格式和内容逐项填列齐全。发票要如实填写，不能按购货人的要求填写。经办人的签章和单位的公章都要盖全。普通发票的填制如表4－13所示。

表4－13 ××市工业商业统一发票

发票联

No：××××

购货单位：宏光公司　　开票日期：2008年6月5日

货号	品名规格	单位	数量	单价	金额							备注
					万	千	百	十	元	角	分	
	办公用品	个	6	30.00			1	8	0	0	0	
合计人民币（大写）壹佰捌拾元整					￥180.00							

第二联 发票联

填票人：王朋　　收款人：李清　　单位：（盖章）××市百货公司

（2）增值税专用发票的填制。

增值税专用发票是一般纳税人于销售货物时开具的销货发票，一式四联，销货单位和购货单位各两联。其中，留销货单位的两联：一联存有关业务部门，一联作会计机构的记账凭证；交购货单位的两联：一联作购货单位的结算凭证，一联为税款抵扣凭证。购货单位向一般纳税人购货时，应取得增值税专用发票，因为只有专用增值税发票税款抵扣联支付的进项税额才能在购货单位作为"进项税额"列账，同时销货单位不漏税；否则销货单位就会漏税，给国家造成损失。增值税专用发票的填制如表4－14所示。

表4－14 增值税专用发票

发票联

开票日期：2008年7月12日　　No：××××

购货单位	名称	长城公司	纳税人登记号	××××1006666
	地址电话	97065××	开户银行及账号	××市工商银行上街支行90368

货物或应税劳务名称	计量单位	数量	单价	金额									税率	税额								
				百	十	万	千	百	十	元	角	分		百	十	万	千	百	十	元	角	分
乙商品	件	500	40			2	0	0	0	0	0	0	17%				3	4	0	0	0	0
合计					￥	2	0	0	0	0	0	0				￥	3	4	0	0	0	0
价税合计（大写）	贰万叁仟肆佰元整													￥23 400.00								

第二联 购货方记账

续表

销货单位	名称	南方公司	纳税人登记号	××××1006286
	地址电话	6854366	开户银行及账号	××市工商银行管道支行 24286
备注				

收款人:张力　　　　开票单位:(未盖章无效)××市南方公司

2. 自制原始凭证的填制方法

(1)收料单的填制。

收料单是在外购的材料物资验收入库时填制的凭证,一般为一式三联:一联验收人员留底,一联交仓库保管人员据以登记明细账,一联连同发货票交财会部门办理结算。收料单的填制见表 4—15。

表 4—15　　收　料　单

2008 年 6 月 2 日　　6 号仓库　　编号:007

付款单号	5—6	供货单位	华夏箱厂	材料来源	合同订货		市场采购	其他
材料类别	材料编号	材料名称	规格	计量单位	数量		单价	金额
					发票	实际		
包装物	009	木箱	24×36	个	1 000		30	30 000
实际成本				附注				

二　财务存

核算:(印)　　主管:(印)　　保管:(印)　　检验:(印)　　交库:(印)

(2)领料单的填制。

为了便于分类汇总,领料单要"一料一单"地填制,即一种原材料填写一张单据。领用原材料须经领料车间负责人批准后,方可填制领料单;车间负责人、收料人、仓库管理员和发料人均须在领料单中签章,无签章或签章不全的均属无效,不能作为记账的依据。领料单的填制如表 4—16 所示。

表 4—16　　领　料　单

领料单位:维修组　　2008 年 6 月 6 日　　2 号仓库　　编号:010

用途	修理设备			产品批量			订单号	
材料类别	材料编号	材料名称	规格	计量单位	数量		单价	金额
					请领	实发		
钢材	021	圆钢	75mm	千克	200	200	60	12 000
备　注								

二　财务存

核算:(印)　　主管:(印)　　发料:(印)　　主管:(印)　　领料:(印)

(3)限额领料单的填制。

限额领料单是一种一次开设、多次使用、领用限额已定的累计凭证。在有效期(最长 1 个月)内,只要领用数量累计不超过限额就可以连续使用。限额领料单的填制见表 4—17。

表 4—17 限额领料单

领料单位:××× 编号:012

用途:××× 2008 年 6 月 发料仓库:2 号库

材料类别	材料编号	材料名称规格	计量单位	计划单价	领用限额	全月实领	
						数量	金额
B材料	0431	乙材料	千克	22	400	400	8 800

日期	请领		实发			退料			限额结余
	数量	领料单位负责人	数量	发料人	领料人	数量	退料人	收料人	
2	200	×××	200	××	×××				200
15	100	×××	100	××	×××				100
20	60	×××	60	××	×××				40
25	40	×××	40	××	×××				0
合计	400		400						

供应部门负责人:××× 生产计划部门负责人:××× 仓库负责人:×××

每月开始以前,应由供应部门根据生产计划、材料消耗定额等有关资料,按照产品和材料分别填制限额领料单。在限额领料单中,要填明领料单位、材料用途、发料仓库、材料名称以及根据本月产品计划产量和材料消耗定额计算确定的全月领料限额等项目。限额领料单一般一式两联,经生产计划部门和供应部门负责人审核签章后,一联交仓库据以发料,登记材料明细账;一联送交领料单位据以领料。

(4)发料凭证汇总表的填制。

工业企业在生产过程中领发材料频繁,业务量大,同类凭证也较多。为了简化核算手续,可以编制发料凭证汇总表。编制时间根据业务量的大小确定,可 5 天、10 天、15 天或 1 个月汇总编制一次。汇总时,要根据以实际成本计价(或计划成本计价)的领发料凭证、领料部门以及材料用途分类进行。发料凭证汇总表的填制如表 4—18 所示。

表 4—18 发料凭证汇总表

2008 年 12 月 30 日 附:领料单 7 份

领料单位	材料名称	用途	单位	数量	单价		总成本	
					计划	实际	计划	实际
一车间	甲材料	A 产品	千克	2 000	60		120 000	
二车间	乙材料	A 产品	千克	3 000	40		120 000	
机修车间	甲材料	一般耗用	千克	1 200	60		72 000	
供暖车间	甲材料	一般耗用	千克	800	60		48 000	
厂部	机物料	一般耗用	千克	400	12		4 800	
运输科	配件	一般耗用	千克	500	10		5 000	
销售科	配件	其他销售	千克	1 200	10		12 000	
合计							381 800	

主管: 审核: 发料: 保管:

(5)根据嘉兴市澳杰进出口有限公司出口发票填制报关单和《浙江省国家税务局通用机打发票》。

①企业出口销售发票。

表 4—19　　企业出口销售发票

<table>
<tr><td colspan="3">Issuer
JIAXING AUGER IMPORT &EXPORT CO.,LTD.
NO.1123 SOUTH CHANGSHENG ROAD,
JIAXING,ZHEJIANG,CHINA</td><td colspan="3">COMMERCIAL INVOICE</td></tr>
<tr><td colspan="3" rowspan="2">Ho Chi Min　ACD CO.,LTD.
T P Ho Chi Min
Tel: +　84 4 288886
fax: +　84 4 288888</td><td colspan="2">No.
AJ20120121</td><td>Date
January 18th,2012</td></tr>
<tr></tr>
<tr><td colspan="3" rowspan="2">Transport details

SHANGHAI,CHINA
TO
T P Ho Chi Min</td><td colspan="2">S/C No.
AJ20120121</td><td>L/C No.</td></tr>
<tr><td colspan="3">Terms of payment
T/T</td></tr>
<tr><td>Marks and numbers</td><td colspan="2">Number and kind of packages;
Description of goods</td><td>Quantity</td><td>Unit price</td><td>Amount</td></tr>
<tr><td>AUGER</td><td colspan="2">Sewing machines</td><td>300PCS</td><td>USD230.00</td><td>USD69 000.00</td></tr>
<tr><td></td><td colspan="2">TOTAL</td><td>300PCS</td><td></td><td>USD69 000.00</td></tr>
<tr><td colspan="6">嘉兴澳杰进出口有限公司
JIAXING AUGER IMP&EXP.CO,.LTD</td></tr>
</table>

②根据销售发票填制报关单。

表 4-20

出口退税专用

主页

中华人民共和国海关出口货物报关单

1　预录入编号：792000001　　海关编号：222920100794034567

出口口岸 外港海关 2225	备案号		出口日期 2012-1-18	申报日期 2012-1-18	
经营单位 嘉兴市澳杰进出口有限公司 3304961001	运输方式 水路运输	运输工具名称 CONTRALL SKY/121E		提单运号 SHNICT121L130	
发货单位 嘉兴市澳杰进出口有限公司 3304961001	贸易方式 一般贸易 0110	征免性质 一般征税 (101)		结汇方式 电汇	
许可证号	运抵国（地区） 越南 (141)	指运港 胡志明市 (1558)		境内货源地 嘉兴 (33049)	
批准文号 748400001	成交方式 FOB	运费 美元 总价 0	保费 美元 费额 0	杂费	
合同协议号 AJ20120121	件数 300	包装种类 纸箱	毛重（千克） 12 500	净重（千克） 12 000	
集装箱号 1	随附单据		生产厂家		
标记唛码及备注 AUGER 集装箱号：KMCM209117					

项号	商品编号	商品名称、规格型号	数量及单位	最终目的国（地区）	单价	总价	币制	征免
1.	84522190	缝纫机 SEWING MACHINE	300.000 台 0.000	越南 (141)	230.0000	USD 69 000.00	USD 美元	照章征税

税费征收情况		
录入人　录入单位	兹声明以上申报无讹并承担法律责任	海关审单批注及放行日期（签章）
报关员 张龙	申报单位（签章） 嘉兴市澳杰进出口有限公司 报关专用章	审单　审价
单位地址	填制日期	征税　统计
邮编　电话		查验　放行
		签发关员：张三

签发日期：2012-12-17

③根据报关单填制《浙江省国家税务局通用机打发票》。

表 4—21

浙江省国家税务局通用机打发票

全国统一发票监制章 浙江 税务总局监制

记账联

发票代码：133041010101

发票号码：00128808

发票日期：2012年1月18日　　行业分类：出口业务　　网络发票号：3328079345678

购货方名称 Buys the supplier	越南ACD公司 Ho Chi Min ACD CO.,LTD.	销售方名称 Sells the supplier	嘉兴市澳杰进出口有限公司 Jiaxing Auger Import & Export Co.,Ltd.
装货口岸 From	外港口岸 SHANGHAI,CHINA	合同号码 Contract No.	AJ20120121 AJ20120121
目的地 To	越南，胡志明市 T PHo Chi Min		
信用证号码 Letter of Credit NO.		开户银行 Issued by	中国工商银行嘉兴市分行

唛号 Marks & Nos.	货物名称 Description of Goods	数量 Quantities	单位 Unit	单价 Unit Price	总值 Amount
AUGER	缝纫机 Sewing machines	300	PCS	USD230.00	USD69 000.00

嘉兴市澳杰进出口有限公司

JIAXING AUGER IMPORT&EXPORT CO.,LTD.

邓秀峰

备注

合计　　TOTAL: USD69 000.00

开票单位（盖章）　嘉兴市澳杰进出口有限公司　　开票人：蒋永斌

（四）原始凭证错误的更正

为了规范原始凭证的内容，明确相关人员的经济责任，防止利用原始凭证进行舞弊，对原始凭证错误的更正应遵守以下规定：

(1)原始凭证所记载的各项内容均不得涂改、挖补；随意涂改、挖补的原始凭证即为无效凭证，不能作为填制记账凭证和登记会计账簿的依据。

(2)原始凭证记载的内容有错误的，应当由开具单位重开或更正，更正工作必须由原始凭证出具单位进行，并在更正处加盖出具单位印章；重新开具原始凭证也应当由原始凭证开具单位进行。

(3)原始凭证金额出现错误的不能更正，应退还原始凭证开具单位并要求其重新开具。

(4)原始凭证开具单位应当依法开具准确无误的原始凭证，对于填制有误的原始凭证，要负责更正和重新开具，不得拒绝。

四、原始凭证的审核

为了正确反映经济业务的发生或完成情况，充分发挥会计的监督作用，保证原始凭证的合理性、合法性和真实性，会计部门负责人或经其指定的审核人员必须认真、严格地审核原始凭证，只有审核无误的原始凭证才能作为编制记账凭证的依据。原始凭证的审核，主要包括以下三个方面内容：

（一）审核原始凭证的真实性和合法性

审核所发生的经济业务内容、数据和日期是否真实，注意有无涂改、伪造、变更原始凭证的情况；审核原始凭证所反映的经济业务是否属于本单位经营范围之内正常情况下应发生的经济业务，以及是否符合国家有关规定的要求，有无违法违规行为。在审核中如发现弄虚作假、伪造涂改原始凭证等违法乱纪行为，应立即扣留凭证，及时向上级有关人员汇报，以便严肃查处。

（二）审核原始凭证的完整性

审核原始凭证的填制内容是否符合规定的要求，原始凭证中的所有项目是否填写齐全，手续是否齐备，有关经办人员是否都已签名或盖章，主管人员是否审核、批准。在审核中如发现原始凭证项目填列不全、手续不完备、签名盖章有遗漏或不清晰、主管人员未批准等情况，会计人员应将该原始凭证退还经办人员，待其补办完整后再予以受理。

（三）审核原始凭证的正确性

审核原始凭证中的内容是否按规定正确填列，审核原始凭证在计算方面是否存在失误。如凭证经审核后确定有业务内容摘要与数量和金额不相对应、业务所涉及的数量和单价的乘积与金额不相符、金额合计错误等情况，则不能作为正确的原始凭证，应退还经办人员进行更正后再予以办理。

原始凭证的审核是一件十分严肃的工作，会计人员在审核原始凭证时，必须坚持原则、按制度办理、履行自己的监督职责。

《中华人民共和国会计法》第十条规定："会计机构、会计人员必须按照国家统一的会计制度的规定对原始凭证进行审核，对不真实、不合法的原始凭证有权不予接受，并向单位负责人报告；对记载不准确、不完整的原始凭证予以退回，并要求按照国家统一的会计制度的规定更正、补充。"

第三节 记账凭证

一、记账凭证的基本内容

记账凭证是登记账簿的依据，是保证账簿记录正确的基础。为了概括反映经济业务事项的基本情况，满足登记账簿的需要，按照我国《会计基础工作规范》第五十一条规定，记账凭证必须具备以下内容要素：

(1)填制凭证的日期；

(2)凭证的名称和编号；

(3)经济业务的摘要；

(4)应记会计科目（包括一级科目、二级科目和明细科目）的方向及金额；

(5)记账符号；

(6)所附原始凭证的张数；

(7)填制人员、稽核人员、记账人员、会计主管人员（收款凭证和付款凭证还应增加出纳人员）的签名或印章。

二、记账凭证的种类

记账凭证是会计人员对审核后的原始凭证加以归类整理，确定会计分录，并据以登记会计账簿的凭证。

在实际工作中，由于原始凭证来源于不同的单位，种类繁多，格式多样，内容不同，数量庞大，加上原始凭证一般都不能明确、具体地表明经济业务应记入的账户的名称和借、贷方向，因此，直接根据原始凭证登记账簿容易发生差错。为此，会计人员在登记账簿之前，必须在审核无误的基础上，对原始凭证反映的经济内容加以归类整理，编制具有统一格式的记账凭证，确定应借、应贷的账户名称和金额，然后据以记账。原始凭证作为记账凭证的附件附于其后，这样不仅简化了记账工作，保证账簿记录的正确性，还有利于原始凭证的保管，便于对账和查账，提高会计工作质量。

记账凭证按其适用的经济业务不同，可分为通用记账凭证和专用记账凭证。

（一）通用记账凭证

通用记账凭证是以一种格式记录全部经济业务的记账凭证。业务比较单一、业务量较少的单位，适宜使用这类记账凭证。其格式及内容见表4－22。

表4－22 通用记账凭证

年 月 日 字第 号

摘要	借方科目		贷方科目		金额									记账符号
	总账科目	明细科目	总账科目	明细科目	百	十	万	千	百	十	元	角	分	
合计金额														

附原始凭证×张

会计主管： 记账： 复核： 出纳： 制证：

（二）专用记账凭证

专用记账凭证是专门用于记录某一类经济业务的记账凭证，按其是否反映货币资金收付业务，又分为收款凭证、付款凭证和转账凭证三种。

1．收款凭证

收款凭证是专门用来记录现金和银行存款收入业务的记账凭证。收款凭证又具体分为现金收款凭证和银行存款收款凭证。收款凭证的格式见表4－23。

表4－23 **收款凭证**

借方科目：　　　　　　　　年　月　日　　　　　　　　字第　号

对方单位（或交款人）	摘　要	贷方科目		金　额									记账符号
		总账科目	明细科目	百	十	万	千	百	十	元	角	分	
合　计　金　额													

附原始凭证×张

会计主管：　　　　记账：　　　　复核：　　　　出纳：　　　　制证：

2．付款凭证

付款凭证是专门用来记录现金和银行存款支出业务的记账凭证。付款凭证又可根据现金和银行存款支出业务分为现金付款凭证和银行存款付款凭证。付款凭证的格式见表4－24。

表4－24 **付款凭证**

贷方科目：　　　　　　　　年　月　日　　　　　　　　字第　号

对方单位（或领款人）	摘　要	借方科目		金　额									记账符号
		总账科目	明细科目	百	十	万	千	百	十	元	角	分	
合　计　金　额													

附原始凭证×张

会计主管：　　　　记账：　　　　复核：　　　　出纳：　　　　制证：

3．转账凭证

转账凭证是用来记录非货币资金收付业务的记账凭证。凡是不涉及现金收付和银行存款收付的其他经济业务，均为转账业务，据此编制转账凭证。转账凭证的格式与通用记账凭证格式相同，见表4－25。

表 4—25 **转账凭证**

年 月 日 字第 号

摘要	借方科目		贷方科目		金额									记账符号
	总账科目	明细科目	总账科目	明细科目	百	十	万	千	百	十	元	角	分	
合计金额														

附原始凭证×张

会计主管： 记账： 复核： 制证：

三、记账凭证的填制

（一）记账凭证的填制要求

1. 记账凭证填制的基本要求

（1）填制记账凭证，必须以审核无误的原始凭证及有关资料为基础。这是内部控制制度的一个重要要求。

（2）填制记账凭证，内容必须完整，手续必须齐全，即记账凭证应该包括的内容都要填写齐备，有关经办人员必须签名或盖章。

（3）填制记账凭证，经济业务的分类要正确，即根据经济业务的内容，正确区分不同类型的原始凭证，正确应用会计科目填制记账凭证。

（4）记账凭证应连续编号，这有利于分清会计事项处理的先后，便于记账凭证与会计账簿之间的核对，确保记账凭证的完整。

2. 记账凭证填制的具体要求

（1）记账凭证日期的确定。记账凭证的日期一般为填制记账凭证当天的日期，年、月、日应写全。按权责发生制原则计算收益、分配费用、结转成本利润等；调整分录和结账分录的记账凭证，应填写当月月末的日期，以便在当月的账内进行登记。

（2）记账凭证的摘要应与原始凭证内容一致，并且简明扼要。在记账凭证的"摘要栏"中，应使用简要、明确的语言概括经济业务的内容，使人一目了然。切忌表述含糊不清，也不应过于简略，使人难以理解。

（3）正确编制会计分录。在编制会计分录时，必须根据国家会计制度统一规定的会计科目及其核算内容，正确使用会计科目编制会计分录。记账凭证借贷方的金额必须相等，合计数必须计算正确。为了明确经济业务的来龙去脉和账户的对应关系，每张记账凭证只能反映一项经济业务或若干项同类经济业务，不得将不同性质的经济业务合并填在一张记账凭证上。

（4）凭证附件数量齐全。除结账和更正错误，记账凭证必须附有原始凭证并注明所附原始凭证的张数。填制记账凭证所依据的原始凭证应全部粘附于记账凭证之后，并在记账凭证中注明所附原始凭证张数。记账凭证所填金额要和原始凭证或原始凭证汇总表一致。如果原始凭证需要另外保管，则应在附件栏中加以注明，以便查阅。一张原始凭证如涉及几张记账凭证，可以将该原始凭证附在一张主要的记账凭证后面，在其他记账凭证上注明该主要记账凭证的编号或者附上该原始凭证的复印件。

一张原始凭证所列的支出需要由两个以上的单位共同负担时，应当由保存该原始凭证的单位开给其他应负担单位原始凭证分割单。原始凭证分割单必须具备原始凭证的基本内容。

(5)记账凭证的编号。记账凭证在一个月内应当连续编号，以便分清经济业务事项处理的先后顺序，同时也便于记账凭证与会计账簿核对，确保记账凭证完整无缺。编号的方法可以采用通用记账凭证统一编号的形式；也可以采用收款、付款、转账凭证分三类编号的形式；还可以采用现金收款、现金付款、银行存款收款、银行存款付款和转账凭证分五类编号的形式。如果一笔经济业务需要填制两张或两张以上记账凭证，可以采用分数编号法。例如，一笔经济业务需要编制三张记账凭证，该项经济业务的自然顺序号是 6，则这笔经济业务的三张记账凭证的编号应分别为“6 1/3”号、“6 2/3”号和“6 3/3”号。在每月最后一张记账凭证的编号旁边，可加注“全”字，以防止凭证散失。

(6)空行注销。填制记账凭证时，应按行次逐行填写，不得跳行或留有空行。记账凭证填完经济业务后，如有空行，应当在金额栏自最后一笔金额数字下的空行处至合计数上的空行处划线注销。

(7)记账凭证的签字盖章。记账凭证填制后，应进行复核和检查，有关人员均要签名或盖章，以明确经济责任。

(8)只涉及现金和银行存款之间收入或付出的经济业务，应以付款业务为主，只填制付款凭证，不填制收款凭证，以免造成重复记账。

(9)记账凭证填制错误的更正。在记账凭证填制时，如果发生错误，应重新填制，不得在记账凭证上做任何更改。如果是已经登记入账的记账凭证在当年内发现错误的，可以用红字更正法或补充登记法进行更正。

(10)实行会计电算化的单位，采用的机制记账凭证应当符合记账凭证的一般要求，打印出来的机制记账凭证要加盖出纳人员、记账人员、复核人员、制证人员、会计主管人员印章或签字，以明确经济责任。

(二)记账凭证的填制方法

记账凭证分为专用记账凭证和通用记账凭证两种。通用记账凭证的格式和填制方法与专用记账凭证中的转账凭证的填制方法相同。

1. 专用记账凭证的填制

(1)收款凭证的填制方法。

凡是涉及现金或者银行存款增加的经济业务，都必须填制收款凭证。收款凭证的填制依据是有关的现金和银行存款收入业务的原始凭证。收款凭证的填制方法是：凭证左上方“借方科目”处应按照业务内容选填“库存现金”或“银行存款”科目；右上方应填写凭证编号。收款凭证的编号一般按“现收×号”和“银收×号”分类，业务量少的单位也可不分“现收”与“银收”，而按收款业务发生的先后顺序统一编号，如“收字×号”。凭证中“贷方科目”栏应填写与“现金”或“银行存款”科目相对应的总账科目及其明细科目。“金额”栏填列经济业务实际发生的数额；“记账符号”栏供记账员在根据收款凭证登记有关账簿以后做记号用，表示该项金额已经记入有关账户，避免重记、漏记。在凭证的右侧填写所附原始凭证张数，并在制证处签名或盖章。其格式及填制方法举例如下：

[例 4—1] 某公司于 2013 年 6 月 5 日销售 A 产品一批，增值税专用发票上注明商品价款 10 000 元，增值税 1 700 元。收到购货单位开出金额为 11 700 元的转账支票一张。根据该项业务填制记账凭证，见表 4—26。

表 4－26　　　　　　　　　　**收 款 凭 证**

借方科目：银行存款　　　　　　2013 年 6 月 5 日　　　　　　银收字第 1 号

对方单位（或交款人）	摘 要	贷方科目		金 额									记账符号
		总账科目	明细科目	百	十	万	千	百	十	元	角	分	
××单位	销售 A 产品	主营业务收入	A 产品			1	0	0	0	0	0	0	
		应交税费	应交增值税				1	7	0	0	0	0	
合 计 金 额					¥	1	1	7	0	0	0	0	

附原始凭证壹张

会计主管：　　　　记账：　　　　复核：　　　　出纳：　　　　制证：李明

［例 4－2］　某公司职工王力于 2013 年 6 月 9 日交还欠款 600 元。根据该项业务填制如下记账凭证，见表 4－27。

表 4－27　　　　　　　　　　**收 款 凭 证**

借方科目：库存现金　　　　　　2013 年 6 月 9 日　　　　　　现收字第 1 号

对方单位（或交款人）	摘 要	贷方科目		金 额									记账符号
		总账科目	明细科目	百	十	万	千	百	十	元	角	分	
王力	收回欠款	其他应收款	王力					6	0	0	0	0	
合 计 金 额							¥	6	0	0	0	0	

附原始凭证壹张

会计主管：　　　　记账：　　　　复核：　　　　出纳：　　　　制证：李明

（2）付款凭证的填制方法。

凡是涉及现金或者银行存款减少的经济业务，都必须填制付款凭证。付款凭证填制依据是有关现金和银行存款支付业务的原始凭证。付款凭证的填制方法是：付款凭证左上方“贷方科目”应填写“库存现金”科目或“银行存款”科目；右上方应填写凭证编号。付款凭证的编号一般按“现付×号”和“银付×号”分类，业务量少的单位也可不分“现付”与“银付”，而按付款业务发生的先后顺序统一编号，如“付字×号”。凭证中“借方科目”栏应填写与“库存现金”或“银行存款”科目相对应的总账科目及其明细科目，“金额”栏填列经济业务实际发生的数额，在凭证的右侧填写所附原始凭证的张数，并在制证处签名或盖章。其格式及填制方法举例如下：

［例 4－3］　某公司 2013 年 6 月 10 日支付职工张华预借差旅费 500 元。根据该项业务填制如下记账凭证，见表 4－28。

表 4－28　　　　　　　　　　**付 款 凭 证**

贷方科目：库存现金　　　　　　2013 年 6 月 10 日　　　　　　现付字第 1 号

对方单位（或领款人）	摘 要	借方科目		金 额									记账符号
		总账科目	明细科目	百	十	万	千	百	十	元	角	分	
张华	预借差旅费	其他应收款	张华					5	0	0	0	0	
合 计 金 额							¥	5	0	0	0	0	

附原始凭证壹张

会计主管：　　　　记账：　　　　复核：　　　　出纳：　　　　制证：李明

［例 4—4］ 2013 年 6 月 10 日出纳员从银行提取现金2 000元备用。根据该项业务编制如下记账凭证，见表 4—29。

表 4—29 **付 款 凭 证**

贷方科目：银行存款　　2013 年 6 月 10 日　　银付字第 1 号

对方单位（或领款人）	摘 要	借方科目		金额									记账符号	
		总账科目	明细科目	百	十	万	千	百	十	元	角	分		附原始凭证壹张
××银行	提现金备用	库存现金					2	0	0	0	0	0		
合 计 金 额						¥	2	0	0	0	0	0		

会计主管：　　记账：　　复核：　　出纳：　　制证：李明

填制收款凭证与付款凭证时应注意：对于只涉及“库存现金”和“银行存款”这两个账户的经济业务，如从银行存款中提取现金或以现金存入银行，只需填制付款凭证，不再填制收款凭证，以免重复记账。

（3）转账凭证的填制方法。

转账凭证是根据不涉及现金和银行存款收支的转账业务的原始凭证填制的。凡是不涉及现金和银行存款增减的经济业务都必须填制转账凭证。转账业务没有固定的账户对应关系，因此在转账凭证中，要按“借方科目（或账户）”和“贷方科目（或账户）”分别填列有关总账（一级）科目和明细（二级）科目。借方科目的金额与贷方科目的金额都在同一行的“金额”栏内填列。制证人应在填制凭证后签名盖章，并在凭证的右侧填写所附原始凭证的张数。其格式及填制方法举例如下：

［例 4—5］ 某公司 2013 年 6 月 12 日，为生产 A 产品，车间领用乙材料一批，价款为9 360元。根据该项业务填制如下记账凭证，见表 4—30。

表 4—30 **转 账 凭 证**

2013 年 6 月 12 日　　转字第 1 号

摘要	借方科目		贷方科目		金 额									记账符号	
	总账科目	明细科目	总账科目	明细科目	百	十	万	千	百	十	元	角	分		附原始凭证壹张
生产领料	生产成本	A 产品	原材料	乙材料				9	3	6	0	0	0		
							¥	9	3	6	0	0	0		

会计主管：　　记账：　　复核：　　制证：李明

2. 通用记账凭证的填制

通用记账凭证是用来记录各种经济业务的凭证。在实际工作中，对于规模小、经济业务较少的单位，可以使用格式单一的通用记账凭证，以简化凭证的填制工作。通用记账凭证的格式和填制方法与转账凭证相同，其格式及填制方法举例如例 4—6：

［例4－6］ 某公司2013年6月20日以现金420元购买办公用品一批。根据该项业务填制如下记账凭证，见表4－31。

表4－31 **记 账 凭 证**

2013年6月20日 记字第1号

摘 要	借方科目		贷方科目		金 额									记账符号
	总账科目	明细科目	总账科目	明细科目	百	十	万	千	百	十	元	角	分	
购办公用品	管理费用	办公费用	现金						4	2	0	0	0	
合计金额								¥	4	2	0	0	0	

附原始凭证壹张

会计主管： 记账： 复核： 出纳： 制证：李明

四、复币记账凭证及其填制

（一）复币记账凭证的填制

1. 复币记账凭证的格式

复币记账凭证是外贸企业在进出口业务中涉及外币业务时填制的收款凭证、付款凭证和转账凭证，该凭证填制的内容既有外币的原币金额，也有外币依据汇率折合的人民币金额。复币记账凭证的具体格式如下：

(1)复币收款凭证的格式。

表4－32 **收 款 凭 证**

借方科目： 年 月 日 收字第 号

摘 要	贷 方 科 目		币别	原币金额	汇率	金 额											记账
	总 账 科 目	明 细 科 目	单位	数量	单价	亿	千	百	十	万	千	百	十	元	角	分	√
合 计																	

附单据 张

财务主管： 记账： 出纳： 审核： 制单：

(2)复币付款凭证的格式。

表 4—33　　　　　　　　　　　　付 款 凭 证

贷方科目：　　　　　　　　　　　年　月　日　　　　　　　　　　付字第　　号

摘要	借方科目		币别	原币金额	汇率	金额											记账
	总账科目	明细科目	单位	数量	单价	亿	千	百	十	万	千	百	十	元	角	分	√
合计																	

附单据　张

财务主管：　　记账：　　出纳：　　　　审核：　　　　　　　　制单：

(3)复币的转账凭证的格式。

表 4—34　　　　　　　　　　　　转 账 凭 证

年　月　日　　　　　　　　　　转字第　　号

摘要	会计科目		币别	原币金额	汇率	借方金额											贷方金额											记账
	总账科目	明细科目	单位	数量	单价	亿	千	百	十	万	千	百	十	元	角	分	亿	千	百	十	万	千	百	十	元	角	分	√
合计																												

附单据　张

财务主管：　　记账：　　　出纳：　　　　　　　审核：　　　制单：

2. 复币记账凭证填制的要求

(1)复币记账凭证与非复币记账凭证的联系与区别。

①复币记账凭证与基础会计中学过的记账凭证的联系在于二者都是依据经济业务的原始凭证的属性确定会计科目、借贷方向和金额；都要填写填制的时间、凭证编号、业务摘要和相关人员签字；都要标明所附原始凭证的张数和过账标记。

②复币记账凭证与基础会计中学过的记账凭证的区别在于复币记账凭证编制的依据是涉及外汇的原始凭证，而非复币记账凭证编制的依据则是不涉及外汇的原始凭证；复币记账凭证既要填写外币的金额，也要填写按外币和汇率折合的人民币金额；既要填写与基础会计中记账凭证一致的总分类科目，又要填写与基础会计中记账凭证不完全一致的有外汇字样的明细分类科目。

(2)复币记账凭证填制的具体要求。

①既要填写外币的原币金额、汇率，也要填写折合后的人民币金额。

②既要填写与基础会计中相同的总分类科目，又要填写与基础会计中不同的有外汇字样的明细分类科目。

③复币记账凭证也是记账凭证的一种，只是在填写的企业是否有涉外业务上需要区分。因此，复币记账凭证也要满足记账凭证填制的要求，即内容正确、项目齐全、书写规范。

3. 复币记账凭证填制实例

(1)2013 年 12 月 30 日，澳杰公司收到外汇应收款10 000美元，即期汇率为 1：6.10。

表 4—35　　收款凭证

借方科目：银行存款　　2013 年 12 月 30 日　　银收字第　1　号

摘要	贷方科目		币别	原币金额	汇率	金额											记账
	总账科目	明细科目	单位	数量	单价	亿	千	百	十	万	千	百	十	元	角	分	√
收到外汇欠款	应收账款	应收外汇账款	USD	10 000.00	6.10					6	1	0	0	0	0	0	
合计	陆万壹仟元整								¥	6	1	0	0	0	0	0	

附单据 1 张

财务主管：邓秀峰　记账：蒋永斌　出纳：　吴慧芬　审核：　邓秀峰　　制单：　吴慧芬

(2)2013 年 12 月 30 日，以银行存款支付向澳大利亚进口商品应付款15 000美元，即期汇率为 1：6.10。

表 4—36　　付款凭证

贷方科目：银行存款　　2013 年 12 月 30 日　　银付字第　1　号

摘要	借方科目		币别	原币金额	汇率	金额											记账
	总账科目	明细科目	单位	数量	单价	亿	千	百	十	万	千	百	十	元	角	分	√
支付澳大利亚进口商品欠款	应付账款	应付外汇账款	USD	15 000.00	6.10					9	1	5	0	0	0	0	
合计	玖万壹仟伍佰元整								¥	9	1	5	0	0	0	0	

附单据 1 张

财务主管：邓秀峰　记账：蒋永斌　出纳：　吴慧芬　审核：　邓秀峰　　制单：　吴慧芬

(3)2013 年 12 月 31 日，出口商品一批，FOB 上海价为20 000美元，款项尚未收到，当日即期汇率为 1∶6.10。

表 4—37　　　　　　　　　　　　　　**转 账 凭 证**

2013 年 12 月 31 日　　　　　　　　　　转字第　1　号

摘要	会计科目		币别	原币金额	汇率	借方金额	贷方金额	记账√
	总账科目	明细科目	单位	数量	单价	亿千百十万千百十元角分	亿千百十万千百十元角分	
出口商品	应收账款	应收外汇账款	USD	20 000.00	6.10	1 2 2 0 0 0 0 0		
	主营业务收入	自营出口销售收入	USD	20 000.00	6.10		1 2 2 0 0 0 0 0	
合 计	壹拾贰万贰仟元整					¥ 1 2 2 0 0 0 0 0	¥ 1 2 2 0 0 0 0 0	

附单据 1 张

财务主管：邓秀峰　记账：蒋永斌　出纳：吴慧芬　审核：邓秀峰　制单：蒋永斌

五、记账凭证的审核

记账凭证是登记账簿的依据，为了保证账簿记录的正确性，在登记账簿前必须认真对记账凭证进行审核，使其正确无误。记账凭证的审核，除了应对原始凭证进行复审外，还应着重审核记账凭证的完整性和正确性。

1. 完整性审核

审核记账凭证的记录内容是否与所附的原始凭证一致，金额是否相等，所附原始凭证张数与记账凭证中记录张数是否一致；审核记账凭证中的所有项目是否按规定填列齐全，有关人员签章是否齐全。

2. 正确性审核

审核记账凭证中确定的会计分录所反映的经济业务内容与原始凭证是否一致；应借、应贷的账户名称和方向是否正确，金额是否平衡；账户对应关系是否清晰；会计分录的编制是否符合会计制度的规定。

在记账凭证审核中，如发现记账凭证填制错误或填列不完整，应重新填制或按规定办理更正手续。只有经过审核无误的记账凭证，才能据以登记账簿。

六、会计凭证的传递和保管

(一)会计凭证的传递

会计凭证的传递是指会计凭证从取得、填制时起到装订归档时止，在本单位内部各有关部门和人员之间，按规定程序进行传递和处理的过程。

会计凭证传递的主要内容包括传递程序、传递时间和衔接手续。

会计凭证的传递程序是会计管理制度的一个重要组成部分，应当在制度中做出明确的规定。各种会计凭证，它们所记录的经济业务不同，所涉及的部门和人员不同，所要办理的业务手续也不尽相同。为了使会计凭证有序地传递，应当结合本单位的具体情况，为各种会计凭证制定科学、合理的传递程序，明确取得或填制会计凭证以后，应交到哪个部门、哪个工作岗位，以及由何人接办业务手续，直至归档保管为止。如果凭证为一式多联的，应当具体规定每一联移交何处、有何用途。只有详细、严密地规定会计凭证传递程序，才能使每项业务产生的凭证流程在本单位内部各有关部门和经办人员之间顺利完成。科学合理的传递程序能够保证会计凭证在传递过程中安全、及时、准确和完整。

会计凭证的传递时间是指会计凭证从取得、填制至归档保管间隔的时间。由于各种会计凭证所反映的经济业务内容、性质不同，所涉及的内部控制制度有所区别，所以，传递时间的长短也不尽一致。一般来讲，重要的经济事项，由于控制制度严格、控制环节较多，会计凭证传递的时间相对长一些；反之，则相对短些。各单位应当根据工作实际需要规定会计凭证的传递时间，并应具体明确会计凭证在有关部门、有关业务环节的停留时间和有关人员的责任，以保证及时反映会计信息。

会计凭证在传递过程中的衔接手续应该做到既完备严密，又简便易行。会计凭证的收发、交接都应按一定的手续制度办理，以保证会计凭证的安全和完整。

会计凭证的传递程序、传递时间和衔接手续明确后，可制成凭证流程图，规定凭证传递的路线、环节以及在各环节上的时间、处理内容及交接手续，使凭证传递工作有条不紊并迅速、有效地进行。

（二）会计凭证的保管

会计凭证的保管是指在登记入账后对会计凭证进行整理、装订和归档存查。会计凭证是重要的经济档案，各单位必须对其加以妥善保管，不得丢失或任意销毁，以备日后查阅。会计凭证的保管方法和要求如下：

1. 传递

会计凭证应当传递，不得积压。及时传递不仅对及时进行会计核算是必要的，而且对会计凭证获得必要的保管也是十分关键的。传递不及时，会计凭证散失的可能性就会加大。

2. 分类和编号

会计凭证登记完毕后，应当按照分类和编号顺序保管，不得散乱或丢失。分类和编号是保管会计凭证的重要方法和手段，也是方便检索的有效措施；否则，会计核算很难顺利进行。

3. 装订

应定期将记账凭证按编号顺序整理，检查有无缺号和附件是否齐全，然后加上封面装订成册，并且不得任意拆装。在封面上应注明单位名称、所属年度月份、起讫日期、记账凭证种类、起讫号码等。为了防止失散，应在装订线上贴上封签，加盖会计人员印章。会计凭证装订封面格式如表4－38所示。

表4－38　　会计凭证封面

年	（企业名称） 　　年　　月份　共　　册第　　册
月份	收款 付款　　凭证　第　　号至第　　号　共　　张 转账
第	附：原始凭证共　　张
册	会计主管（签章）　　　　保管（签章）

对于数量过多的原始凭证，可以单独装订保管，在封面上注明记账凭证日期、编号、种类，同时在记账凭证上注明“附件另订”和原始凭证名称及编号。

4. 保管

装订成册的会计凭证，应指定专人负责集中保管，按年分月依照顺序排列，以便查阅。当年的会计凭证，在会计年度终了后，可暂由本单位会计部门保管一年。期满后，原则上应当把会计部门编制的清册移交本单位的档案保管部门。

5. 保管期限和销毁

会计凭证的保管期限和销毁必须严格按照《会计档案管理办法》的有关规定执行，任何人不得随意销毁会计凭证。对于保管期满需要销毁的会计凭证，必须开列清单，按照规定报经批准后才能销毁。

本章知识结构图

- 会计凭证
  - 原始凭证
    - 外来原始凭证
    - 自制原始凭证
  - 记账凭证
    - 专用记账凭证
      - 收款凭证
      - 付款凭证
      - 转账凭证
    - 通用记账凭证

复习思考题

一、单项选择题

1. 会计凭证是记录经济业务事项的发生和完成情况，明确（　　），并作为记账依据的书面证明。

A. 社会责任　　B. 经济责任　　C. 委托责任　　D. 法定责任

2. 下列凭证中不属于原始凭证的是（　　）。

A. 收料单　　B. 领料单　　C. 购货发票　　D. 购销合同

3. 下列原始凭证中属于外来原始凭证的是（　　）。

A. 入库单　　B. 购货发票　　C. 工资单　　D. 购销合同

4. 从银行提取现金 3 000 元应填制（　　）。

A. 付款凭证　　B. 收款凭证　　C. 转账凭证　　D. 累计凭证

5. 会计凭证按（　　）不同，可分为原始凭证和记账凭证。

A. 填制方法　　B. 反映业务的方法　　C. 填制程序和用途　　D. 取得的来源

6. “限额领料单”属于（　　）。

A. 一次凭证　　B. 外来凭证　　C. 汇总原始凭证　　D. 累计凭证

7. 企业销售产品一批，货款尚未收到，则会计人员应编制（　　）。

A. 付账凭证　　B. 收款凭证　　C. 转账凭证　　D. 累计凭证

8. 某企业销售产品一批，部分货款收存银行，部分货款对方暂欠，该企业应填制（　　）。

A. 收款凭证和付款凭证　　B. 收款凭证和转账凭证

C. 付款凭证和转账凭证　　D. 两张转账凭证

9. 会计凭证的传递是指（　　），在单位内部各有关部门及人员之间的传递程序和传递时间。

A. 会计凭证从取得到编制成记账凭证时止　　B. 从取得原始凭证到登记账簿时止

C. 从填制记账凭证到编制会计报表时止　　D. 会计凭证从取得、编制到归档时止

10. 采购员出差预借支 500 元，回来报销差旅费 470 元，交回现金 30 元，应填制（ ）。

A. 收款凭证和付款凭证 B. 收款凭证和转账凭证 C. 付款凭证和转账凭证 D. 两张转账凭证

二、多项选择题

1. 原始凭证按其取得的来源不同可分为（ ）。

A. 一次凭证 B. 外来原始凭证 C. 自制原始凭证 D. 汇总原始凭证

2. 下列原始凭证中，属于自制原始凭证的是（ ）。

A. 购货发票 B. 入库单 C. 领料单 D. 材料费用分配表

3. 专用记账凭证按其所记录的经济业务是否与货币资金收付有关可分为（ ）。

A. 收款凭证 B. 付款凭证 C. 转账凭证 D. 记账凭证

4. 下列项目中，属于记账凭证基本内容的有（ ）。

A. 填制凭证的日期 B. 会计科目

C. 经济业务事项摘要 D. 所附原始凭证张数

5. 下列原始凭证中，属于外来原始凭证的有（ ）。

A. 入库单 B. 领料单 C. 购货发票 D. 车票

6. 下列项目中，属于原始凭证基本内容的有（ ）。

A. 原始凭证的名称 B. 填制凭证的日期

C. 接受凭证单位名称 D. 经办人员签名或盖章

7. 付款凭证左上方贷方科目可能是（ ）科目。

A. 应付账款 B. 库存现金 C. 应收账款 D. 银行存款

8. 在编制转账凭证时，会计科目中不可能出现的是（ ）科目。

A. 库存现金 B. 生产成本 C. 银行存款 D. 管理费用

9. 下列业务中，应编制转账凭证的有（ ）。

A. 生产车间领用材料10 000元 B. 计提固定资产折旧1 000元

C. 购入材料20 000元，货款未付 D. 以银行存款3 000元，支付购料的运费

10. 企业购买材料一批，价值32 000元，以银行存款支付20 000元，余款暂欠，该项业务应填制（ ）。

A. 收款凭证 B. 付款凭证 C. 转账凭证 D. 累计凭证

三、判断题

1. 记账凭证是会计人员根据审核后的原始凭证，加以归类整理，确定会计分录，并据以编制会计报表的会计凭证。（ ）

2. 记账凭证按其所记录的经济业务是否与货币资金有关，可分为收款凭证、付款凭证、转账凭证三种。（ ）

3. 原始凭证按其取得的来源不同，可分为一次凭证和累计凭证。（ ）

4. 外来原始凭证大多是一次凭证。（ ）

5. 转账凭证是用来记录与现金、银行存款无关的经济业务的凭证。（ ）

6. 对于涉及现金和银行存款收支的经济业务应填制收款凭证和付款凭证。（ ）

7. 记账凭证所填金额要和原始凭证或原始凭证汇总表一致。（ ）

8. 在实际工作中，对于规模小、经济业务较少的单位，可以使用格式单一的通用记账凭证。（ ）

9. 各种凭证不得随意涂改，若填写错误，应该用红字更正法进行更正。（ ）

10. 通用记账凭证是以一种格式记录全部经济业务的记账凭证。（ ）

四、名词解释

1. 会计凭证 2. 累计原始凭证 3. 汇总原始凭证 4. 通用记账凭证 5. 专用记账凭证

五、简答题

1. 简述原始凭证及其内容。

2. 简述记账凭证及其内容。

第五章　会计账簿

知识目标

1. 识别会计账簿的类别,了解各类账簿的特点及适用范围。
2. 明确会计账簿的启用、登记、更正错账、更换保管规则。
3. 能结合实例说明记账、对账、结账的要领。

技能目标

1. 能运用所学知识进行会计账簿体系的初步设计。
2. 能运用正确的方法完成相关业务的记账、对账、结账工作。
3. 能正确进行错账更正。

导入案例

张晓旭在遭遇了一次应聘失败之后,回家郁闷了好些日子。在重新学习了会计的一些基本知识后,再次来到某招聘现场。当招聘人员问其是否会做假账时,答:“会。”又问其怎样做,答:“比如,将销售收入设置两套账,设立小金库。”问其公司财务部经理根据总经理批示,调整了财务人员的工作分工,安排主管会计兼任出纳员,财务部经理自己保管并登记银行存款日记账;同时,为了减少记账工作量,正式账簿中不设现金日记账和材料日记账,只将其设为备查簿。这样的调整是否科学、合理、可行?张晓旭仔细想了想,既是公司老总的意思,又是财务部经理的安排,这样的做法肯定错不了,于是回答:“当然赞同。”招聘人员听完后告诉他:“我们不敢用你。”

思考题:

1. 为什么招聘人员说不敢用张晓旭?
2. 上述问题中财务部经理的安排是否合法?如不合法,错在哪里?会造成什么后果和影响?

第一节　账簿的意义和种类

一、设置和登记会计账簿的意义

会计账簿是指以经过审核的会计凭证为依据,对全部经济业务进行全面、系统、连续、分类地记录和核算的簿籍,是由专门格式并以一定形式联结在一起的账页所组成的。

设置和登记账簿是编制会计报表的基础,是连接会计凭证与会计报表的中间环节,在会计核算中具有重要意义。各单位通过会计凭证的填制和审核,可将每日发生的经济业务记录反映在会计凭证上。但会计凭证数量多、资料分散，每张凭证只能记载个别经济业务，所提供的资料是零星的。为了全面、系统、连续地反映企事业单位的经济活动和财务收支情况，需要把会计凭证所记载的大量分散的资料加以分类、整理，这一任务是通过设置和登记会计账簿来实现的。通过账簿记录，既能对经济活动进行序时核算，又能进行分类核算；既可提供各项总括的核算资料，又可提供明细核算资料。

设置和登记账簿是对会计信息进行加工整理的一种专门方法，是会计工作的一个重要环节。它对于提供会计核算资料、提高经营管理水平，具有重要的意义。这主要表现在以下三个方面：

1.通过设置和登记账簿为信息使用者提供系统、完整的会计信息

通过账簿的序时核算和分类核算，将会计凭证所记录的交易或事项全部记入有关账簿，从而将分散的会计资料加以系统化，把企业经营活动情况，收入的构成和支出情况，财物的购置、使用、保管情况，全面、系统地反映出来，用于监督计划、预算的执行情况和资金的合理及有效使用，促使企业改善经营管理。

2. 通过设置和登记账簿为编制会计报表提供数据资料

通过设置和登记账簿，对各项交易或事项进行分门别类的记录和反映，积累全面、系统的核算资料，根据账簿记录的费用、成本和收入、成果资料，可以计算一定时期的财务成果，检查费用、成本、利润计划的完成情况。经核对无误的账簿资料及其加工得到的数据，为编制会计报表提供了总括和具体的资料，是编制会计报表的主要依据。

3. 通过设置和登记账簿促进企事业单位提高经济效益

通过设置和登记账簿，利用账簿的核算资料，为开展财务分析和会计检查提供依据。如对资金使用是否合理、费用开支是否符合标准、经济效益有无提高、利润的形成与分配是否符合规定等作出分析、评价，以便总结经验、发现问题、挖掘潜力、提出改进措施，进一步提高经营管理水平和经济效益。

二、会计账簿的种类

会计账簿的种类多种多样，为了正确设置和登记会计账簿，需要对会计账簿进行分类。

(一)会计账簿按用途分类

会计账簿按其用途分类，可以分为序时账簿、分类账簿和备查登记簿。

1. 序时账簿

序时账簿也称日记账簿(简称日记账)，是按照交易或事项发生或完成时间的先后顺序，逐日逐笔进行登记的一种账簿，用以反映某类经济业务随时间变化的情况。因此，设立日记账有利于核算和监督单位不同时日的资金情况，如对库存现金收付业务设置库存现金日记账、对银行存款收付业务设置银行存款日记账。

2.分类账簿

分类账簿(简称分类账)是对交易或事项进行分类核算的账簿。按照提供核算指标的详细程度不同，分类账又分为总分类账和明细分类账。

总分类账简称总账，是按照总分类账户设置的，用来分类、总括核算各项交易或事项的账簿。明细分类账简称明细账，是按照明细分类账户设置的，用来分类、详细核算各项交易或事项的账簿。总分类账和明细分类账所提供的会计信息是相辅相成、互为补充的。设立分类账主要是用于反映和监督某类经济业务所引起的资金增减变化与结存情况。

3. 备查登记簿

备查登记簿又称辅助账，是对在序时账、分类账中未能反映和记录的事项进行补充登记的账簿。备查登记簿主要用来记录一些供日后考查的有关经济事项，如“租入固定资产登记簿”“应收票据备查簿”“代保管商品物资登记簿”等。备查登记簿只是对账簿记录的一种补充，它与其他账簿之间不存在严密的依存、勾稽关系，其账页格式没有严格限制，可根据企业单位需要自行设计。

（二）会计账簿按外表形式分类

账簿按外表形式的不同，可分为订本式账簿、活页式账簿和卡片式账簿三种。

1. 订本式账簿

订本式账簿（简称订本账）是将一定数量的账页在启用之前就按顺序编号并装订成册的账簿。账簿固定账页，能够避免账页散失和非法抽换，保证账簿的完整性。但预留账页与实际使用账页往往不一致，账页不足会影响记录的连续性，账页过多又会造成浪费，而且不便于分工记账。订本账常用于设置总分类账、库存现金日记账和银行存款日记账。

2. 活页式账簿

活页式账簿（简称活页账）是把账页不固定地装订在账夹内，并可以随时增添或抽取的账簿。这种账簿在记账时可以根据实际需要随时增加空白账页，或抽掉不需要的账页，使用灵活，便于分工记账。多余的空白账页可取出，防止浪费。但这种账簿账页分散，容易丢失或被抽换。因此，使用活页账，应当按账户顺序编号，并须定期装订成册。装订后再按实际使用的账页顺序编定页码，另加目录，记明每个账户的名称和页次。活页账适用于明细分类账。

3. 卡片式账簿

卡片式账簿（简称卡片账）是由具有不同于一般账页格式的表格式账页卡片，按一定顺序码放在卡片箱内组成的账簿。这种账簿一般由分散的卡片组成，每一张卡片用正面和背面两种不同的格式来记录同一项财产物资的使用等情况。卡片数量可以按交易或事项的发生情况随时增减，如“材料卡片”“固定资产卡片”等。这种账簿的优缺点同活页账，它不需要每年更换，可以跨年度使用。使用完毕可将卡片穿孔固定以便于保管。卡片账适用于设置固定资产、低值易耗品等使用时间长，但日常记录少的明细账。

（三）会计账簿按账页格式分类

会计账簿按账页格式的不同，可分为三栏式账簿、数量金额式账簿、多栏式账簿和横线登记式账簿四种。

1. 三栏式账簿

三栏式账簿是指设有“借方、贷方、余额”三个金额栏目的由账页组成的账簿。三栏式账簿的账页格式是最基本的账页格式，其他账页格式都是据此增减栏目而来，其格式如表5－1、表5－2所示。各种日记账，总分类账和债权、债务明细账等都可采用三栏式账簿。

表5－1 总分类账

账户名称： 第 页

年		凭证		摘要	借方									贷方									借/贷	余额								
月	日	种类	号数		十	万	千	百	十	元	角	分	√	十	万	千	百	十	元	角	分	√		十	万	千	百	十	元	角	分	√

表 5—2 ______明细账 分页__总页__

二级明细科目______

三级明细科目______

年		凭证		摘要	借方									贷方									借/贷	余额								
月	日	种类	号数		十	万	千	百	十	元	角	分	√	十	万	千	百	十	元	角	分	√		十	万	千	百	十	元	角	分	√

2. 数量金额式账簿

数量金额式账簿中账页的基本格式为“收入”“发出”“结存”三栏，每一栏内都分设“数量”“单价”和“金额”三小栏，其格式如表 5—3 所示。原材料、库存商品等明细账一般都需要采用数量金额式账簿。

表 5—3 存货分类账

账号	总页次
页次	

类别 编号 品名 规格 单位 最高存量 最低存量 存储地点

年		凭证		摘要	收入									发出									结存								
月	日	种类	号数		数量	单价	金额							数量	单价	金额							数量	单价	金额						
							万	千	百	十	元	角	分			万	千	百	十	元	角	分			万	千	百	十	元	角	分

3. 多栏式账簿

多栏式账簿是根据交易或事项的内容和管理需要，将属于同一个总账科目的各个明细科目合并在一张账页上进行登记，在一张账页的借方或贷方按明细账户或明细项目设置若干专栏，登记交易或事项的一种账簿，其格式如表 5—4 所示。这种账簿主要适用于成本、费用、收入、成果类科目的明细核算。

表 5—4 **制造费用明细分类账(多栏式)** 第 页

年		凭证		摘要	借方					贷方	金额
月	日	字	号		工资和福利费	折旧额	修理费	水电费	合计		

4. 横线登记式账簿

横线登记式账簿中账页的结构特点是在同一行内对同一笔交易或事项的相关内容进行详细登记，以反映每笔业务的进展和完成情况，其格式如表 5—5 所示。这种账簿适用于材料采购业务、应收票据和一次性备用金业务。

表 5—5　　在途物资明细分类账　　分页____总页____

材料名称或类别：

年		凭证号	摘要	借方金额																								贷方金额								结余金额							
				买价								采购费用								合计																							
月	日			十	万	千	百	十	元	角	分	十	万	千	百	十	元	角	分	十	万	千	百	十	元	角	分	十	万	千	百	十	元	角	分	十	万	千	百	十	元	角	分

第二节　账簿的设置和登记

一、日记账的设置和登记

日记账是逐日序时登记经济业务的账簿，有普通日记账和特种日记账两类。西方会计通常设置普通日记账来代替记账凭证，我国会计则采用记账凭证，一般不设普通日记账，而只设置“库存现金日记账”和“银行存款日记账”两种特种日记账。

（一）库存现金日记账

1. 库存现金日记账的格式

库存现金日记账是用来核算和监督库存现金每天的收入、支出和结存情况的账簿，其格式有三栏式和多栏式两种。无论采用三栏式还是多栏式库存现金日记账，都必须使用订本账。

2. 库存现金日记账的登记方法

库存现金日记账由出纳人员根据审核无误的库存现金收付凭证，按时间顺序逐日逐笔进行登记，并根据“上日余额＋本日收入－本日支出＝本日余额”的公式，逐日结出库存现金余额，与库存现金实存数核对，以检查每日库存现金的收、付、存情况及库存现金限额的执行情况。其格式及登记示范如表 5－6 所示。

表 5—6　　库存现金日记账　　第　页

08 年		凭证		摘要	对方科目	借方	贷方	余额
月	日	种类	号数					
5	1			期初余额				2 000
	2	付款	1	提取现金	银行存款	1 000		
	2	付款	2	购买办公用品	管理费用		600	
	2	收款	1	退回暂借差旅费	其他应收款	350		
	2	收款	2	零售商品款	主营业务收入	5 850		
	2	付款	3	将零售商品款存入银行	银行存款		5 850	
	2			本日合计		7 200	6 450	2 750
5	31			本月合计		96 530	95 230	3 300

借方、贷方分设的多栏式库存现金日记账的登记方法是：先根据有关库存现金收入业务的记账凭证登记库存现金收入日记账，根据有关库存现金支出业务的记账凭证登记库存现金支出日记账。每日营业终了，根据库存现金支出日记账结计的支出合计数，一笔转入库存现金收入日记账的“支出合计”栏中，并结出当日余额。

(二)银行存款日记账

银行存款日记账是由出纳人员根据银行存款的收付款凭证,逐日逐笔记录和反映银行存款的收入、支出和结余情况的账簿。银行存款日记账也必须采用订本式账簿,按企业在银行开立的账户和币种分别设置,每个银行账户设置一本日记账,不得用银行对账单或其他方法代替日记账。

银行存款日记账的格式和登记方法与库存现金日记账基本相同,但银行存款日记账在“摘要”栏和“对方科目”栏之间增设有“结算凭证种类和号数”栏,用来填写办理银行存款收付业务时所依据的结算凭证种类和号数,以便与银行进行账目核对。其格式及登记示范如表 5—7 所示。

表 5—7　　**银行存款日记账**　　第　页

08 年		凭证		摘 要	结算凭证		对方科目	借方	贷方	借或贷	余额
月	日	种类	号数		种类	号数					
4	6			承前页				168 000	126 000	借	58 000
	7	付	5	支付利息	转支	1213	财务费用		40 000	借	18 000
	16	收	9	收回欠款	转支	0083	应收账款	70 200		借	88 200
	30	付	15	归还欠款	汇兑	0216	应付账款		23 400	借	64 800
	30			本月合计				238 200	189 400	借	64 800

二、分类账的设置和登记

(一)总分类账

1. 总分类账的格式

总分类账也称总账,是按总分类账户(会计科目)进行分类登记的账簿。总分类账最常用的格式为三栏式,设置借方、贷方和余额三个基本栏目,格式如表 5—7 所示。总分类账能全面、总括地反映和记录经济业务引起的资金运动与财务收支情况,并为编制会计报表提供数据。因此,每一个单位都必须设置总分类账。

2. 总分类账的登记方法

根据企业采用的会计核算程序不同,总分类账可以根据记账凭证逐笔登记,也可以根据经过汇总的科目汇总表或汇总记账凭证等进行登记。其格式及登记示范如表 5—8 所示。

表 5—8　　**总分类账**

账户名称:银行存款　　第　页

08 年		凭证		摘 要	借 方									贷 方									借/贷	余 额								
月	日	种类	号数		十	万	千	百	十	元	角	分	√	十	万	千	百	十	元	角	分	√		十	万	千	百	十	元	角	分	√
4	1			期初余额																			借	3	7	5	0	0	0	0	0	
		记	01	提取现金											5	6	0	0	0	0	0		借	3	1	9	0	0	0	0	0	
		记	03	购买材料											8	3	7	0	0	0	0		借	2	3	5	3	0	0	0	0	
		记	07	收回前欠货款		1	2	2	0	0	0	0											借	2	4	7	3	0	0	0	0	
4	30			本月合计		1	4	0	6	8	0	0		1	8	3	6	0	0	0	0		借	3	3	2	0	8	0	0	0	

(二)明细分类账

明细分类账也称明细账,是按照分类账户(子目或细目)进行分类登记的账簿。明细分类账能分类详细地反映和记录资产、负债、所有者权益、费用、成本、收入和利润的各种资料,也能为编制会计报表提供一定的资料。

明细账的格式应根据各单位经营业务的特点和管理需要来确定，常用格式有“三栏式明细分类账”“数量金额式明细分类账”“多栏式明细分类账”和“横线登记式明细分类账”等多种格式。

1. 三栏式明细分类账

三栏式明细分类账的格式和登记方法与逐笔登记总账基本相同，它只设“借方”“贷方”和“余额”三个金额栏，不设数量栏。这种账页适用于只需要进行金额核算而不需要进行数量核算的明细分类账，如“应收账款”“应付账款”“实收资本”等账户的明细账。其格式及登记示范如表 5—9所示。

表 5—9 **应收账款明细账**

分页____总页____

二级明细科目 星光工厂

三级明细科目____

08年		凭证		摘要	借方									贷方									借/贷	余额								
月	日	种类	号数		十	万	千	百	十	元	角	分	√	十	万	千	百	十	元	角	分	√		十	万	千	百	十	元	角	分	√
2	1			期初余额																			借		8	5	0	0	0	0	0	
	9	转	5	销售产品款未收		5	0	0	0	0	0	0											借	1	3	5	0	0	0	0	0	
	12	银收	9	收到前欠货款											8	5	0	0	0	0	0		借		5	0	0	0	0	0	0	

2. 数量金额式明细分类账

数量金额式明细分类账的账页，既要设置“收入”“发出”“结存”三栏，又要在每栏分别设置“数量”“单价”“金额”栏，以分别登记实物的数量和金额。数量金额式明细账适用于既要进行金额明细核算，又要进行数量明细核算的财产物资项目，如“原材料”“库存商品”等账户的明细核算。它能提供各种财产物资收入、发出、结存的数量和金额要求，并且在账页的上端另外设计了一些必要的项目，以便掌握一些需要的资料。其格式及登记示范如表 5—10 所示。

表 5—10 **原材料明细账**

账号	总页次
页次	

类别：钢材　编号：　品名：不锈钢板　规格____　单位：千克　最高存量____　最低存量____　存储地点____

08年		凭证		摘要	收入			发出			结存		
月	日	种类	号数		数量	单价	金额	数量	单价	金额	数量	单价	金额
5	1			期初结存							200	50	10 000
	5	记	2	购入原材料	100	50	5 000				300	50	15 000
	7	记	8	生产领用				50	50	2 500	250	50	12 500
	8	记	9	生产领用				100	50	5 000	150	50	7 500

3. 多栏式明细分类账

多栏式明细分类账的格式根据管理需要有多种形式。它在一张账页上，按明细科目分设若干专栏，根据费用项目分栏登记，集中反映有关明细科目的核算资料。多栏式明细账适用于明细科目较多，且要求分别列式的明细账，如“生产成本”“制造费用”“管理费用”“本年利润”“应交税费”等账户的明细核算。

一般情况下，多栏式明细账应在“借方”“贷方”分设专栏，如“本年利润”“应交税费”等明细账户。在实际工作中，成本、费用类科目的明细账可以只按借方发生额设置专栏，贷方发生额由于每月发生的笔数很少，可以在借方直接用红字冲记。这类明细账也可以在借方设专栏的情况下，贷方设一总的金额栏，再设一余额栏。其格式及登记示范如表 5—11 所示。

表 5—11　　制造费用明细账　　第　页

08 年		凭证		摘要	工资	福利费	折旧费	办公费	……	其他	合计
月	日	种类	号数								
5	20	记	31	计提工资和福利费	10 000	1 400					11 400
	31	记	43	计提折旧费			1 000				1 000
	31	记	44	车间购买办公用品				2 000			2 000
	31	记	45	本月合计	10 000	1 400	1 000	2 000			14 400
	31			分配转出	[10 000]	[1 400]	[1 000]	[2 000]			[14 400]

注：[10 000]表示红字10 000，其余相同。

4. 横线登记式明细分类账

横线登记式明细分类账也称平行式明细分类账，它的账页结构特点是：将前后密切相关的经济业务在同一行内进行详细登记，从而可依据每一行各个栏目的登记是否齐全来判断该项业务的进展情况。该种账页一般适用于按每笔金额结算的业务，如“材料采购明细分类账”。其格式及登记示范如表 5—12 所示。

表 5—12　　材料采购明细分类账　　分页____总页____

材料名称或类别：甲材料

08 年		凭证号	摘要	借方金额																								贷方金额								结余金额							
				买价								采购费用								合计																							
月	日			十	万	千	百	十	元	角	分	十	万	千	百	十	元	角	分	十	万	千	百	十	元	角	分	十	万	千	百	十	元	角	分	十	万	千	百	十	元	角	分
3	5	记 7	购进		1	0	0	0	0	0	0				5	0	0	0	0		1	0	5	0	0	0	0																
	8	记 9	入库																										1	0	5	0	0	0	0								
	20	记 38	购进			5	0	0	0	0	0				2	0	0	0	0			5	2	0	0	0	0																

三、复币账簿及其登记

1. 复币账簿的格式

复币账簿是指外币资产和负债对应的账簿，该账簿登记的依据是前述的复币记账凭证，与复币记账凭证对应的账簿既要登记外币金额，又要登记依据外币和汇率折合后的人民币金额。外币资产账户包括"银行存款——美元户""应收账款——应收外汇账款"，外币负债的账户包括"应付账款——应付外汇账款""短（长）期借款——短（长）期外汇借款"。复币账簿的具体格式如下：

（1）"银行存款——美元户"账簿的格式。

表 5－13　　"银行存款——美元户"账簿格式

账户名称 Foreign Currency

银行存款日记账 CASH IN BANK JOURNAL

开户银行：Name of Bank

年 YEAR		凭证编号 Voucher No.	支票号码 Check No.	摘要 Explanation	对方科目 Corresponding Accounts	外币 Foreign Currency					兑换率 Exch. Rate	人民币 Renminbi				
月 MTH	日 DATE					借方 DEBIT	贷方 CREDIT	借或贷 DR/CR.	余额 BALANCE	✓		借方 DEBIT	贷方 CREDIT	借或贷 DR/CR.	余额 BALANCE	✓
						亿千百十万千百十元角分	亿千百十万千百十元角分		亿千百十万千百十元角分			亿千百十万千百十元角分	亿千百十万千百十元角分		亿千百十万千百十元角分	

（2）"应收账款——应收外汇账款"账簿的格式。

表 5－14　　"应收账款——应收外汇账款"账簿格式

应收账款　　分类账 SUBSIDIARY LEDGER

账号	总页码
页次	

账户名称：应收外汇账款

A/C NAME

年 YEAR		凭证编号 VOUCHER NO.	摘要 Explanation	外币 Foreign Currency					兑换率 Exch. Rate	人民币 Renminbi				
月 MTH	日 DATE			借方 DEBIT	贷方 CREDIT	借或贷 DR/CR.	余额 BALANCE	✓		借方 DEBIT	贷方 CREDIT	借或贷 DR/CR.	余额 BALANCE	✓
				亿千百十万千百十元角分	亿千百十万千百十元角分		亿千百十万千百十元角分			亿千百十万千百十元角分				

(3)“应付账款——应付外汇账款”账簿的格式。

表 5-15 “应付账款——应付外汇账款”账簿格式

应付账款 分类账 SUBSIDIARY LEDGER

账号	总页码
页次	

账户名称：应付外汇账款
A/C NAME

年 YEAR 月 MTH	日 DATE	凭证编号 VOUCHER NO.	摘要 Explanation	外币 Foreign Currency 借方 DEBIT 亿千百十万千百十元角分	贷方 CREDIT 亿千百十万千百十元角分	借或贷 DR/CR.	余额 BALANCE 亿千百十万千百十元角分	✓	兑换率 Exch. Rate	人民币 Renminbi 借方 DEBIT 亿千百十万千百十元角分	贷方 CREDIT 亿千百十万千百十元角分	借或贷 DR/CR.	余额 BALANCE 亿千百十万千百十元角分	✓

(4)“短(长)期借款——短(长)期外汇借款”账簿的格式。

表 5-16 “短(长)期借款——短(长)期外汇借款”账簿格式

短(长)期借款 分类账 SUBSIDIARY LEDGER

账号	总页码
页次	

账户名称：短(长)期借款
A/C NAME

年 YEAR 月 MTH	日 DATE	凭证编号 VOUCHER NO.	摘要 Explanation	外币 Foreign Currency 借方 DEBIT 亿千百十万千百十元角分	贷方 CREDIT 亿千百十万千百十元角分	借或贷 DR/CR.	余额 BALANCE 亿千百十万千百十元角分	✓	兑换率 Exch. Rate	人民币 Renminbi 借方 DEBIT 亿千百十万千百十元角分	贷方 CREDIT 亿千百十万千百十元角分	借或贷 DR/CR.	余额 BALANCE 亿千百十万千百十元角分	✓

2. 复币账簿登记的要求

(1)复币账簿与非复币账簿的联系与区别。

复币账簿与基础会计中的会计账簿的联系在于登记的依据都是经过审核无误的记账凭证;都要登记时间、凭证的种类、编号、摘要、借方或贷方以及金额等;对于记账过程中出现的错误,都要采用划线更正法、红字更正法、补充登记法等进行更正。

复币账簿与基础会计中的会计账簿的区别在于登记的依据不同,基础会计中账簿登记的依据是不涉及外汇原始凭证编制的非复币记账凭证,而复币账簿登记的依据则是以外汇原始凭证所编制的复币记账凭证;登记的栏目不同,基础会计中的账簿不涉及外币资产和外币负债类账簿,因此账簿登记时也就无需考虑外币的事宜,而复币账簿是针对外币资产和负债开设的特定账簿,因此登记时既要登记外币的金额,也要登记根据外币金额和汇率折合后的人民币金额;期末是否进行汇兑损益的确认不同,基础会计中的账簿由于不涉及外汇,只是以人民币记账,所以,无需进行汇兑损益的确认,而复币账簿由于涉及外汇,且账面汇率与期末汇率不一致,必然导致人民币差额,该差额按会计准则要确认为汇兑损益。

(2)复币账簿登记的要求。

复币账簿登记时既要登记外币的原币金额,也要登记依据外币金额和即期汇率折合后的人民币金额。

复币账簿在会计期末要将记账时的外币金额乘以账面汇率折合后的人民币金额与账面外币金额乘以月末即期汇率折合后的人民币金额之间的差额确认为汇兑损益。具体操作时,在汇兑损益确认的逐笔结转法下,月末不必进行汇兑损益的确认,而年末则必须要进行汇兑损益的确认;在汇兑损益确认的集中结转法下每个月末都要进行汇兑损益的确认,而年末恰好是12月末,由于12月末已进行了汇兑损益的确认,所以,就不必再进行一次年末汇兑损益的确认。

复币账簿作为账簿的一种,只不过是增设了外币栏目。因此,登记时必须严格遵守账簿的登记规则,做到数字准确、摘要清楚、登记及时、字迹工整、符合规范。

3. 复币账簿的登记实例

(1)"银行存款——美元户"账簿的登记。

表 5－17　　"银行存款——美元户"账簿登记

账户名称 Foreign Currency

银行存款日记账 CASH IN BANK JOURNAL　　开户银行: 工行美元户 Name of Bank

2013年 YEAR 月 MTH	日 DATE	凭证编号 VOUCHER NO.	支票号码 Check No.	摘要 Explanation	对方科目 Corresponding Accounts	外币 Foreign Currency 借方 DEBIT	外币 贷方 CREDIT	借或贷 DR/CR.	外币 余额 BALANCE	√	兑换率 Exch. Rate	人民币 Renminbi 借方 DEBIT	人民币 贷方 CREDIT	借或贷 DR/CR.	人民币 余额 BALANCE	√
12	1			期初余额		2000000		借	2000000		6.1			借	12200000	√
	30	号		款		1000000		借	3000000		6.1	6100000		借	18300000	√
	30	号		支付欠款			1500000	借	1500000		6.1		9150000	借	9150000	√

(2)"应收账款——应收外汇账款"账簿的登记。

表 5－18 "应收账款——应收外汇账款"账簿登记

分 类 账
应收账款 SUBSIDIARY LEDGER

账号		总页码
页次		

账户名称：应收外汇账款
A/C NAME

2013年 YEAR 月 MTH	日 DATE	凭证编号 VOUCHER NO.	摘要 Explanation	外币 Foreign Currency 借方 DEBIT	外币 贷方 CREDIT	借或贷 DR/CR.	外币 余额 BALANCE	✓	兑换率 Exch. Rate	人民币 Renminbi 借方 DEBIT	人民币 贷方 CREDIT	借或贷 DR/CR.	人民币 余额 BALANCE	✓
12	1		期初余额			借	1000000	✓	6.1			借	6100000	✓
	30	银收1号	收到外汇欠款		1000000	平	0	✓	6.1		6100000	平	0	✓

(3)"应付账款——应付外汇账款" 账簿的登记。

表 5－19 "应付账款——应付外汇账款"账簿登记

分 类 账
应付账款 SUBSIDIARY LEDGER

账号		总页码
页次		

账户名称：应付外汇账款
A/C NAME

2013年 YEAR 月 MTH	日 DATE	凭证编号 VOUCHER NO.	摘要 Explanation	外币 Foreign Currency 借方 DEBIT	外币 贷方 CREDIT	借或贷 DR/CR.	外币 余额 BALANCE	✓	兑换率 Exch. Rate	人民币 Renminbi 借方 DEBIT	人民币 贷方 CREDIT	借或贷 DR/CR.	人民币 余额 BALANCE	✓
12	1		期初余额			借	1000000	✓	6.1			借	6100000	✓
	30	银收1号	收到外汇欠款		1000000	平	0	✓	6.1		6100000	平	0	✓
	31	转字1号	出口商品	2000000		借	2000000	✓	6.1		12200000	借	12200000	✓

第三节 记账规则

一、账簿启用规则

会计账簿是企业重要的经济档案，为了保证账簿记录的合法性、合理性以及账簿资料的完整性，防止舞弊行为，明确记账责任，会计人员启用新的会计账簿时，应在账簿的扉页上填制“账簿启用表”和“经管账簿人员一览表”（又统称为“账簿启用及接交表”），内容包括企业名称、账簿名称、账簿编号、账簿页数和启用日期等，填明会计主管人员、记账人员姓名并盖章，同时在指定位置加盖单位公章。启用订本账时，应从第一页至最后一页顺序编页，不得跳页、缺号；使用活页账时，应按账户顺序编号，定期装订成册，再按实际账页编写页码，另加目录记明每个账户的名称和页次。

记账人员更换时，应在主管会计监督下办理交接手续，并在表内注明交接日期；移交人和接管人双方都应签章，以明确责任。“账簿启用及交接表”的一般格式如表 5—20 所示。

表 5—20　　账簿启用及交接表

<table>
<tr><td colspan="2">机构名称</td><td colspan="6"></td><td colspan="4" rowspan="5">印鉴</td></tr>
<tr><td colspan="2">账簿名称</td><td colspan="6">（第　　册）</td></tr>
<tr><td colspan="2">账簿编号</td><td colspan="6"></td></tr>
<tr><td colspan="2">账簿页数</td><td colspan="6">本账簿共计　　页（本账簿页数检点人签章　　）</td></tr>
<tr><td colspan="2">启用日期</td><td colspan="6">公元　　年　月　日</td></tr>
<tr><td rowspan="3">经管人员</td><td colspan="2">负责人</td><td colspan="2">主管会计</td><td colspan="3">复核</td><td colspan="4">记账</td></tr>
<tr><td>姓名</td><td>签章</td><td>姓名</td><td>签章</td><td>姓名</td><td colspan="2">签章</td><td colspan="2">姓名</td><td colspan="2">签章</td></tr>
<tr><td></td><td></td><td></td><td></td><td></td><td colspan="2"></td><td colspan="2"></td><td colspan="2"></td></tr>
<tr><td rowspan="6">交接记录</td><td colspan="3">经管人员</td><td colspan="4">接管</td><td colspan="4">交出</td></tr>
<tr><td>职别</td><td colspan="2">姓名</td><td>年</td><td>月</td><td>日</td><td>签章</td><td>年</td><td>月</td><td>日</td><td>签章</td></tr>
<tr><td></td><td colspan="2"></td><td></td><td></td><td></td><td></td><td></td><td></td><td></td><td></td></tr>
<tr><td></td><td colspan="2"></td><td></td><td></td><td></td><td></td><td></td><td></td><td></td><td></td></tr>
<tr><td></td><td colspan="2"></td><td></td><td></td><td></td><td></td><td></td><td></td><td></td><td></td></tr>
<tr><td></td><td colspan="2"></td><td></td><td></td><td></td><td></td><td></td><td></td><td></td><td></td></tr>
<tr><td>备注</td><td colspan="11"></td></tr>
</table>

二、会计账簿登记的规则

会计人员应根据审核无误的会计凭证按以下规则登记会计账簿。

1. 根据审核无误的会计凭证，及时地登记各种账簿。登记账簿时，应将会计凭证的日期、编号、摘要、金额等逐项登记入账，做到数字准确、摘要清楚、登记及时、字迹工整。

2. 账簿登记完毕，应在“过账”栏内注明账簿的页数或做出“√”符号，表示已登记入账，以免重登、漏登，也便于查阅、核对，并在记账凭证上签名或盖章。

3. 账簿中书写的文字和数字上方要留有适当空格，不要写满格，一般应占格距的1/2。一旦发生登记错误，能较容易地进行更正，同时也便于查账工作。

4. 为使账簿记录清晰，防止涂改，记账时必须用钢笔和蓝、黑墨水书写，不得使用圆珠笔（银行的复写账簿除外）或者铅笔书写。

5. 红色墨水只能在结账划线、改错和冲账时使用。出现下列情况，可以用红色墨水记账：

（1）按照红字冲账的记账凭证，冲销错误记录；

（2）在不设借贷等栏的多栏式账页中，登记减少数；

（3）在三栏式账户的余额栏前，如未印明余额方向的，在余额栏内登记负数余额；

（4）根据国家统一会计制度的规定可以用红字登记的其他会计记录。

6. 各种账簿必须按事先编写的页码，按逐页、逐行顺序连续登记，不得隔页、缺号、跳行，如不慎发生此种情况，应在空页或空行处用红色墨水对角划线注销，并注明“作废”字样，同时由经办人和会计机构负责人（会计主管人员）在更正处盖章。对各种账簿的账页不得任意抽换和撕毁，以防舞弊。

7.“摘要”栏内的说明应简明扼要，文字要规范，“金额”栏内数字应与账页上标明的位数对准，凡需结出余额的账户，应在“借”或“贷”栏内写明“借”或“贷”。没有余额的账户在“借”或“贷”栏内写“平”字，并在余额栏内用“0”表示（放在“元”位）。库存现金日记账和银行存款日记账必须逐日结出余额。

8. 每一账页登记完毕，应在账页的最末一行加计本页发生额及余额，并在摘要栏内注明“过次页”；同时在新账页的首行记入上页加计的发生额和余额，并在摘要栏内注明“承前页”，以便对账和结账。

对需要结计本月发生额的账户，结计“过次页”的本页合计数应当为自本页初起至本页末止的发生数合计数；对需要结计本年累计发生额的账户，结计“过次页”的本页合计数应当为自年初起至本页末止的累计数；对既不需要结计本月发生额也不需要结计本年累计发生额的账户，可以只将每页末的余额结转次页。

9. 实行会计电算化的单位，用计算机打印的会计账簿必须连续编号，经审核无误后装订成册，并由记账人员和会计机构负责人、会计主管人员签字盖章。

10. 账簿记录发生错误时，不得刮、擦、挖补、随意涂改或用褪色药水更改字迹，应根据错误的情况，按规定的方法进行更正。

三、更正错账的方法

在账簿登记过程中，由于各种原因，难免发生记账错误，错账查找出来后，不得任意撕毁、涂抹、刮擦、挖补或用褪色药水更改字迹。对于不同的记账错误，应用不同的更正方法，一般常用的更正错账的方法有：划线更正法、红字更正法和补充登记法三种。

（一）划线更正法

划线更正法主要适用于记账后、结账前发现记账凭证正确，只是由于过账时发生差错或计算上有错误，导致账簿记录中有文字或数字错误。更正时，先在错误的文字或数字（整个数字）上划一条红线注销，并使原来的字迹仍可辨认，然后在红线上方空白处用蓝字填上正确的文字或数字，最后在更正处由记账人员盖章。需要特别强调的是，对于文字错误，可只划去错误的字并进行更正；对错误的数字一定要用红线全部划去，不能只改个别数字。例如，记账时将记账凭证的金额2 960元在账簿中误记为2 690元，且在结账前发现错误，更正操作示范如图 5—1所示。

正确的方法：　　　　　　　　错误的方法：

图 5—1　划线更正法(1)

如果将正确的数字误认为是错误的加以更正了，这时如经检查发现，应将错误数字划销，用红笔在正确的数字两旁各划“△”表示正确，并在错误处盖章，更正操作示范如图 5—2 所示。

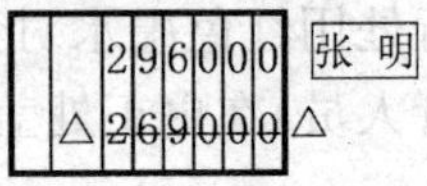

图 5—2　划线更正法(2)

(二)红字更正法

红字更正法是指用红字冲销或冲减原记科目和金额，以更正和调整原有会计记录的一种方法。这种方法适用于以下两种情况：

1. 全部冲销

红字更正法全部冲销主要适用于记账凭证上的应记科目错误或借贷方向发生错误，并已登记入账。更正时，先用红字填制一张内容与错误记账凭证完全相同的记账凭证，并在摘要中写明“更正×月×日第×号凭证错误”，并据以用红字金额登记入账，冲销原有的错误记录；然后，再用蓝字重填一张正确的记账凭证，并在摘要栏写明“重填×月×日第×号凭证”，据以登记入账。

[例 5—1]　某车间耗用仓库发出的甲材料3 500元，编制记账凭证如下：

借：管理费用　　　　3 500

　　贷：原材料　　　　3 500

费用归类错误，该项业务的更正步骤为：

(1)用红字填制一张内容与错误记账凭证相同的记账凭证并据以入账：

借：管理费用　　　　3 500

　　贷：原材料　　　　3 500

(注：3 500表示红字金额。)

(2)用蓝字重新填制一张正确的记账凭证并据以入账：

借：制造费用　　　　3 500

　　贷：原材料　　　　3 500

(3)将上述两张记账凭证登记入账后，账簿记录的错误得以更正。记账后的账户记录(以“T”型账户代替，下同)如图 5—3 所示。

借 管理费用 贷	
(1) 3 500	
(2) 3 500	

借 原材料 贷	
	(1) 3 500
	(2) 3 500
	(3) 3 500

借 制造费用 贷	
(1) 3 500	

图 5—3 红字更正法(1)

2. 部分冲销

红字更正法部分冲销主要适用于记账凭证中应记科目及方向正确，但所记金额有错误，且错误金额大于应记金额并已入账。更正时填制一张红字金额记账凭证，与原会计科目、方向相同，在“金额”栏中填列多记金额，在“摘要”栏内注明“冲销×月×日第×号凭证多记金额”，并据以入账，以冲销原来多记金额。

［例 5—2］ 办公室王海出差借支差旅费1 200元，填制记账凭证时将金额误写为2 100元，已登记入账的记账凭证如下：

借：其他应收款 2 100

贷：库存现金 2 100

该项业务的更正方法为：

按多记金额 900 元(2 100—1 200)编制红字记账凭证，并登记入账，冲销多记金额：

借：其他应收款 900

贷：库存现金 900

将上述更正错误的记账凭证记入有关账户后，原账簿中的错误记录便得到了更正。记账后的账户记录如图 5—4 所示。

借 其他应收款 贷	
(1) 2 100	
(2) 900	

借 库存现金 贷	
	(1) 2 100
	(2) 900

图 5—4 红字更正法(2)

(三)补充登记法

补充登记法用来增记差额，主要适用于结账前、记账后发现记账凭证中应记科目及方向正确，但所记金额有错误，且错误金额小于应记金额并已入账。采用补充登记法更正时，将少填的金额用蓝字填制一张与原来凭证的会计科目、方向均相同的记账凭证，在“摘要”栏内注明“补记×月×日第×号凭证少记金额”，并据以登记入账。这样，便能将少记的金额补充登记入账。

［例 5—3］ 星光公司结转已销售产品成本18 600元，填制记账凭证时将金额误写为16 800元，已登记入账的记账凭证如下：

借：主营业务成本 16 800

贷：库存商品 16 800

该项业务的更正方法为：

按少记金额1 800元(18 600－16 800)编制蓝字记账凭证,并登记入账,以补充少记金额:

借:主营业务成本　　1 800

　贷:库存商品　　1 800

将上述更正错误的记账凭证登记入账后,原账簿记录中的错误记录就得到了更正。记账后的账户记录如图5—5所示。

借	库存现金	贷
		(1) 16 800
		(2) 1 800

借	主营业务成本	贷
(1) 16 800		
(2) 1 800		

图5—5　补充登记法

四、账簿的更换与保管

(一)账簿的更换

为了保持会计账簿资料的连续性,在每一个会计年度结束、新的会计年度开始时,应按会计制度规定进行账簿的更换。

账簿更换的具体做法是:

(1)总账、日记账和大部分明细账要每年更换一次。年初,将旧账簿上的各账户的余额直接记入新账簿中有关账页的第一行"余额"栏内。同时,在"摘要"栏内加盖"上年结转"戳记,将旧账页最后一行数字下的空格,划一条红线注销,并在旧账页最后一行"摘要"栏内加盖"结转下年"戳记。在新旧账户之间转记余额时,可不必填制凭证。

在年度内,订本账记满更换新账时,办理与年初更换新账簿相似的手续。

(2)有些财产物资明细账和债务明细账由于材料品种、规格和往来单位较多,更换新账重抄一遍的工作量较大,可不必每年更换一次。如固定资产明细账等,因年度内变动不多,年初可不必更换账簿,但在"摘要"栏内要加盖"结转下年"戳记,以划分新旧年度之间的金额。

(3)各种备查账簿也可以连续使用。

(二)账簿的保管

会计账簿、会计凭证和会计报表等都是企业重要的经济档案和历史资料,必须科学、妥善地加以保管,不得任意丢失和销毁。

正在使用的账簿,由经管账簿的会计人员负责保管。年末结账后,会计人员应在活页账簿前面加放"账簿启用表"和"经管账簿人员一览表"装订成册,并加上封面,统一编号后,与各种订本账一并归档。各种账簿应按年度分类归档,编制目录,妥善保管。会计账簿一般暂由本单位财务会计部门保管一年,期满之后,由财务会计部门编造清册移交本单位的档案部门保管,其保管年限和销毁审批程序应按会计制度的规定严格执行。

第四节　对账和结账

登记账簿作为会计核算的专门方法之一,包括记账、对账和结账三个相互联系而不可分割的工作环节。本节着重讨论对账与结账的要求和方法。

一、对账

为了保证账簿记录的真实、可靠，以便为编制会计报表提供正确无误的数据资料，应对账簿与账户所记录的有关数据加以检查和核对，这种核对工作在会计上称为对账。它是会计核算中的一项重要内容。

账簿记录的准确、真实与可靠，不仅取决于账簿本身，还涉及账簿与凭证的关系，以及账簿与实际情况是否相符的问题等，所以对账应包括：账簿与凭证的核对，账簿与账簿的核对，账簿与实物的核对，账簿与款项的核对。这种核对要建立定期的对账制度，在结账前和结账过程中，把账簿记录的数字核对清楚，做到账证相符、账账相符、账物相符和账款相符。

（一）账证核对

账证核对是指将账簿记录与会计凭证相核对，核对会计账簿记录与原始凭证、记账凭证的时间、凭证字号、内容、金额是否一致，记账方向是否相符，这是保证账账相符、账实相符的基础。对于账证核对工作，平常是通过编制凭证和记账中的“复核”环节来进行的。在结账时，对主要内容有疑问的，应进行重点抽查与核对。

（二）账账核对

账账核对是指各种账簿之间有关数字应该核对相符，主要包括：

（1）总账借方与贷方的核对。总分类账中，全部账户的借方余额合计数应同贷方余额合计数相符。

（2）总账与日记账核对。总分类账中“库存现金”“银行存款”账户的本期发生额和期末余额应同相对应的日记账的相应数字核对相符。

（3）总账与明细账核对。总分类账中，各账户的月末余额应同所属明细分类账户月末余额之和核对相符。

（4）各部门财产物资明细账的核对。会计部门有关财产物资的明细分类账余额应同财产物资保管部门或使用部门相应的明细账（卡）核对相符。

以上各种账簿间，可以直接进行核对，对内容较多的可以通过编表进行核对。

（三）账物核对

账物核对是指有关财产物资明细账的结存量应定期同实存量核对相符。

（四）账款核对

账款核对是指各种货币资金和结算款项的账面余额与实存数核对相符，主要包括：

（1）库存现金日记账的账面余额应同库存现金的实际库存数每日核对相符。

（2）银行存款日记账账面余额应同开户银行对账单核对相符，每月至少核对一次。

（3）各种应收、应付款项等明细账的余额应定期与有关债务人、债权人核对相符；已上缴的税金及其他应交款应按规定时间与有关监交部门核对相符。

上述账实（账物、账款）核对工作中，结算款项一般利用对账单的形式进行核对，各种财产物资一般通过财产清查进行核对。

二、结账

结账是指将一定时期（月度、季度、年度）内发生的经济业务在全部登记入账的基础上，将各种账簿记录结计出本期发生额和期末余额，并结束本期账簿记录的方法。各单位应当按照规定定期结账。结账工作的程序和方法如下：

1. 结账前

(1)必须将本期内所发生的各项交易或事项全部登记入账,不能为赶编会计报表而提前结账,也不能先编报表后结账。如发现错账、漏账应及时更正、补记。

(2)按权责发生制原则要求编制期末账项调整的记账凭证,并据以入账。

(3)按配比原则要求编制结转已售产品成本等的记账凭证,并据以入账。

(4)结转各收入账户和费用、成本账户,编制结账分录并据以入账,以确定本期财务成果。

(5)结转"本年利润"和"利润分配"账户。

2. 结账时

结账时,应当结出每个账户的期末余额。具体结账方法按《会计基础工作规范》的规定如下:

(1)对不需要按月结计本期发生额的账户,如各项应收款明细账和各项财产物资明细账等,每次记账以后,都要随时结出余额,每月最后一笔余额即为月末余额。也就是说,月末余额就是在本月最后一笔经济业务记录下面划一条单红线,不需要再结计一次余额。

(2)库存现金、银行存款日记账和需要按月结计发生额的收入、成本明细账等,每月结账时,要在最后一笔经济业务记录下面划一条单红线,结出本月发生额,在"摘要"栏内注明"本月合计"字样,在下面再划一条单红线。

(3)需要结计本年累计发生额的某些明细账户,如主营业务收入、成本明细账等,每月结账时,应在"本月合计"行下结计自年初起至本月末止的累计发生额,登记在月份发生额下面,在"摘要"栏内注明"本年累计"字样,并在下面再划一条单红线。12 月末的"本年累计"就是全年累计发生额,全年累计发生额下面划一条双红线。

(4)总账账户平时只需结计月末余额。年终结账时,为了反映全年各项资产、负债及所有者权益变动的全貌,便于核对账目,要将所有总账账户结计全年发生额和年末余额,在"摘要"栏内注明"本年合计"字样,并在合计数下面划一条双红线,表示"封账"。

(5)需要结计本月发生额的某些账户,若本月只发生一笔经济业务,由于这笔记录的金额就是本月发生额,结账时,只需在此行记录下划一条红线,表示与下月的发生额分开即可,不需要另结出"本月合计"数。

(6)结账如何划线。结账划线的目的是为了突出本月合计数及月末余额,表示本会计期的会计记录已经截止或结束,并将本期与下期的记录明显分开。月结划单红线,年结划双红线,划线应划通栏线,不应只在本页中的金额部分划线。

(7)账户余额的填写方法。每月结账时,应将月末余额写在本月最后一笔经济业务记录的同一行内。但对于库存现金日记账、银行存款日记账和其他需要按月结计发生额的账户,如各种成本、费用、收入的明细账等,每月结账时,还应将月末余额与本月发生额写在同一行内,在"摘要"栏内注明"本月合计"字样。对于需要结计本年累计发生额的某些明细账户,每月结账时,"本月合计"行已有余额的,"本年累计"行就不必再写余额。

(8)账簿记录中使用的红字,具有特定的含义,它表示蓝字金额的减少或负数余额。因此,在结账时,如果出现负数余额,可以用红字在"余额"栏登记,但如果"余额"栏前印有余额的方向(如借或贷),则应用蓝黑墨水书写,不得使用红色墨水。

3. 年度结账后更换新账

年度结账后更换新账是指把各账户的余额结转到下一会计年度,并在"摘要"栏内注明"结转下年"字样;在下一会计年度新建的有关会计账簿的第一行"余额"栏内填写上年结转的余额，并在“摘要”栏内注明“上年结转”字样。年度终了结账时，有余额的账户直接记入新账户“余额”栏即可，不需要编制记账凭证，也不必将余额再记入本年账户的借方或贷方（收方或付方），使本年有余额的账户的余额变为零。

本章知识结构图

- 会计账簿
  - 账簿的意义和种类
    - 设置和登记会计账簿的意义
    - 会计账簿的种类
  - 账簿的设置和登记
    - 日记账的设置和登记
    - 分类账的设置和登记
    - 复币账簿及其登记
  - 记账规则
    - 账簿启用规则
    - 会计账簿登记的规则
    - 更正错账的方法
    - 账簿的更换与保管
  - 对账和结账
    - 对账
    - 结账

复习思考题

一、单项选择题

1. 会计账簿按其用途分类，可以分为序时账簿、分类账簿和（　　）。

A. 备查账簿　　B. 订本账簿　　C. 活页账簿　　D. 卡片账簿

2. 会计账簿按外表形式可以分为订本式账簿、活页式账簿和（　　）。

A. 三栏式账簿　　B. 多栏式账簿　　C. 卡片式账簿　　D. 数量金额式账簿

3. 日记账是逐日序时登记经济业务的账簿，有（　　）和特种日记账。

A. 普通日记账　　B. 库存现金日记账　　C. 专用日记账　　D. 银行存款日记账

4. 备查账簿是对在序时账、分类账中未能反映和记录的事项进行（　　）的账簿。

A. 重新登记　　B. 补充登记　　C. 完善登记　　D. 变更登记

5. 在记账后、结账前发现记账凭证正确，只是由于过账时发生差错，进而导致账簿记录中有文字或数字错误时，采用（　　）进行更正。

A. 划线更正法　　B. 红字更正法　　C. 补充登记法　　D. 刮擦涂抹法

二、多项选择题

1. 会计账簿扉页上“经管账簿人员一览表”的内容应包括（　　）和启用日期等。

A. 企业名称　　B. 账簿名称　　C. 账簿编号　　D. 账簿页数

2. 会计人员在登记账簿时，应将会计凭证的（　　）等逐项登记入账。

A. 日期　　B. 编号　　C. 摘要　　D. 金额

3. 会计账簿按账页格式不同，可分为（　　）。

A. 三栏式账簿　　B. 数量金额式账簿　　C. 多栏式账簿　　D. 横线登记式账簿

4. 对账是为了把账簿记录的数字核对清楚，做到（　　）。

A. 账证相符　　B. 账账相符　　C. 账物相符　　D. 账款相符

5. 更正错账的方法一般有（　　）。

A. 划线更正法　　B. 红字更正法　　C. 补充登记法　　D. 刮擦涂抹法

三、判断题

1. 明细分类账简称明细账，是按照总分类账户设置的用来分类、详细核算各项交易或事项的账簿。（　）

2. 库存现金日记账可以使用活页账簿进行登记和存档。（　）

3. 明细分类账必须采用订本式账簿进行登记和存档。（　）

4. 卡片式账簿适用于总账和明细分类账。（　）

5. 数量金额式账簿适用于特种日记账。（　）

四、名词解释

1. 会计账簿　2. 分类账　3. 订本账　4. 红字更正法　5. 结账

五、简答题

1. 简述设置和登记账簿的意义。

2. 简述可采用红色墨水登记账簿的几种情形。

第六章　账务处理程序

知识目标

1. 了解账务处理程序的意义及设计原则。
2. 掌握各种账务处理程序的特点和基本内容。

技能目标

1. 掌握记账凭证账务处理程序。
2. 掌握科目汇总表账务处理程序。
3. 掌握汇总记账凭证账务处理程序。

导入案例

小张是一家小企业的会计，他的主要工作是负责登记该企业的总分类账。起初，由于企业业务不多，小张每月根据各种记账凭证逐笔登记总分类账，并没有感觉到工作量大。但是随着企业规模的扩大，业务量持续上升，小张感到记账的工作量越来越大，经常要加班，并且错账率也在逐渐上升，小张感到工作压力很大。

思考题：

1. 小张应该怎样做才能既保证会计核算工作质量，又能提高工作效率、减少工作量、缓解工作压力？
2. 你对上述问题了解吗？有什么好的办法帮助小张解决这些问题？

第一节　账务处理程序概述

账务处理程序是从原始凭证的取得到会计报表的编制的一系列会计核算工作的方法和步骤。科学地组织账务处理程序，对提高会计核算工作的质量和会计工作的效率、充分发挥会计职能具有重要意义。

一、账务处理程序的含义

账务处理程序又称为会计核算程序，是指对会计数据的记录、归类、汇总、呈报的步骤和方法，即从原始凭证的整理、汇总，记账凭证的填制、汇总，日记账、明细分类账、总分类账的登记，到最后编制会计报表的步骤和方法。

不同的账务处理程序，对汇总凭证、登记总分类账的依据和方法的要求不同。由于各单位的规模大小不一、业务性质各异、管理要求各不相同，账务处理程序也会不相同。因此，各单位必须从各自的实际情况和具体条件出发，科学地选择适合本单位特点的账务处理程序，从而保证会计核算工作的质量，提高会计核算工作的效率，充分发挥会计核算和监督的职能。

二、账务处理程序确定的原则

在实际工作中，由于每个会计主体的经济业务性质与繁简程度不同，需要设置不同种类、不同格式的会计凭证和会计账簿。因此，各会计主体应根据自身的实际情况和具体条件，把会计凭证和会计账簿合理地组织起来，设计出符合本单位经济业务特点的账务处理程序。虽然不同会计主体的业务特点不同，但是它们在会计核算工作中必须设计出适合本单位特点的账务处理程序，因为账务处理程序是做好会计工作的重要前提，它同会计核算的其他方法一样，具有严格的科学性和规律性。所以，单位在设计合理、适用的账务处理程序时，必须遵循一定的原则。

设计适合本单位特点的账务处理程序时，一般应遵循以下原则：

(1)要适应本单位经济活动的特点、业务规模的大小和繁简情况，以保证会计核算的顺利进行。

(2)要保证会计核算资料的质量，做到既及时、准确，又系统、全面。

(3)在保证核算资料及时、准确的基础上，力求简化，减少核算环节；提高会计核算工作效率，降低核算成本。

三、账务处理的种类

目前，我国企业、机关、事业单位等的会计一般采用的账务处理程序主要有以下五种：

(1)记账凭证账务处理程序；

(2)科目汇总表账务处理程序；

(3)汇总记账凭证账务处理程序；

(4)多栏式日记账账务处理程序；

(5)日记总账账务处理程序。

本教材主要介绍前三种主要的账务处理程序。

第二节　记账凭证账务处理程序

一、记账凭证账务处理程序的特点

记账凭证账务处理程序是根据各种记账凭证登记总账的账务处理程序，其主要特点是：根据每一张记账凭证逐笔登记总分类账。记账凭证账务处理程序是账务处理程序中最基本的形式，其他各种账务处理程序都是在它的基础上产生和发展起来的。

二、记账凭证账务处理程序的凭证、账簿组织

所谓凭证组织，是指会计凭证的种类、格式和各种凭证之间的关系；而账簿组织，则是指账簿的种类、格式和各种账簿之间的关系。在记账凭证账务处理程序下，记账凭证一般采用收款凭证、付款凭证、转账凭证三种格式，也可以采用通用记账凭证。采用这种账务处理程序，企业需要设置序时账簿和分类账簿。序时账簿应设有库存现金日记账和银行存款日记账，其格式可以采用三栏式。分类账簿需设置总分类账和各种明细分类账，总分类账的格式采用三栏式，

明细分类账的格式根据需要可采用三栏式、多栏式或数量金额式等。

三、记账凭证账务处理程序的核算步骤

账务处理程序的核算步骤是指填制会计凭证、登记各种账簿和编制会计报表的过程和步骤。记账凭证账务处理程序的核算步骤是：

(1)根据原始凭证或原始凭证汇总表填制记账凭证；

(2)根据收款凭证、付款凭证逐笔登记库存现金日记账、银行存款日记账；

(3)根据记账凭证和原始凭证(或原始凭证汇总表)逐笔登记各种明细分类账；

(4)根据记账凭证逐笔登记总分类账；

(5)月终，库存现金日记账、银行存款日记账的余额，以及各种明细分类账的余额合计数，分别与总分类账中有关账户的余额核对相符；

(6)月终，根据总分类账和明细分类账资料编制账务报表。

上述核算步骤可用图 6－1 表示。

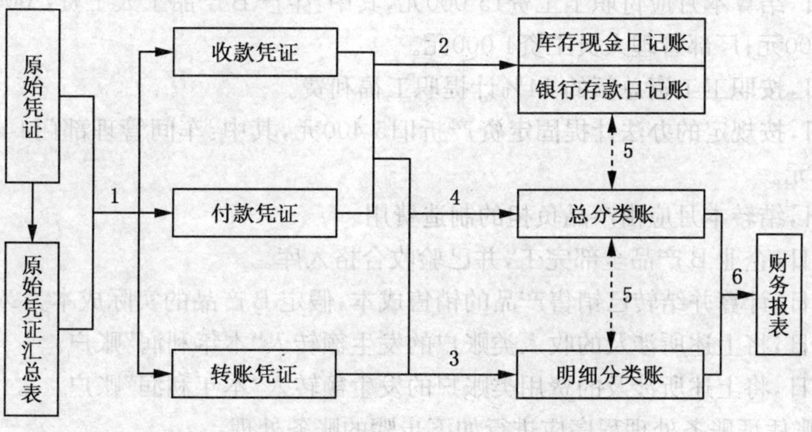

图 6－1　记账凭证账务处理程序的核算步骤

四、记账凭证账务处理程序举例

为了更好地理解并掌握记账凭证账务处理程序，现举例说明如下：

[例 6－1]　北方工厂 2013 年 8 月初各账户期初余额如表 6－1 所示。

表 6－1　　北方工厂 2013 年 8 月初各账户期初余额　　单位：元

账户名称	余额	账户名称	余额
库存现金	1 400	累计折旧	8 500
银行存款	20 000	应交税费	900
原材料	10 000	短期借款	30 000
库存商品	1 000	长期借款	45 000
生产成本	1 200	本年利润	11 200
固定资产	62 000		
合计	95 600	合计	95 600

2013 年 8 月初北方工厂“原材料”明细账余额如下：

甲材料 1 000 千克　单价 4.00 元　金额为 4 000 元

乙材料　500 千克　单价 2.00 元　金额为 1 000 元

丙材料 1 000 千克　单价 5.00 元　金额为 5 000 元

2013 年 8 月北方工厂发生下列经济业务：

(1)2 日，购入甲材料1 500千克，单价 4.00 元，金额为6 000元；乙材料2 000千克，单价 2.00 元，金额为4 000元；丙材料 700 千克，单价 5.00 元，金额为3 500元。增值税额2 295元，货款以银行存款支付，材料已验收入库。

(2)5 日，生产车间领用原材料用以生产 B 产品，其中：领用甲材料2 000千克，乙材料1 000千克，丙材料1 200千克。

(3)8 日，向胜利工厂销售 B 产品 500 件，每件 120 元，货款60 000元，增值税额10 200元，货款已存入银行。

(4)15 日，从银行提取现金15 000元用于发放职工工资。

(5)15 日，以现金15 000元发放本月职工工资。

(6)31 日，结算本月应付职工工资15 000元，其中：生产 B 产品工人工资7 000元；车间管理人员工资4 000元；厂部管理人员工资4 000元。

(7)31 日，按职工工资总额的 14%计提职工福利费。

(8)31 日，按规定的办法计提固定资产折旧5 400元，其中：车间管理部门4 400元，行政管理部门1 000元。

(9)31 日，结转本月应由产品负担的制造费用。

(10)31 日，企业 B 产品全部完工，并已验收合格入库。

(11)31 日，计算并结转已销售产品的销售成本，假定 B 产品的实际成本为22 000元。

(12)31 日，将上述所涉及的收入类账户的发生额转入“本年利润”账户。

(13)31 日，将上述所涉及的费用类账户的发生额转入“本年利润”账户。

采用记账凭证账务处理程序应进行如下步骤的账务处理：

(1)填制记账凭证。

表 6—2　　北方工厂记账凭证(简化格式)

2013 年		凭证号数	摘要	会计科目		金额	
月	日			借方	贷方	借方	贷方
8	2	银付 01	购料入库	原材料——甲材料 ——乙材料 ——丙材料 应交税费——应交增值税(进项税额)		6 000 4 000 3 500 2 295	
					银行存款		15 795
	5	转字 01	生产领料	生产成本——B 产品		16 000	
					原材料——甲材料 ——乙材料 ——丙材料		8 000 2 000 6 000
	8	银收 01	销售产品	银行存款		70 200	
					主营业务收入——B 产品 应交税费——应交增值税(销项税额)		60 000 10 200

续表

2013 年		凭证号数	摘要	会计科目		金额	
月	日			借方	贷方	借方	贷方
	15	银付 02	提取现金	库存现金		15 000	
					银行存款		15 000
	15	现付 01	发放工资	应付职工薪酬		15 000	
					库存现金		15 000
	31	转字 02	分配工资	生产成本——B 产品		7 000	
				制造费用		4 000	
				管理费用		4 000	
					应付职工薪酬——工资		15 000
	31	转字 03	计提福利费	生产成本——B 产品		980	
				制造费用		560	
				管理费用		560	
					应付职工薪酬——工资		2 100
	31	转字 04	计提折旧	制造费用		4 400	
				管理费用		1 000	
					累计折旧		5 400
	31	转字 05	结转制造费用	生产成本——B 产品		8 960	
					制造费用		8 960
	31	转字 06	结转完工产品成本	库存商品——B 产品		34 140	
					生产成本——B 产品		34 140
	31	转字 07	结转已销产品成本	主营业务成本——B 产品		22 000	
					库存商品——B 产品		22 000
	31	转字 08	结转各项收入	主营业务收入——B 产品		60 000	
					本年利润		60 000
	31	转字 09	结转各项费用	本年利润——B 产品		27 560	
					管理费用		5 560
					主营业务成本——B 产品		22 000

(2)根据收款凭证、付款凭证登记库存现金日记账和银行存款日记账，如表 6－3、表 6－4 所示。

表 6－3　　库存现金日记账　　单位：元

2013 年		凭证号数	摘要	对方账户	借方	贷方	余额
月	日						
8	1		期初余额				1 400
	15	银付 02	提现		15 000		
	15	现付 01	发放工资			15 000	1 400
8	31		本月合计		15 000	15 000	1 400

表 6－4　　银行存款日记账　　单位：元

2013 年		凭证号数	摘要	对方账户	借方	贷方	余额
月	日						
8	1		期初余额				20 000

续表

2013年		凭证号数	摘要	对方账户	借方	贷方	余额
月	日						
	2	银付01	购买材料			15 795	4 205
	5	银收01	销售产品		70 200		74 405
	15	银付02	提现			15 000	59 405
8	31		本月合计		70 200	30 795	59 405

(3)根据收款凭证、付款凭证、转账凭证和原始凭证登记各种明细分类账。以原材料——甲材料为例,如表6—5所示,其他明细账从略。

表6—5 **原材料明细账**

类别:甲材料　　计量单位:千克　金额单位:元

2013年		凭证号数	摘要	收入			支出			结存		
月	日			数量	单价	金额	数量	单价	金额	数量	单价	金额
8	1		期初余额							1 000	4.00	4 000
	2	银付01	材料入库	1 500	4.00	6 000				2 500	4.00	10 000
	5	转01	生产领料				2 000	4.00	8 000	500	4.00	2 000
8	31		本月合计	1 500		6 000	2 000		8 000	500		2 000

(4)根据收款凭证、付款凭证、转账凭证登记总分类账。以部分总账为例,如表6—6～表6—13所示。其他总分类账从略。

表6—6 **总分类账**

会计科目:库存现金　　单位:元

2013年		凭证号数	对方账户	摘要	借方	贷方	借或贷	余额
月	日							
8	1			期初余额			借	1 400
	15	银付02		提现	15 000			
	15	现付01		发放工资		15 000		
8	31			本月合计	15 000	15 000	借	1 400

表6—7 **总分类账**

会计科目:银行存款　　单位:元

2013年		凭证号数	对方账户	摘要	借方	贷方	借或贷	余额
月	日							
8	1			期初余额			借	20 000
	2	银付01		购买材料		15 795		
	5	银收01		销售产品	70 200			
	15	银付02		提现		15 000		
8	31			本月合计	70 200	30 795	借	59 405

表 6-8 总分类账

会计科目:原材料 单位:元

2013 年		凭证号数	对方账户	摘要	借方	贷方	借或贷	余额
月	日							
8	1			期初余额			借	10 000
	2	银付 01		材料入库	13 500			
	15	转 01		生产用料		16 000		
8	31			本月合计	13 500	16 000	借	7 500

表 6-9 总分类账

会计科目:生产成本 单位:元

2013 年		凭证号数	对方账户	摘要	借方	贷方	借或贷	余额
月	日							
8	1			期初余额			借	1 200
	5	转 01		生产领料	16 000			
	31	转 02		分配工资	7 000			
	31	转 03		计提福利费	980			
	31	转 05		结转本月制造费用	8 960			
	31	转 06		结转本月完工产品成本		34 140	平	0
8	31			本月合计	32 940	34 140	平	0

表 6-10 总分类账

会计科目:库存商品 单位:元

2013 年		凭证号数	对方账户	摘要	借方	贷方	借或贷	余额
月	日							
8	1			期初余额			借	1 000
	31	转 06		结转本月完工产品成本	34 140			
	31	转 07		结转已销产品成本		22 000		
8	31			本月合计	34 140	22 000	借	13 140

表 6-11 总分类账

会计科目:累计折旧 单位:元

2013 年		凭证号数	对方账户	摘要	借方	贷方	借或贷	余额
月	日							
8	1			期初余额			贷	8 500
	31	转 04		计提折旧		5 400		
8	31		本月合计			5 400	贷	13 900

表 6－12　　　　　　　　　　　　　　**总分类账**

会计科目:应交税费　　　　　　　　　　　　　　　　　　　　　　　　单位:元

2013 年 月	日	凭证号数	对方账户	摘要	借方	贷方	借或贷	余额
8	1			期初余额			贷	900
	2	银付 01		购买材料	2 295			
	15	银收 01		销售产品		10 200		
8	31			本月合计	2 295	10 200	贷	8 805

表 6－13　　　　　　　　　　　　　　**总分类账**

会计科目:本年利润　　　　　　　　　　　　　　　　　　　　　　　　单位:元

2013 年 月	日	凭证号数	对方账户	摘要	借方	贷方	借或贷	余额
8	1			期初余额			贷	11 200
	31	转 08		结转本月收入		60 000		
	31	转 09		结转本月费用	27 560			
8	31			本月合计	27 560	60 000	贷	43 640

(5)将总账与日记账、所属明细账相核对(略)。根据总分类账户的记录编制总分类账户发生额及余额试算平衡表,如表 6－14 所示。

表 6－14　　　　　　　　**总分类账户发生额及余额试算平衡表**

2013 年 8 月 31 日　　　　　　　　　　　　　　单位:元

账户名称	期初余额		本期发生额		期末余额	
	借方	贷方	借方	贷方	借方	贷方
库存现金	1 400		15 000	15 000	1 400	
银行存款	20 000		70 200	30 795	59 405	
原材料	10 000		13 500	16 000	7 500	
库存商品	1 000		34 140	22 000	13 140	
生产成本	1 200		32 940	34 140		
固定资产	62 000				62 000	
累计折旧		8 500		5 400		13 900
短期借款		30 000				30 000
长期借款		45 000				45 000
应交税费		900	2 295	10 200		8 805
应付职工薪酬			15 000	17 100		2 100
制造费用			8 960	8 960		
本年利润		11 200	27 560	60 000		43 640
管理费用			5 560	5 560		
主营业务收入			60 000	60 000		
主营业务成本			22 000	22 000		
合　计	95 600	95 600	307 155	307 155	143 445	143 445

(6)根据总分类账与明细分类账编制资产负债表和利润表，如表6—15、表6—16所示。

表6—15 **资产负债表** 会企01表

编制单位：北方工厂 2013年8月31日 单位：元

资 产	期末余额	年初余额	负债和所有者权益（或股东权益）	期末余额	年初余额
流动资产：			流动负债：		
货币资金	60 805		短期借款	30 000	
交易性金融资产			交易性金融负债		
应收票据			应付票据		
应收账款			应付账款		
预付账款			预收账款		
应收利息			应付职工薪酬	2 100	
应收股利			应交税费	8 805	
其他应收款			应付利息		
存货	20 640		应付股利		
一年内到期的非流动资产			其他应付款		
其他流动资产			一年内到期的非流动负债		
流动资产合计	81 445		其他流动负债		
非流动资产：			流动负债合计	40 905	
可供出售金融资产			非流动负债：		
持有至到期投资			长期借款	45 000	
长期应收款			应付债券		
长期股权投资			长期应付款		
投资性房地产			专项应付款		
固定资产	48 100		预计负债		
在建工程			递延所得税负债		
工程物资			其他非流动负债		
固定资产清理			非流动负债合计	45 000	
生产性生物资产			负债合计	85 905	
油气资产			所有者权益（或股东权益）：		
无形资产			实收资本（或股本）		
开发支出			资本公积		
商誉			减：库存股		
长期待摊费用			盈余公积		
递延所得税资产			未分配利润	43 640	
其他非流动资产			所有者权益（或股东权益）合计	43 640	
非流动资产合计	48 100				
资产总计	129 545		负债和所有者权益（或股东权益）总计	129 545	

表6—16 **利润表**

编制单位：北方工厂 2013年8月 单位：元

项 目	本期金额	上期金额
一、营业收入	60 000	
减：营业成本	22 000	

续表

项　目	本期金额	上期金额
营业税金及附加		
销售费用		
管理费用	5 560	
财务费用		
资产减值损失		
加:公允价值变动收益(损失以"－"号填列)		
投资收益(损失以"－"号填列)		
其中:对联营企业和合营企业的投资收益		
二、营业利润(亏损以"－"号填列)	32 440	
加:营业外收入		
减:营业外支出		
其中:非流动资产处置损失		
三、利润总额(亏损以"－"号填列)	32 440	
减:所得税费用		
四、净利润(净亏损以"－"号填列)	32 440	
五、每股收益		
(一)基本每股收益		
(二)稀释每股收益		

五、记账凭证账务处理程序的优缺点和适用范围

记账凭证账务处理程序的优点是:账务处理程序简单明了,易于理解和运用;总账根据记账凭证逐笔登记,在总账中就能比较详细地反映经济业务的内容,便于查阅。其缺点是登记总账的工作量大。因此,这种账务处理程序适用于规模较小、业务量较少、凭证不多的企事业单位。

第三节　科目汇总表账务处理程序

一、科目汇总表账务处理程序的特点

科目汇总表账务处理程序是根据科目汇总表登记总账的账务处理程序,它是在记账凭证账务处理程序的基础上发展起来的一种账务处理程序,其主要特点是:定期根据所有的记账凭证编制科目汇总表,然后根据科目汇总表登记总分类账。

二、科目汇总表账务处理程序的凭证、账簿组织

在科目汇总表账务处理程序中,会计凭证、账簿的格式、种类与记账凭证账务处理程序基本相同,记账凭证一般采用收款凭证、付款凭证、转账凭证三种格式或通用记账凭证格式。所不同的是,在会计凭证中应当增设科目汇总表。

科目汇总表实际上也是一种记账凭证,只不过是一种汇总性的记账凭证。它是定期根据记账凭证编制的,科目汇总表的编制时间应根据各企事业单位的业务量而定,业务量较多的可以每日汇总一次,业务量较少的可以定期汇总,但一般最长间隔不超过 10 天。科目汇总表有

两种主要格式，如表 6－17、表 6－18 所示。

表 6－17 科目汇总表

年 月 日～ 月 日 编号：科汇 号

会计科目	总账页数	本期发生额		记账凭证起讫号数
		借方	贷方	
合 计				

会计主管： 记账： 复核： 出纳： 制证：

表 6－18 科目汇总表

年 月 编号：科汇 号

会计科目	总账页数	1 至 10 日		11 至 20 日		21 至 30 日		本月合计	
		借方	贷方	借方	贷方	借方	贷方	借方	贷方
合 计									

会计主管： 记账： 复核： 出纳： 制证：

科目汇总表的编制方法：

(1)填写科目汇总表的日期、编号和会计科目名称。无论采用哪种格式的科目汇总表，都是按年份顺序编号，这是为了便于登记总分类账。会计科目表上会计科目名称的排列顺序应与总账科目的序号保持一致。

(2)将需要汇总的记账凭证，按照相同的会计科目名称进行归类。

(3)将相同会计科目的本期借方发生额和本期贷方发生额分别加总，求出合计金额。应当注意的是，同一会计科目的本期借方、贷方发生额不能相互抵销。

(4)将每一项会计科目的合计发生额填入科目汇总表的相关栏目内。

(5)计算科目汇总表的本期借方发生额和本期贷方发生额的合计数，双方合计数应相等。

采用科目汇总表账务处理程序时，账簿的设置与记账凭证账务处理程序基本相同，需要设置序时账簿和分类账簿。序时账簿应设有库存现金日记账和银行存款日记账，其格式可以采用三栏式；分类账簿需要设置总分类账和各种明细分类账。总分类账的格式采用三栏式，明细分类账的格式根据需要可采用三栏式、多栏式或数量金额式等。

三、科目汇总表账务处理程序的核算步骤

科目汇总表账务处理程序的核算步骤是：

(1)根据原始凭证或原始凭证汇总表填制记账凭证；

(2)根据收款凭证、付款凭证逐笔登记库存现金日记账、银行存款日记账；

(3)根据记账凭证和原始凭证(或原始凭证汇总表)逐笔登记各种明细分类账；

(4)根据各种记账凭证每日或定期编制科目汇总表；

(5)根据科目汇总表，每日或定期登记总分类账；

(6)月终，库存现金日记账、银行存款日记账的余额，以及各种明细分类账的余额合计数，分别与总分类账中有关账户的余额核对相符；

(7)月终，根据总分类账和明细分类账资料编制财务报表。

上述核算步骤可用图6—2表示。

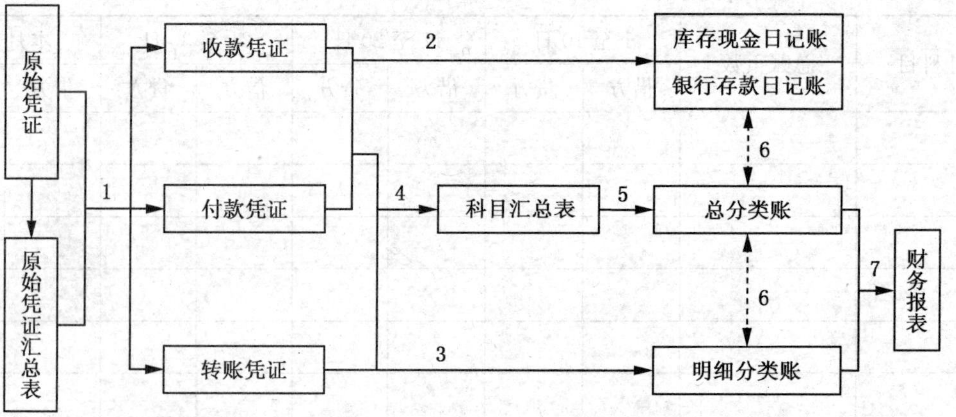

图6—2 科目汇总表账务处理程序的核算步骤

四、科目汇总表账务处理程序举例

为了更好地理解并掌握科目汇总表账务处理程序，现举例说明如下：

以[例6—1]的资料说明科目汇总表的账务处理程序。

(1)根据有关原始凭证和原始凭证汇总表编制记账凭证，参见记账凭证账务处理程序表6—2所编记账凭证。

(2)根据收款凭证、付款凭证登记库存现金日记账和银行存款日记账，参见记账凭证账务处理程序表6—3、表6—4。

(3)根据收款凭证、付款凭证、转账凭证及所附原始凭证或原始凭证汇总表登记各明细分类账，参见记账凭证账务处理程序表6—5。

(4)根据收款凭证、付款凭证、转账凭证编制科目汇总表，如表6—19、表6—20、表6—21所示。

表 6—19

科目汇总表

2013 年 8 月 1 日～8 月 10 日　　　　编号:科汇 01 号

会计科目	总账页数	本期发生额		记账凭证起讫号数
		借方	贷方	
银行存款		70 200	15 795	银付 01 银收 01 转字 01
原材料		13 500	16 000	
生产成本		16 000		
应交税费		2 295	10 200	
主营业务收入			60 000	
合　计		101 995	101 995	

会计主管:王铁　　记账:刘丹　　复核:李冰　　出纳:吴寒　　制证:蒋月

表 6—20

科目汇总表

2013 年 8 月 11 日～8 月 20 日　　　　编号:科汇 02 号

会计科目	总账页数	本期发生额		记账凭证起讫号数
		借方	贷方	
库存现金		15 000	15 000	银付 02 现付 01
银行存款			15 000	
应付职工薪酬		15 000		
合　计		30 000	30 000	

会计主管:王铁　　记账:刘丹　　复核:李冰　　出纳:吴寒　　制证:蒋月

表 6—21

科目汇总表

2013 年 8 月 21 日～8 月 31 日　　　　编号:科汇 03 号

会计科目	总账页数	本期发生额		记账凭证起讫号数
		借方	贷方	
生产成本		16 940	34 140	转字 02—09
制造费用		8 960	8 960	
应付职工薪酬			17 100	
管理费用		5 560	5 560	
累计折旧			5 400	
库存商品		34 140	22 000	
主营业务收入		60 000		
主营业务成本		22 000	22 000	
本年利润		27 560	60 000	
合计		175 160	175 160	

会计主管:王铁　　记账:刘丹　　复核:李冰　　出纳:吴寒　　制证:蒋月

(5)根据科目汇总表登记总分类账,仍以部分总分类账为例,如表 6—22 至表 6—25 所示。

表 6—22　　　　总分类账

会计科目：库存现金　　　　单位：元

2013 年		凭证号数	对方账户	摘要	借方	贷方	借或贷	余额
月	日							
8	1			期初余额			借	1 400
	20	科汇 02		1～20 日发生额	15 000	15 000		
	31			本月合计	15 000	15 000	借	1 400

表 6—23　　　　总分类账

会计科目：银行存款　　　　单位：元

2013 年		凭证号数	对方账户	摘要	借方	贷方	借或贷	余额
月	日							
8	1			期初余额			借	20 000
	10	科汇 01		1～10 日发生额	70 200	15 795		
	20	科汇 02		11～20 日发生额		15 000		
8	31			本月合计	70 200	30 795	借	59 405

表 6—24　　　　总分类账

会计科目：原材料　　　　单位：元

2013 年		凭证号数	对方账户	摘要	借方	贷方	借或贷	余额
月	日							
8	1			期初余额			借	10 000
	10	科汇 01		1～10 日发生额	13 500	16 000		
8	31			本月合计	13 500	16 000	借	7 500

表 6—25　　　　总分类账

会计科目：生产成本　　　　单位：元

2013 年		凭证号数	摘要	对方账户	借方	贷方	借或贷	余额
月	日							
8	1		期初余额				借	1 200
	10	科汇 01	1～10 日发生额		16 000			
	31	科汇 03	21～31 日发生额		16 940	34 140		
8	31		本月合计		32 940	34 140	平	0

(6)将总分类账与日记账、明细分类账核对(略)，编制总分类账户发生额及余额试算平衡表，参见记账凭证账务处理程序表 6—14。

(7)编制资产负债表和利润表，参见记账凭证账务处理程序表 6—15、表 6—16。

五、科目汇总表账务处理程序的优缺点和适用范围

科目汇总表账务处理程序的优点是：根据科目汇总表登记总分类账，可以大大减少登记总账的工作量，而且科目汇总表还能起到发生额试算平衡的作用，保证登记总账的准确性。其缺点是：科目汇总表是根据会计科目归类汇总的方式编制的，而不是根据对应科目进行汇总的，因此，不能反映各科目的对应关系，不便于分析经济业务的来龙去脉。这种账务处理程序一般适用于规模较大、经济业务量较多的大中型企事业单位。

第四节　汇总记账凭证账务处理程序

一、汇总记账凭证账务处理程序的特点

汇总记账凭证账务处理程序是根据汇总记账凭证登记总账的账务处理程序，其主要特点是：定期根据记账凭证编制汇总记账凭证，然后根据汇总记账凭证登记总分类账。汇总记账凭证账务处理程序也是在记账凭证账务处理程序的基础上发展起来的一种账务处理程序。

二、汇总记账凭证账务处理程序的凭证、账簿组织

在汇总记账凭证账务处理程序中，会计凭证除仍应设置收款凭证、付款凭证和转账凭证之外，还应编制汇总收款凭证、汇总付款凭证和汇总转账凭证。

汇总收款凭证是根据现金或银行存款的收款凭证，按库存现金或银行存款科目的借方分别设置，并按贷方科目加以归类汇总，定期（5 天或 10 天）填列一次，每月编制一张。月份终了，计算出汇总收款凭证的合计数后，分别登记库存现金或银行存款总分类账的借方，以及各个对应账户的贷方。

汇总收款凭证的格式如表 6－26 所示。

表 6－26　　汇总收款凭证

借方科目：库存现金/银行存款　　　　年　月　　　　汇收第　号

贷方科目	金　额				总账页数		记账凭证起讫号
	1 至 10 日	11 至 20 日	21 至 31 日	合计	借方	贷方	
合　计							

会计主管：　　记账：　　复核：　　出纳：　　制证：

汇总付款凭证是根据现金或银行存款的付款凭证，按库存现金或银行存款科目的贷方分别设置，并按借方科目加以归类，定期（5 天或 10 天）填列一次，每月编制一张。月份终了，计算出汇总付

款凭证的合计数后，分别登记库存现金或银行存款总分类账的贷方，以及各个对应账户的借方。

汇总付款凭证的格式如表 6－27 所示。

表 6－27 **汇总付款凭证**

贷方科目：库存现金/银行存款　　年　月　　汇付第　号

借方科目	金　额				总账页数		记账凭证起讫号
	1 至 10 日	11 至 20 日	21 至 31 日	合计	借方	贷方	
合　计							

会计主管：　记账：　复核：　出纳：　制证：

汇总转账凭证根据转账凭证按每个科目的贷方分别设置，并按对应的借方科目归类汇总，定期(5 天或 10 天)填列一次，每月编制一张。月份终了，计算出汇总转账凭证的合计数后，分别登记各有关总分类账户的借方或贷方。

汇总转账凭证的格式如表 6－28 所示。

表 6－28 **汇总转账凭证**

贷方科目：　　年　月　　汇转第　号

借方科目	金　额				总账页数		记账凭证起讫号
	1 至 10 日	11 至 20 日	21 至 31 日	合计	借方	贷方	
合　计							

会计主管：　记账：　复核：　出纳：　制证：

采用汇总记账凭证账务处理程序时，仍然需要设置序时账簿和分类账簿。序时账簿应设有库存现金日记账和银行存款日记账，其格式可以采用三栏式；分类账簿需要设置总分类账和各种明细分类账。总分类账的格式采用三栏式，明细分类账的格式根据需要可采用三栏式、多栏式或数量金额式等。

三、汇总记账凭证账务处理程序的核算步骤

汇总记账凭证账务处理程序的核算步骤是：

(1)根据原始凭证或原始凭证汇总表填制记账凭证；

(2)根据收款凭证、付款凭证逐笔登记库存现金日记账、银行存款日记账；

(3)根据记账凭证和原始凭证(或原始凭证汇总表)逐笔登记各种明细分类账；

(4)根据各种记账凭证编制汇总记账凭证；

(5)根据汇总记账凭证登记总分类账；

(6)月终，库存现金日记账、银行存款日记账的余额，以及各种明细分类账的余额合计数，分别与总分类账中有关账户的余额核对相符；

(7)月终，根据总分类账和明细分类账资料编制财务报表。

上述核算步骤可用图 6—3 表示。

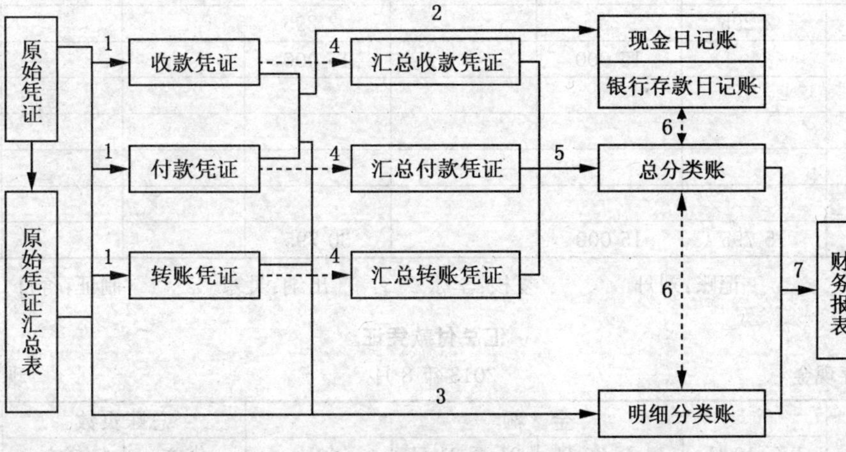

图 6—3 汇总记账凭证账务处理程序的核算步骤

四、汇总记账凭证账务处理程序举例

为了更好地理解并掌握汇总记账凭证账务处理程序，现举例说明如下：

仍以[例 6—1]的资料说明汇总记账凭证账务处理程序。

(1)根据原始凭证或原始凭证汇总表编制记账凭证，参见记账凭证账务处理程序表 6—2 所编记账凭证。

(2)根据收款凭证、付款凭证登记库存现金日记账和银行存款日记账，参见记账凭证账务处理程序表 6—3、表 6—4。

(3)根据收款凭证、付款凭证、转账凭证及所附原始凭证或原始凭证汇总表登记各明细分类账，参见记账凭证账务处理程序表 6—5。

(4)根据收款凭证、付款凭证、转账凭证编制汇总记账凭证，见表 6—29 至表 6—34 所示。

表 6－29 **汇总收款凭证**

借方科目:银行存款 2013 年 8 月 银汇收第 01 号

贷方科目	金额				总账页数		记账凭证起讫号
	1 至 10 日	11 至 20 日	21 至 31 日	合计	借方	贷方	
主营业务收入	60 000			60 000			银收 01
应交税费	10 200			10 200			银收 01
合计	70 200			70 200			

会计主管:王铁 记账:刘丹 复核:李冰 出纳:吴寒 制证:蒋月

表 6－30 **汇总付款凭证**

贷方科目:银行存款 2013 年 8 月 银汇付第 01 号

借方科目	金额				总账页数		记账凭证起讫号
	1 至 10 日	11 至 20 日	21 至 31 日	合计	借方	贷方	
原材料	13 500			13 500			银付 01
应交税费	2 295			2 295			银付 01
库存现金		15 000		15 000			银付 02
合计	15 795	15 000		30 795			

会计主管:王铁 记账:刘丹 复核:李冰 出纳:吴寒 制证:蒋月

表 6－31 **汇总付款凭证**

贷方科目:库存现金 2013 年 8 月 现汇付第 01 号

借方科目	金额				总账页数		记账凭证起讫号
	1 至 10 日	11 至 20 日	21 至 31 日	合计	借方	贷方	
应付职工薪酬		15 000		15 000			现付 01
合计		15 000		15 000			

会计主管:王铁 记账:刘丹 复核:李冰 出纳:吴寒 制证:蒋月

表 6－32 **汇总转账凭证**

贷方科目:原材料 2013 年 8 月 汇转第 01 号

借方科目	金额				总账页数		记账凭证起讫号
	1 至 10 日	11 至 20 日	21 至 31 日	合计	借方	贷方	
生产成本	16 000			16 000			转字 01

续表

借方科目	金额				总账页数		记账凭证起讫号
	1至10日	11至20日	21至31日	合计	借方	贷方	
合计	16 000			16 000			

会计主管:王铁　　记账:刘丹　　复核:李冰　　出纳:吴寒　　制证:蒋月

表 6－33　　汇总转账凭证

贷方科目:应付职工薪酬　　2013年8月　　汇转第02号

借方科目	金额				总账页数		记账凭证起讫号
	1至10日	11至20日	21至31日	合计	借方	贷方	
生产成本			7 980	7 980			转字02
制造费用			4 560	4 560			转字03
管理费用			4 560	4 560			
合计			17 100	17 100			

会计主管:王铁　　记账:刘丹　　复核:李冰　　出纳:吴寒　　制证:蒋月

表 6－34　　汇总转账凭证

贷方科目:累计折旧　　2013年8月　　汇转第03号

借方科目	金额				总账页数		记账凭证起讫号
	1至10日	11至20日	21至31日	合计	借方	贷方	
制造费用			4 400	4 400			转字04
管理费用			1 000	1 000			
合计			5 400	5 400			

会计主管:王铁　　记账:刘丹　　复核:李冰　　出纳:吴寒　　制证:蒋月

(5)根据汇总记账凭证登记总分类账,参见表6－22至表6－25。

(6)将库存现金日记账、银行存款日记账的余额,以及各种明细分类账的余额合计数分别与总分类账中有关账户的余额核对,编制总分类账户发生额及余额试算平衡表,参见表6－14。

(7)根据总分类账和明细分类账资料编制会计报表，参见表 6—15、表 6—16。

五、汇总记账凭证账务处理程序的优缺点和适用范围

汇总记账凭证账务处理程序的优点是：总分类账按汇总记账凭证登记，减少了总账登记工作量；由于在编制汇总记账凭证时是按会计科目之间的对应关系归类汇总，因此，采用这种账务处理程序能清晰地反映会计科目之间的对应关系，便于了解经济业务的来龙去脉。汇总记账凭证账务处理程序的缺点是：汇总转账凭证是按每一个贷方科目分别编制的，没有按经济业务的性质进行归类，因此，不利于日常核算工作的合理分工，并且编制汇总记账凭证的工作量较大。这种账务处理程序适用于规模较大、业务较多的企事业单位。

本章知识结构图

- 账务处理程序
  - 账务处理程序概述
    - 含义——凭证、账簿、报表的处理步骤和方法
    - 确定原则
      - 适应需要
      - 保证质量
      - 提高效率
    - 种类
      - 记账凭证账务处理程序
      - 科目汇总表账务处理程序
      - 汇总记账凭证账务处理程序
      - 多栏式日记账账务处理程序
      - 日记总账账务处理程序
  - 记账凭证账务处理程序
    - 记账凭证账务处理程序的特点
    - 记账凭证账务处理程序的凭证、账簿组织
    - 记账凭证账务处理程序的核算步骤
    - 记账凭证账务处理程序的优缺点和适用范围
  - 科目汇总表账务处理程序
    - 科目汇总表账务处理程序的特点
    - 科目汇总表账务处理程序的凭证、账簿组织
    - 科目汇总表账务处理程序的核算步骤
    - 科目汇总表账务处理程序的优缺点和适用范围
  - 汇总记账凭证账务处理程序
    - 汇总记账凭证账务处理程序的特点
    - 汇总记账凭证账务处理程序的凭证、账簿组织
    - 汇总记账凭证账务处理程序的核算步骤
    - 汇总记账凭证账务处理程序的优缺点和适用范围

复习思考题

一、单项选择题

1. 各种账务处理既有相同点，又有不同点，主要表现在（　　）的依据和方法不同。

A. 编制会计凭证　　　　B. 登记库存现金日记账和银行存款日记账

C. 登记各种明细分类账　　　　D. 登记总分类账

2. 下列账务处理程序中，最基本的账务处理程序是（　　）。

A. 多栏式日记账账务处理程序　　　　B. 汇总记账凭证账务处理程序

C. 记账凭证账务处理程序　　　　D. 科目汇总表账务处理程序

3. 采用科目汇总表账务处理程序时，登记总账的依据是（　　）。

A. 记账凭证　B. 汇总记账凭证　C. 原始凭证　D. 科目汇总表

4. 科目汇总表账务处理程序的缺点主要是不能反映(　　)。

A. 账户借方、贷方发生额　B. 账户借方、贷方余额

C. 账户对应关系　D. 账户借方、贷方发生额合计

5. 汇总收款凭证是根据现金或银行存款的收款凭证，按库存现金或银行存款科目的(　　)分别设置，并按(　　)科目加以归类汇总。

A. 借方、贷方　B. 贷方、借方　C. 借方、借方　D. 贷方、贷方

二、多项选择题

1. 以下属于科目汇总表账务处理程序的优缺点的是(　　)。

A. 总账能比较详细地反映经济业务的内容

B. 科目汇总表不能反映账户的对应关系

C. 可以大大减轻登记总账的工作量

D. 科目汇总表可起到试算平衡的作用

2. 以下属于汇总记账凭证账务处理程序的优缺点的是(　　)。

A. 汇总记账凭证的填制工作量比较大

B. 汇总记账凭证不能反映账户的对应关系

C. 减少了登记总账的工作量

D. 不利于日常核算工作的合理分工

3. 在汇总记账凭证账务处理程序下，应设置(　　)。

A. 收款凭证及付款凭证　B. 汇总收款凭证、汇总付款凭证

C. 转账凭证及汇总转账凭证　D. 库存现金日记账和银行存款日记账

4. 记账凭证账务处理程序的优缺点是(　　)。

A. 简单明了、易于理解　B. 登记总账的工作量大

C. 总账能详细反映经济业务内容　D. 不便于会计核算资料的查阅

5. 可以减少总账登记工作的账务处理程序的是(　　)。

A. 记账凭证账务处理程序　B. 汇总记账凭证账务处理程序

C. 科目汇总表账务处理程序　D. 以上都对

三、判断题

1. 记账凭证账务处理程序是账务处理程序中最基本的形式。(　　)

2. 记账凭证账务处理程序适用于规模较大、经济业务量较多的企业。(　　)

3. 编制财务会计报表不属于企业账务处理程序的组成部分。(　　)

4. 采用科目汇总表账务处理程序时，总分类账、明细分类账、日记账都根据科目汇总表登记。(　　)

5. 汇总记账凭证的特点是根据定期编制的汇总收款凭证、付款凭证、转账凭证登记总账。(　　)

6. 各种账务处理程序的主要区别在于登记总账的依据和方法不同。(　　)

四、名词解释

1. 账务处理程序　2. 记账凭证账务处理程序　3. 汇总记账凭证账务处理程序　4. 科目汇总表账务处理程序　5. 账簿组织

五、简答题

1. 简述企业应如何合理组织本单位的账务处理程序。

2. 简述科目汇总表的编制方法。

第七章　财产清查

知识目标

1. 理解财产清查的必要性和种类。
2. 着重掌握各种材料物资、货币资金和往来款项的清查方法。
3. 理解财产清查结果的业务处理和账务处理方式。

技能目标

1. 能对各种财产物资进行清查。
2. 能对财产清查的结果进行账务处理。

导入案例

迅达公司的副经理张华将企业正在使用的一台设备借给其朋友使用，未办理任何手续。清查人员在年底盘点时发现盘亏了一台设备，原价值为200 000元，已提折旧50 000元，净值为150 000元。经查，私自将设备出借属张副经理所为，于是，公司向对方单位追索。但对方声称该设备已被人偷走。当问及张副经理对此问题的处理意见时，张华建议按正常报废处理。

思考题

1. 盘亏的设备按正常报废处理是否符合会计制度要求？
2. 企业应怎样正确处理盘亏的固定资产？

第一节　财产清查的意义和种类

一、财产清查的意义

(一)财产清查的基本含义

财产清查就是通过对实物、现金的实地盘点和对银行存款、债权债务的核对，确定各项财产物资、货币资金、债权债务的实存数，并查明实存数同账存数是否相符的一种专门方法。财产清查是会计核算方法体系的一个组成部分，任何企业、单位的各项资产的增减变动及其结存情况通过凭证的正确编制与严格的审核、账簿登记与核对可以得到正确的反映。但是账簿记录的正确性，不足以说明账簿记录的真实性，即使在账证相符、账账相符的情况下，由于有多种原因可能出现资产账面结存数与实际结存数不一致，因此为了保证会计资料的真实性，必须运用财产清查的方法，对各项资产进行定期或不定期的盘点与核对，做到账实相符。

造成各种财产账实不符的原因主要有以下几个方面：

(1)在收、发各项财产的过程中，由于计量、检验不准确而发生品种、数量或质量上的差错。

(2)在财产发生增减变动时,没有填制凭证而登记入账;或者在填制凭证、登账时,发生计算上或登记上的差错。

(3)在财产的保管过程中,受到气候等自然因素影响,如风吹、日晒、雨淋等而发生自然损耗。

(4)由于保管不善或工作人员失职发生的财产残损、变质与短缺,以及货币资金、债权债务的差错。

(5)由于不法分子营私舞弊、贪污盗窃等造成的财产物资损失。

(6)因未达账项或拒付等原因而引起单位之间账账不符等。

无论以上哪一种情况造成的账实不符,都要通过财产清查发现问题并进行调整,所以财产清查对于保护企业财产的安全、完整具有十分重要的意义。

(二)财产清查的重要意义

1. 保证会计资料的真实、可靠

通过财产清查,可查明各项财产的实存数与账存数之间的差异,以及发生差异的原因及责任,及时按照规定把账存数调整为实存数,从而达到账实相符,保证会计资料的准确、可靠。

2. 保证财产物资的安全、完整

通过财产清查,可查明各项财产有无短缺、毁损、变质、贪污、盗窃等情况。对发现的问题应及时分析原因、追查责任,同时要吸取教训、改进管理工作,切实保证各项财产物资的安全与完整。

3. 健全财产物资的管理制度

通过财产清查,能够查明各项财产保管制度和财经、财务纪律的执行情况,以便及时发现问题,采取措施,进一步建立健全财产管理以及会计核算制度。

4. 促进财产物资的有效利用

通过财产清查,可查明各种财产的结存和利用情况,可发现有无储备不足、积压、闲置等情况,以便采取措施,充分挖掘物资潜力,合理有效地利用企业的各项资源;另外,还可以查明各种款项的结算情况,有无长期拖欠、拒付款项及未达账项等,以便及时发现问题,为加速资金周转、提高经济效益、加强经济管理提供依据。

二、财产清查的种类

财产清查可以按不同的标准分类。

(一)财产清查按照清查的范围不同,可分为全面清查和局部清查

1. 全面清查

全面清查是指对所有的财产进行全面的清查、盘点与核对。全面清查可以了解企业整个财产的详细情况,但由于全面清查涉及的范围大、内容广,参与的人员多、花费的时间长,因而一般涉及以下情况时需要进行全面清查:

(1)年终决算之前,为保证年终会计资料真实、正确,需要进行一次全面清查;

(2)单位撤销、合并或改变隶属关系前;

(3)中外合资、国内合资前;

(4)企业股份制改造前;

(5)开展全面的资产评估、清产核资前;

(6)局部清查单位主要领导调离工作岗位前;

(7)发生重大经济违法事件。

2. 局部清查

局部清查是指对一部分财产进行的盘点与核对。局部清查对象应根据管理需要确定，具有清查范围小、内容少、时间短、参与人员多以及专业性强等特点。一般限于流动性较大又易于损耗的物资和比较贵重的财产。一般涉及以下情况时需要进行局部清查：

(1)库存现金要每日清查一次；

(2)银行存款至少每月同银行核对一次；

(3)单位往来债权债务每年至少要核对1～2次；

(4)企业的原材料、在产品、库存商品等，除年终全部清查外，还应在年内轮流盘点或重点抽查；

(5)各种贵重财产每月至少要清查一次。

(二)财产清查按照清查的时间不同，可分为定期清查和不定期清查

1. 定期清查

定期清查是指按计划在规定的时间内对财产进行的清查，一般是在月末、季末或年终结账前进行。通过定期清查，可以在编制会计报表前发现账实不符的情况，并据以调整有关账簿的记录，使账实相符，保证会计资料的真实性。

2. 不定期清查

不定期清查是指预先不规定清查时间而临时进行的财产清查，因此，也称临时清查。不定期清查一般在以下几种情况下进行：

(1)更换财产物资和现金保管人时；

(2)财产发生非常灾害或意外损失时；

(3)有关单位对企业进行审计查账时；

(4)企业关、停、并、转，清产核资，破产清算时。

定期清查和不定期清查的范围，可以是全部清查，也可以是局部清查。

第二节　财产清查的一般程序和方法

一、财产清查的一般程序

为了保证财产清查的质量，充分发挥财产清查的作用，必须按照规定的程序，科学合理地组织清查工作。财产清查的一般程序包括准备阶段和实施阶段。

(一)财产清查的准备阶段

财产清查的准备阶段包括以下两个方面内容：

1. 组织准备

为了有组织、有计划地进行财产清查，应成立由厂长(经理)、总会计师、技术人员和保管人员组成的财产清查领导小组，负责清查工作。清查小组的任务具体包括以下工作：

(1)负责清查工作意义的宣传，提高有关人员做好清查工作的自觉性；

(2)制订清查工作计划，确定清查范围，规定清查时间和步骤；

(3)配备清查人员，落实清查人员的分工和职责；

(4)协调有关部门处理清查中出现的矛盾，检查清查工作的质量，提出清查结果的处理意见。

2. 业务准备

为了保证财产清查的质量，达到确定各项财产物资是否账实相符的目的，还必须保证清查工具的质量。为此，凡是与清查有关的工具都要在财产清查开始之前做好准备。准备的具体工作如下：

(1)为了保证财产清查的质量并确定各项财产物资是否账实相符，进而保证账簿记录的正确性，会计部门应在清查之前将截至清查日的全部经济业务登记入账，结算出总账和明细账的余额，并相互核对，做到账证相符和账账相符。

(2)为了保证财产清查工作有序、高效地进行，实物保管部门应将准备清查的各种财产分类整理清楚、排列整齐，并分别悬挂标签，详细标明实物的编号、名称、规格、结存数量等。

(3)为了保证财产清查时对实物计量的正确性，有关人员应在清查地点准备好各种必要的度量衡器具、印制有关的盘点表格等。

(二)财产清查的实施阶段

财产清查准备工作就绪，由清查人员根据各种资产的自然属性采取相应的方法对其数量与质量予以清查。为明确责任，在财产清查过程中实物保管人员必须在场并参加盘点工作，盘点结果应由清查人员填写“盘存单”，详细说明各项财产物资的编号、名称、规格、计量单位、数量、单价、金额等，并由盘点人员和实物保管人员分别签字盖章。

“盘存单”是实物盘点结果的书面证明，也是反映财产物资实存数额的原始凭证。其一般格式如表 7—1 所示。

表 7—1 盘存单

编号：

单位名称： 盘点时间：

财产类别： 存放地点：

编号	名称	规格	计量单位	数量	单价	金额	备注

盘点人签章： 实物保管人签章：

(三)总结阶段

盘点完毕，会计部门应根据“盘存单”上所列物资的实际结存数与账面结存记录进行核对，发现某些财产物资账实不符时，应填制“实存账存对比表”，确定财产物资盘存或盘亏的数额。“实存账存对比表”是财产清查的重要依据，其一般格式如表 7—2 所示。

表 7—2 实存账存对比表

单位名称： 年 月 日

编号	类别及名称	计量单位	单价	实存		账存		对比结果				备注
				数量	金额	数量	金额	盘盈		盘亏		
								数量	金额	数量	金额	

复核人： 编制人：

二、财产清查的方法

由于企业财产种类较多且各有特点，因而在清查时要采用不同的方法。

(一)实物资产的清查方法

(1)实地盘点法，即到实物保管现场，通过点数、过磅、尺量等方法来确定实物的实存数量的方法；在清查工作中，为了清查方便，凡是可以通过实地盘点的财产物资应尽量用标准器具详细计量，并在事前按“五五”堆码等方法进行堆放。这种方法适用于机器设备、包装好的原材料和产成品等的清查。

(2)技术测定法，即将实物整理成近似某种几何体，然后测量出体积，据以计算出实物数量的方法，例如散装的饲料、化肥、皮棉等。

(3)抽样盘存法，即对于那些价值小、数量多、质量比较均匀的财产物资，在不便于逐一点数时，可以测算其总体积或总重量，再抽样盘点单位重量和单位体积，然后测算出其总数的方法。

(二)货币资金的清查方法

1. 库存现金的清查方法

库存现金的清查方法应采用实地盘点法，先通过盘点库存现金的实有数，再与库存现金日记账的余额进行核对，以查明账实是否相符。库存现金清查包括以下两种情况：一种是由出纳人员每日清点库存现金的实有数，并与库存现金日记账的结余数相核对，这种经常性的现金清查工作是出纳人员的职责。在实行严格的内部控制制度的情况下，这种方法也是比较省时、省力、确有成效的清查方法。但在管理岗位责任制不严格的情况下，仅仅采用这种方法尚不够严密，容易出漏洞。另一种是在实际工作中，除了由出纳人员对库存现金进行经常性清查外，还应由清查小组对库存现金进行定期或不定期清查。清查时，出纳人员必须在场，现金由出纳人员经手盘点，清查人员从旁监督。同时，清查人员还要认真审核现金收付凭证和有关账簿，检查账务处理是否合理合法、账簿记录有无错误，以确定账存数与实存数是否相符。对于临时挪用和借给个人的现金，不允许以白条收据抵充；对于超过银行核定限额的现金，在送存之前应严格核算与清查；对于坐支现金，不得超过银行审批的范围和定额，更不允许任意坐支。在进行库存现金清查之前，出纳人员应将有关先前的收入、支出的业务凭证全部登记入账，并结出余额，作为核对现金实存数量与账存数量是否相符的依据。清查结束后，应根据清查结果填制“库存现金盘点表”，其一般格式如表 7－3 所示。

表 7－3　　库存现金盘点表

单位名称：　　年　月　日

实存余额	账存余额	对比结果		备注
		盘盈	盘亏	

盘点人员签章：　　出纳人员签章：

2. 银行存款的清查方法

银行存款的清查方法与实物和库存现金的清查方法不同，它是采取与银行核对账目的方法进行的。核对前应把截至清查日的所有银行存款的收付业务登记入账，并结出余额。然后应将单位银行存款日记账上的每一笔收支业务与银行对账单逐笔核对，不仅要核对金额，更重要的是核对结算凭证的种类、号数是否相等。对于核对相等的业务记录应用铅笔在双方的账目上画"√"或其他标志；如发现错账、漏账，应查清原因并及时更正。但有时即使在双方记账均无差错的情况下，也往往会出现双方的余额不相一致的情况。这是由于存在未达账项所引起的。

所谓未达账项，是指企业与银行之间由于凭证传递上的时间差，一方已收到结算凭证并已登记入账，而另一方尚未收到结算凭证所以尚未登记入账的款项。具体有以下四种情况：

(1)企业已收、银行未收的款项。如企业销售产品收到支票，送存银行后即可根据银行盖章退回的"进账单"回单联登记银行存款的增加，而银行则要等款项收妥后才能登记增加，如果此时对账，就形成了企业已收款入账而银行尚未收款入账的款项。

(2)企业已付、银行未付的款项。如企业开出一张支票支付购料款，可根据支票存根、发票及收料单等登记银行存款的减少，而这时银行由于未接到支付款项的凭证而尚未登记银行存款减少，如果此时对账，就形成了企业已付款入账而银行尚未付款入账的款项。

(3)银行已收、企业未收的款项。如外地某单位给企业汇来货款，银行收到汇款单后，登记企业银行存款增加，企业由于未收到汇款凭证尚未登记银行存款增加，如果此时对账就形成了银行已收款入账而企业尚未收款入账的款项。

(4)银行已付、企业未付的款项。如银行代企业支付款项，银行已取得支付款项的凭证而登记银行存款的减少，企业由于未接到凭证而尚未登记银行存款减少，如果此时对账，就形成了银行已付款入账而企业尚未付款入账的款项。

如果是由于未达账项导致账单余额不符，则应编制"银行存款余额调节表"来检验调整后的账面余额是否相等。编制"银行存款余额调节表"的依据是银行对账单上"银行存款余额"与"企业银行存款日记账"账面余额及未达账项之间的关系，消除未达账项的影响后，双方银行存款的余额应该相等，并且是企业当时实际可以动用的款项。其计算公式如下：

企业银行存款日记账余额＋银行已收企业未收款项－银行已付企业未付款项＝银行对账单余额＋企业已收银行未收款项－企业已付银行未付款项

[例7－1] 某公司2013年6月30日银行存款日记账余额为57 000元，该公司银行存款日记账如表7－4所示；银行对账单余额为155 800元，银行存款对账单如表7－5所示。

表7－4　　　　银行存款日记账　　　　单位：元

2013年		凭证号	摘要	对方科目	借方	贷方	余额
月	日						
6	1		期初余额				150 000
6	3		偿还欠款	略		40 000	110 000
6	5	略	收回欠款	略	37 000		147 000
6	12	略	存入销货款	略	35 000		182 100
6	18	略	提取现金	略		50 000	132 100
6	26	略	购买材料	略		17 000	115 100
6	29	略	收到销货款	略	20 000		135 100

续表

2013年		凭证号	摘要	对方科目	借方	贷方	余额
月	日						
6	30	略	开出支票偿还宏图公司购料款	略		35 100	100 000
6	30	略	开出支票购入设备一台	略		43 000	57 000

表 7—5 银行存款对账单 单位:元

2013年		摘　要	结算凭证		存入	支出	余额
月	日		种类	号数			
6	1	期初余额					150 000
6	3	付甲公司	转支	54		40 000	110 000
6	5	收乙公司	委收		37 000		147 000
6	12	存入销货款	进账单		35 100		182 100
6	18	付现金	现支	42		50 000	132 100
6	26	付丁单位	转支	56		17 000	115 100
6	30	支付电费	托收			24 300	90 800
6	30	托收款划回	托收		65 000		155 800

要求:将“银行存款日记账”与“银行存款对账单”进行核对,编制“银行存款余额调节表”,如表 7—6 所示。

表 7—6 银行存款余额调节表

2013 年 6 月 30 日 单位:元

项　目	金额	项　目	金额
企业银行存款日记账余额	57 000	银行对账单余额	155 800
加:银行已收企业未收款	65 000	加:企业已收银行未收款	20 000
减:银行已付企业未付款	24 300	减:企业已付银行未付款	78 100
调节后的余额	97 700	调节后的余额	97 700

需要说明的是,如果调整后双方银行存款账面余额相符,则说明企业银行存款账实相符,否则应继续检查。另外,未达账项并非错账,并不需要根据“银行存款余额调节表更改账簿”记录,对于未达账项也不需要立即做账务处理。“银行存款余额调节表”只是清查的一种方式,不能作为账务处理的原始依据,通常作为清查资料与“银行对账单”一并附在当月“银行存款日记账”后保存。对于银行已入账而企业未入账的未达账项,应在收到有关原始凭证后,才能据以编制记账凭证,登记入账。

(三)存货的清查

存货的清查通常采用实地盘点法,其一般的清查程序如下:

(1)盘点前将存货的有关账簿结出余额。

(2)进行实地盘点。盘点人员到现场,通过点数、过秤、尺量等适当的技术方法来确定存货的实存数,根据盘点结果填入存货“盘存单”,并由盘点人员和存货保管员签字或盖章。为了明确经济责任，盘点时存货保管员必须在场，并参加盘点工作。“盘存单”是记录各项存货实存数量的书面证明，也是财产清查工作的原始凭证之一。“盘存单”的一般格式如表 7—1 所示。

(3)编制实存账存对比表。为了进一步查明实存数与账存数是否一致，在盘点出各种实物的实存数后，会计人员应根据盘存单和账簿记录编制“实存账存对比表”，以分析实存数和账面数之间的差异，明确经济责任。此表是调整账簿记录的原始凭证，其一般格式如表 7—2 所示。

表 7—2 中的“实存”栏的数量和金额，应根据盘存单记录填列；“账存”栏中的数量和金额，应根据各种存货明细账的余额填列。账存数小于实存数时，对比结果填列在“盘盈”栏内；反之，填列在“盘亏”栏内。盘盈、盘亏的原因则在“备注”栏内注明。

(四)债权、债务的清查

对于债权、债务各项目的清查，应采取函证核对法进行清查。在保证本单位所记账目正确完整的基础上，再编制“往来款项对账单(询证函)”，寄往各往来单位进行核对。“询证函”一式两联，其中一联作为回单联，对方单位核对后退回，盖章表示核对相等；如不相等则在回单联上注明不符情况，或另抄对账单寄回。往来款项对账单格式如参考格式 7—1 所示：

参考格式 7—1　　　　**往来款项对账单(询证函)**

____××____单位：

你单位 2013 年 6 月 15 日到我厂购入甲产品 300 件，已付货款 30 000 元，尚有 10 000 元货款未付，请核对后将回单联寄回。

××单位：(盖章)

2013 年 12 月 26 日

沿此虚线剪开，将以下回单联寄回！

往来款项对账单(回单联)

____××____单位：

你单位寄来的“往来款项对账单”已收到，经核对相符无误。

××单位：(盖章)

2013 年 12 月 31 日

应付、应收款项清查完毕后，应根据清查的结果编制“往来款项清查表”，填列各项债权、债务的余额。“往来款项清查表”的一般格式如表 7—7 所示。

表 7—7　　　　**往来款项清查表**

总分类账户名称：　　　　年　月　日

明细分类账		清查结果		核对不符原因分析			备注
账户名称	账面余额	相符金额	不符金额	未达账项金额	有争议款金额	其他	

清查人员签章：　　　　记账人员签章：

(五)固定资产的清查

固定资产的清查与存货一样，一般采用实地盘点法。进行固定资产盘点时，其保管人员必须在场。对各项固定资产盘点的结果，应逐一如实地登记在“盘存单”上，并由参加盘点的有关人员和保管人员同时签章生效。盘点完毕，将“盘存单”中所记录的实存数和账存数余额进行对比，发现某些固定资产账实不符时，填列“实存账存对比表”，确定固定资产盘盈或盘亏数额。

进行固定资产清查，不仅应查明账实是否相符，还需进一步检查固定资产的使用、保管和维修情况，以便采取措施，改进固定资产管理，发挥其效能。

第三节　财产清查结果的账务处理

一、财产清查结果的账务处理步骤

（一）核准数字，查明原因，提出处理方法

根据财产清查的情况，核准各项财产物资的盘亏、盘盈数，分析差异产生的原因，明确经济责任，提出处理方法，按照规定程序报经有关部门审批后，予以认真处理。

（二）调整账簿记录，保证账实相符

在核准数字、查明各种差异的性质和原因的基础上，根据“实存账存对比表”编制记账凭证，并据以入账，做到账实相符。

（三）根据批复处理意见，编制记账凭证，据以入账，予以核销

根据财产物资差异的性质和原因，报经有关部门批准后取得批复处理意见，编制记账凭证，据以登记入账，予以核销。

二、财产清查结果的账务处理的具体方法

设置“待处理财产损溢”账户。“待处理财产损溢”账户是用来核算企业在财产清查过程中查明的各种财产盘盈、盘亏和毁损价值的账户。在该账户下应设置“待处理固定资产损溢”和“待处理流动资产损溢”两个明细分类账户进行明细核算。该账户的结构如表 7—8 所示。

表 7—8　待处理财产损溢

登记各种财产盘亏、毁损数， 按规定程序批准的盘盈转销数	登记各种财产的盘盈数， 按规定程序批准的盘亏、毁损转销数
反映企业尚未处理的各种财产的净损失	企业尚未处理的各种财产的净溢余

期末处理后，该账户应无余额。现举例说明财产清查结果的账务处理方法。

（一）库存现金清查结果的账务处理

［例 7—2］　某公司在清查盘点现金时发现短缺 800 元，其中，500 元系由出纳员过失造成，300 元系无法查明的其他原因造成。

财产清查中发现现金短缺应先调整账簿记录，做到账实相符，根据“库存现金盘点表”做会计分录如下：

借：待处理财产损溢——待处理流动资产损溢　　800

　　贷：库存现金　　800

上述现金短缺经董事会批准后予以转销。根据批准文件，短缺现金应由出纳员赔偿 500 元，其余 300 元记入“管理费用”账户，做会计分录如下：

借:其他应收款——应收现金短缺(××出纳员) 500
　管理费用 300
　　贷:待处理财产损溢——待处理流动资产损溢 800

注:若现金的短缺属于保险公司赔款则记入“其他应收款——应收保险赔款”。现金的溢余属无法查明原因的转入“营业外收入”,属于应支付给有关人员或单位的,应转入“其他应付款——应付现金溢余(某单位或某人)”。

[例7—3] 某企业某月在财产清查中发现长款280元。

借:库存现金 280
　　贷:待处理财产损溢——待处理流动资产损溢 280

经反复核查,未查明原因,报经批准作“营业外收入”处理。

借:待处理财产损溢——待处理流动资产损溢 280
　　贷:营业外收入 280

(二)存货清查结果的账务处理

[例7—4] 某公司在清查盘点存货时,发生盘亏A材料100千克,单位成本350元。

1. 在清查中发现盘亏材料,在报经批准前应先调整账面记录,使账实相符,根据“实存账存对比表”做会计分录如下:

借:待处理财产损溢——待处理流动资产损溢 35 000
　　贷:原材料——A材料 35 000

2. 上述盘亏的材料,报批准后予以转销。材料盘亏,报经董事会批准后分别作如下处理:

(1)材料短缺800元由过失人赔偿。

(2)由于非常灾害造成的材料毁损32 000元,列入“营业外支出”。

(3)由于经营不善以及定额内的损耗造成的材料短缺分别为1 200元和1 000元,列入“管理费用”。

根据上述处理意见,做会计分录如下:

借:其他应收款——应收材料短缺 800
　营业外支出 32 000
　管理费用 2 200
　　贷:待处理财产损溢——待处理流动资产损溢 35 000

[例7—5] 财产清查中,盘盈原材料B材料100千克,单位成本80元。

1. 财产清查中,发现材料盘盈应先调整账面记录,做到账实相符,根据“实存账存对比表”做会计分录如下:

借:原材料——B材料 8 000
　　贷:待处理财产损溢——待处理流动资产损溢 8 000

2. 经查明,B材料的盘盈是由于计量不准造成的,经董事会批准,直接冲减期间费用并记入“管理费用”账户,根据批准文件做会计分录如下:

借:待处理财产损溢——待处理流动资产损溢 8 000
　　贷:管理费用 8 000

(三)固定资产清查结果的账务处理

[例7—6] 某公司在财产清查中发现短缺设备一台,原价80 000元,已提折旧20 000元。

1. 发现盘亏固定资产,报经批准前应先调整账面记录。应做会计分录如下:

借:待处理财产损溢——待处理固定资产损溢　　60 000
　　累计折旧　　20 000
　　贷:固定资产　　80 000

2. 经董事会批准,盘亏设备作“营业外支出”处理,根据批准文件做会计分录如下:

借:营业外支出　　60 000
　　贷:待处理财产损溢——待处理固定资产损溢　　60 000

[例 7—7]　某公司在财产清查中,发现账外设备一台,其重置价值为 68 000 元,已提折旧 20 000元。

1. 发现固定资产盘盈时,先根据“实存账存对比表”调整账簿记录,然后按现行《企业会计制度》规定,“盘盈固定资产,按同类或类似固定资产的市场价格,减去按该项资产的新旧程度估计的价值损耗后的余额作为入账价值”。这笔经济业务应做会计分录如下:

借:固定资产　　48 000
　　贷:待处理财产损溢——待处理固定资产损溢　　48 000

2. 上述盘盈的设备,报经批准后予以转销。

企业盘盈的固定资产报经董事会批准后,应按净值转作“营业外收入”处理。根据批准文件做会计分录如下:

借:待处理财产损溢——待处理固定资产损溢　　48 000
　　贷:营业外收入　　48 000

(四)往来款项清查结果的账务处理

企业无法收回的应收款和无法支付的应付款,在报经批准后,按规定的方法进行会计处理,不需通过“待处理财产损溢”账户。

[例 7—8]　某企业应收华夏公司账款10 000元,已确认无法收回,转作坏账损失。

借:坏账准备(管理费用)　　10 000
　　贷:应收账款　　10 000

[例 7—9]　某企业应付章盛公司的账款5 000元,由于对方公司注销,已确认无法支付。

借:应付账款——章盛公司　　5 000
　　贷:资本公积　　5 000

本章知识结构图

- 财产清查
  - 财产清查的意义和种类
    - 财产清查的意义
    - 财产清查的种类
  - 财产清查的一般程序和方法
    - 财产清查的一般程序
    - 财产清查的方法
  - 财产清查结果的账务处理
    - 财产清查结果的账务处理步骤
    - 财产清查结果的账务处理的具体方法

复习思考题

一、单项选择题

1. 一般而言，单位撤销、合并时要进行（　　）。

A. 实地盘点　　B. 全面清查　　C. 局部清查　　D. 技术推算

2. 在记账无误的情况下，造成银行存款日记账和银行对账单不一致的原因是（　　）。

A. 未达账项　　B. 应付账款　　C. 其他应收款　　D. 银行存款

3. 企业财产清查后，据以填制待处理财产盘盈、盘亏记账凭证的原始凭证是（　　）。

A. 材料物资出库单　　B. 材料物资入库单

C. 实存账存对比表　　D. 盘点表

4. 下列项目清查应采用函证法的是（　　）。

A. 库存现金　　B. 原材料　　C. 短期投资　　D. 应付账款

5. 对实物资产进行逐一清查核对，确定其实存数的方法是（　　）。

A. 实地盘存制　　B. 永续盘存制　　C. 技术推算法　　D. 实地盘点法

6.“待处理财产损溢”账户贷方余额表示（　　）。

A. 尚待处理的盘亏和毁损数　　B. 尚待处理的盘盈数

C. 已处理的盘亏和毁损数　　D. 已处理的盘盈数

7. 某建筑工地耗用的沙石在清查时，应采取的方法是（　　）。

A. 函证法　　B. 技术推算法　　C. 抽样检验法　　D. 实地盘存制

8. 对于盘盈的固定资产，在批准处理前应贷记（　　）。

A.“以前年度损益调整”账户　　B.“管理费用”账户

C.“营业外支出”账户　　D.“待处理财产损溢”账户

二、多项选择题

1. 清查按范围不同，可将财产清查分为（　　）。

A. 定期清查　　B. 不定期清查　　C. 全面清查　　D. 局部清查

2. 全面清查的时间一般是（　　）。

A. 年度终了　　B. 改变隶属关系

C. 清产核资时　　D. 中外合资或国内联营

3. 局部清查的对象一般有（　　）。

A. 库存现金　　B. 材料　　C. 产成品　　D. 实收资本

4. 编制“银行存款余额调节表”时，计算调节后余额应用企业“银行存款日记账”余额（　　）。

A. 减银行未入账企业已入账的支出款项

B. 加银行未入账企业已入账的收入款项

C. 减企业未入账银行已入账的支出款项

D. 加企业未入账银行已入账的收入款项

5. 下列经济业务发生时，应记入“待处理财产损溢”账户借方的是（　　）。

A. 盘盈固定资产　　B. 盘亏固定资产

C. 发生坏账损失　　D. 结转已批准处理的固定资产盘盈数

三、判断题

1. 未达账项是银行存款记账过程中形成的错账，需调整后才能入账。（　　）

2.“银行存款余额调节表”只起对账作用，不能登记有关账簿。（　　）

3. 对于银行已经入账本单位尚未入账的未达账项，应在收到有关原始凭证后，才能据以编制记账凭证，登记入账。（　　）

4. 定额内损耗的存货应记入“营业外支出”账户核算。（　　）

5. 经批准确实无法偿付的应付账款直接记入“资本公积”账户。 ( )

6. 企业无法收回的应收账款不通过“待处理财产损溢”账户进行处理。 ( )

四、名词解释

1. 财产清查 2. 实地盘点法 3. 定期清查 4. 不定期清查 5. 未达账项

五、简答题

1. 造成账实不符的原因有哪些？财产清查的意义是什么？

2. 怎样进行库存现金和银行存款的清查？

第八章　财务会计报告

知识目标

1. 了解财务会计报告的作用及构成。
2. 理解掌握各种会计报表的作用、构成内容及编制原则和要求。

技能目标

1. 掌握编制会计报表的方法。
2. 正确编制各种会计报表。

导入案例

如果你手中有暂时闲置的资金准备进行股票投资，那么你如何判断究竟哪家公司值得你投资呢？怎样知道你的投资决策是否正确？当你要做重要经济决策时，你最需要了解哪些方面的信息呢？

第一节　财务会计报告概述

一、财务会计报告的概念及其作用

（一）财务会计报告的概念

财务会计报告是企业对外提供财务会计信息的最主要形式，编制财务会计报告是会计核算的一种专门方法，也是会计核算的结果和最后环节。新《企业会计准则——基本准则》第四十四条规定："财务会计报告是指企业对外提供的反映企业某一特定日期的财务状况和某一会计期间的经营成果、现金流量等会计信息的文件。财务会计报告包括财务报表及其附注和其他应当在财务会计报告中披露的相关信息和资料。"其中，财务报表是财务报告的主要部分，是企业会计信息来源之一；财务报告是在财务报表的基础上逐步拓展形成的，其涵盖财务报表，能提供较财务报表更为广泛的企业信息。

在会计核算中，企业单位通过设置和登记账簿，全面、连续、系统地记录企业所发生的各项经济业务，借以反映企业经济活动情况和实行会计监督。但是，会计账簿是按每一个账户来记录特定的经济内容，因此，这些分散记录于各账户的资料不能清晰地反映其经济指标的内在联系；此外，会计账簿也不便于会计职能部门以外的其他部门使用，更无法将账簿提供给本单位以外的有关部门或人员使用。因此，在会计工作中还必须通过编制财务会计报告这一专门的会计核算方法，以特定的形式综合、全面地反映会计主体财务状况、经营成果和现金流量的各项指标，为投资者、债权人、政府及相关机构、单位管理人员、社会公众等财务会计报告的使用者进行决策时提供会计信息。

(二)财务会计报告的作用

1. 为企业加强和改善经营管理提供信息资料

企业的管理当局及各职能部门的经营人员可以从财务会计报告中了解本单位的经济活动、财务状况和经营成果的全面情况,考核分析财务计划和预算的完成情况,以便发现问题、改进管理,从而达到加强经济核算、强化财务管理、提高经济效益的目的。

2. 为投资者和债权人进行投资决策提供依据

投资者最关心的是投资报酬和投资风险,投资者在投资之前需了解企业的资金状况和经济活动情况,以做出正确的投资决策;投资后,需了解投资企业的经营成果、资金使用状况以及支付资金报酬情况的信息资料。因此,财务会计报告为投资者提供了必要的信息资料,帮助其进行合理的投资决策,金融机构债权人、供应商及其他商业债权人可以利用会计报告所提供的相关信息资料,以便做出正确的信贷和赊销决策。

3. 有利于国家经济管理部门进行宏观调控和综合管理

国家财政、税务机关和审计部门通过财务会计报告可以检查企业是否严格遵守国家规定的财务制度和财经纪律;检查企业资金运用情况和利润形成与分配情况;检查企业各种税费的缴纳情况。因此,财务会计报告为政府进行宏观管理和调控提供了决策依据,便于国家制定经济政策,加强宏观调控和综合管理。

二、财务报表的构成

财务报表是对企业财务状况、经营成果和现金流量的结构性表述,是财务报告的主要部分,是企业会计信息的重要来源。财务报表至少应当包括下列组成部分。

1. 资产负债表;
2. 利润表;
3. 现金流量表;
4. 所有者权益(或股东权益)变动表;
5. 附注。

三、财务报表的编制要求

(一)财务报表编制的一般要求

各单位要在结账、对账和财产清查的基础上,以登记完整、核对无误的会计账簿记录为主要依据,编制财务会计报告。为了保证财务会计报告的质量,企业编制财务会计报告时要做到:

1. 内容完整

企业财务报表要提供全面的会计信息,不得少报、漏报。对于应当填列的项目,都应填报齐全;对于一些重要信息,应以适当形式予以披露。

2. 计算准确

财务报表要做到数字准确,不得用估计数代替实际数。企业应当依照国家统一的会计制度规定,对会计报表中各项会计要素进行合理的确认和计量,不得随意改变会计要素的确认和计量的标准。

3. 数据真实

财务报表反映的各种数据要真实、准确，不得弄虚作假、掩盖真相。任何组织或者个人不得授意、指使、强令企业编制和对外提供虚假的或者隐瞒重要事实的财务会计报告。会计报表之间以及会计报表各项目之间，凡有对应关系的数字，应当相互一致；会计报表中本期与上期的有关数字应当相互衔接。

4. 编报及时

财务报表必须按照国家和有关部门规定的期限和程序及时编制。财务报表所提供的会计资料有很强的时效性，如果编报不及时，很有可能就会失去它应有的价值，所以财务报表必须按规定时间和报送方式，及时转送相关部门。一般情况下，月度会计报告应于月份终了后 6 天内报出(节假日顺延，下同)；季度会计报告应于季度终了后 15 天内报出；半年度会计报告应于年度中期结束后 60 天内报出；年度会计报告应于年度终了后 4 个月内报出。

(二)财务报表编制的原则性要求

1. 企业应当以持续经营为基础，根据实际发生的交易或事项，按照《企业会计准则》的规定进行确认和计量，在此基础上编制财务报表。

2. 财务报表项目的列报应当在各个会计期间保持一致，不得随意变更，但存在下列情况的除外。

(1)《企业会计准则》要求改变财务报表项目的列报；

(2)企业经营业务的性质发生重大变化后，变更财务报表项目的列报能够提供更可靠、更相关的会计信息。

3. 在编制财务报表过程中，企业应当考虑报表项目的重要性。

4. 财务报表中资产项目和负债项目的金额、收入项目和费用项目的金额不得相互抵销，其他另有规定的除外。

5. 当期财务报表的列报，至少应当提供所有列报项目上一可比会计期间的比较数据，以及与理解当期财务报表相关的说明，但其他《企业会计准则》另有规定的除外。如资产负债表中的“期末余额”与“年初余额”；利润表中的“本期金额”和“上期金额”；等等。

6. 企业应当在财务报表的显著位置至少披露下列各项：

(1)编报企业的名称；

(2)资产负债表日或财务报表涵盖的会计期间；

(3)人民币金额单位；

(4)财务报表是合并财务报表的，应当予以标明。

7. 企业至少应当按年编制财务报表。年度财务报表涵盖的期间短于 1 年的，应当披露年度财务报表的涵盖期间，以及短于 1 年的原因。

第二节　资产负债表

一、资产负债表的概念及其作用

(一)资产负债表的概念

资产负债表是反映企业某一特定日期财务状况的报表。它是根据会计恒等式“资产＝负债＋所有者权益”，按照一定的分类标准和一定的顺序，把企业在一定日期的资产、负债、所有者权益各项目予以适当排列，并对在日常工作中所形成的大量数据进行高度浓缩整理后编制而成的。

企业的财务状况会随着企业经济业务的开展而不断变化，而资产负债表只反映会计期末或编报日等特定时点的财务状况，同一企业不同日期的资产负债表所反映的财务状况也各不相同，因此，该表是反映企业静态财务状况的一种基本报表，一般要求按月、按年编制。

（二）资产负债表的作用

资产负债表是会计报表分析的主要信息来源，是进行各项经济活动分析的基础。它对于一切会计信息使用者都具有十分重要的作用。

（1）通过资产负债表可以提供某一日期资产的总额，表明企业拥有的经济资源及其分布情况、资产的质量、资产结构安排的合理性等，是分析企业生产经营能力的重要资料；经营者据此可以分析企业资源分布是否合理。

（2）通过资产负债表可以反映某一日期的负债总额、举债程度、债务结构安排的合理性、财务风险大小等，是分析企业偿债风险的重要资料；债权人据此可以评价企业资本结构是否合理和财务风险的大小。

（3）通过资产负债表可以反映所有者权益的构成情况、投资者及其投资比例构成等，是分析所有者权益结构情况的重要资料；可以反映负债和所有者权益之间的权益结构情况及其合理性；可以为资产结构、偿债能力、营运能力等财务信息的分析、预测、评价提供所需的基本资料。投资者和债权人据此可以评价企业的支付能力和偿债能力，并做出相应的投资决策。

（4）通过资产负债表前后期的对比分析，经营者、投资人、债权人据此可以分析企业未来的财务发展趋势。

二、资产负债表的结构和内容

（一）资产负债表的设计原理

资产负债表的基本理论依据是会计恒等式"资产＝负债＋所有者权益"。在这一等式中，负债和所有者权益都是对企业总资产的一种要求权，并且在要求权的行使上，单就索偿来说，负债总是优先于所有者权益。因此，在设计资产负债表时，资产是负债和所有者权益要求权的基本条件，应先予分类排列，然后再按对资产要求权的顺序先排列负债，后排列所有者权益，从而使资产、负债和所有权益的相互关系能在资产负债表中得到充分体现。

（二）资产负债表的项目排列

根据资产负债表的设计原理，结合会计信息使用者对资产负债表各项目内容需求的重要性，以及各项目内容的变化特性，对资产、负债和所有者权益三部分中的各项目排列分别有以下要求：

1. 资产项目的排列

资产根据流动性的强弱、周转运动的快慢以及变现能力的强弱，可分为流动资产和非流动资产。企业在正常经营中，其效益的好坏在很大程度上取决于流动资产周转的快慢，因此，无论是企业的经营者还是外部的利害关系者，首先关心的是流动资产。根据这一基本原理，在资产排列上，应先排列流动资产，后排列非流动资产。在每部分资产中，人们进一步关心的具体项目，则应按其变现能力的强弱来排序。例如，在流动资产中，"库存现金""银行存款"等货币资金，流动性最强，且无须变现，可在生产经营中随时支用，所以，货币资金总是排列在资产类的最前面。

2. 负债项目的排列

负债根据偿还期限的长短，有流动负债和非流动负债之分，在还款顺序上也是先还流动负债，后还非流动负债，因此，负债项目的排列也应是流动负债在前，非流动负债在后，并且每部分还应按偿还的先后顺序具体排列各项目。例如，流动负债中"短期借款"始终都是最先要求偿还的，因此，总是排在负债的最前面。

3. 所有者权益项目的排列

所有者权益有"实收资本""资本公积""盈余公积""未分配利润"之分，在这些权益中起根本性作用的是"实收资本"，因此，所有者权益各项目应按其作用大小排列顺序。

（三）资产负债表的结构

资产负债表一般由表头、表体、表尾三部分组成，表头部分列示报表的名称、编制单位、编报时间、报表编号、货币单位；表体部分是资产负债表的主体和核心，主要列示资产、负债、所有者权益项目；表尾部分主要是对表体内容的补充说明，它提供企业和有关部门需要了解的有关指标的详细内容。

资产负债表的格式一般有两种，即账户式资产负债表和报告式资产负债表。

1. 账户式资产负债表

账户式资产负债表是根据"资产＝负债＋所有者权益"这一会计恒等式，以等号为界，将资产项目列在表的左方，负债和所有者权益项目列在表的右方，且资产项目的余额一般在借方，负债和所有者权益项目的余额一般在贷方，从而就形成了借贷记账法下"T"型账户的基本格式，并且通过左右两方"资产总计"和"负债及所有者权益总计"应相等来检验资产负债表编制的正确性。《企业会计准则第 30 号——财务报表列报》对一般企业资产负债表的内容格式规范如表 8－1 所示。

表 8－1 资产负债表

会企 01 表

编制单位： 年 月 日 单位：元

资产	期末余额	年初余额	负债和所有者权益（或股东权益）	期末余额	年初余额
流动资产：			流动负债：		
货币资金			短期借款		
交易性金融资产			交易性金融负债		
应收票据			应付票据		
应收账款			应付账款		
预付款项			预收款项		
应收利息			应付职工薪酬		
应收股利			应交税费		
其他应收款			应付利息		
存货			应付股利		
一年内到期的非流动资产			其他应付款		
其他流动资产			一年内到期的非流动负债		

续表

资产	期末余额	年初余额	负债和所有者权益(或股东权益)	期末余额	年初余额
流动资产合计			其他流动负债		
非流动资产:			流动负债合计		
可供出售金融资产			非流动负债:		
持有至到期投资			长期借款		
长期应收款			应付债券		
长期股权投资			长期应付款		
投资性房地产			专项应付款		
固定资产			预计负债		
在建工程			递延所得税负债		
工程物资			其他非流动负债		
固定资产清理			非流动负债合计		
生产性生物资产			负债合计		
油气资产			所有者权益(或股东权益):		
无形资产			实收资本(或股本)		
开发支出			资本公积		
商誉			减:库存股		
长期待摊费用			盈余公积		
递延所得税资产			未分配利润		
其他非流动资产			所有者权益(或股东权益)合计		
非流动资产合计					
资产总计			负债和所有者权益(或股东权益)总计		

采用账户式资产负债表充分展现了"资产"与"负债和所有者权益"的等量关系,也便于检验编制过程的正确性。所以,世界各国一般都习惯于采用这种格式。我国《企业会计准则》规定,企业的资产负债表采用账户式结构。

2. 报告式资产负债表

报告式资产负债表采用资产、负债、所有者权益从上到下、依次垂直排列的方式,上面列示资产项目,下面列示负债和所有者权益项目,报告式资产负债表的参考格式如表 8-2 所示。

表 8-2 **资产负债表(报告式)**

会企 01 表

编制单位: 年 月 日 单位:元

项 目	金 额
资产:	
流动资产	

续表

项　目	金　额
非流动资产	
固定资产	
无形资产	
其他资产	
资产合计	
负债：	
流动负债	
长期负债	
负债合计	
所有者权益：	
实收资本	
资本公积	
盈余公积	
未分配利润	
所有者权益合计	

采用报告式，虽然便于按顺序阅读，也便于根据需要将各部分的内容进行组合排列，但是在内容较多的情况下，报表将会显得过长，不便于存放。所以，这种格式我国已不采用。

三、资产负债表的编制方法

资产负债表各项目均需要填列“年初余额”和“期末余额”两栏内容。其中，“年初余额”栏内各项目的数据，应根据上年末资产负债表的“期末余额”栏内所列数据直接填列；“期末余额”栏应根据总分类账户和明细分类账户的期末余额填列。具体有以下几种填列方法：

1. 根据总分类账户的期末余额直接填列

在资产负债表中，大多数项目都可以直接根据总分类账户的期末余额填列。如“短期借款”“应付票据”“应付职工薪酬”等项目，可以根据“短期借款”“应付票据”“应付职工薪酬”等总分类账户的期末余额直接填列。

2. 根据若干个总分类账户的期末余额分析计算填列

当报表指标项目名称与账户名称不一致时，应根据指标性质和有关账户之间的关系进行分析计算填列。如“货币资金”项目应根据“库存现金”“银行存款”和“其他货币资金”账户的期末余额合计数填列。

3. 根据若干个明细分类账户的期末余额计算填列

如“应收账款”项目，应根据“应收账款”和“预收账款”两个账户所属的各明细分类账户的期末借方余额合计数填列；“预收账款”项目，应根据“应收账款”和“预收账款”两个账户所属的各明细分类账户的期末贷方余额合计数填列；还有“应付账款”项目，应根据“应付账款”和“预付账款”两个账户所属的各明细分类账户期末贷方余额合计数填列；“预付账款”项目，应根据“应付账款”和“预付账款”两个账户所属的各明细分类账户期末借方余额合计数填列。

4. 根据总分类账户和明细分类账户期末余额分析计算填列

如“长期借款”项目，需要根据“长期借款”总分类账户期末余额扣除“长期借款”总分类账户所属明细分类账户中将在一年内到期且企业能自主地将清偿义务展期的长期借款后的金额计算填列。

5. 根据有关总分类账户期末余额减去备抵账户期末余额后的净额填列

如资产负债表中的"应收账款"项目，应根据"应收账款"账户的期末余额减去"坏账准备"账户的期末余额后的净额填列；"固定资产"项目，应根据"固定资产"账户的期末余额减去"累计折旧""固定资产减值准备"备抵账户余额后的净额填列等。

6. 综合运用上述填列方法分析填列

如资产负债表中的"存货"项目，需要根据"原材料""材料采购""库存商品""生产成本""材料成本差异"等总分类账户期末余额分析计算出的汇总数减去"存货跌价准备"账户的期末余额后的净额填列。

下面举例说明资产负债表的编制方法。

［例 8－1］ 宏达公司 2013 年 6 月 30 日有关总分类账户的期末余额如表 8－3 所示。

表 8－3 总分类账户期末余额

2013 年 6 月 30 日 单位：元

账户名称	借方余额	账户名称	贷方余额
库存现金	2 200	短期借款	250 000
银行存款	875 000	应付票据	26 000
应收票据	24 000	应付账款	61 000
应收账款	62 000	预收账款	6 000
预付账款	5 000	应付职工薪酬	12 000
其他应收款	2 000	应付股利	54 200
在途物资	26 000	应交税费	4 700
原材料	52 000	长期借款	450 000
库存商品	120 000	实收资本	780 000
生产成本	42 000	资本公积	26 000
在建工程	70 000	盈余公积	65 100
固定资产	626 000	利润分配	165 200
无形资产	20 000	累计折旧	26 000
合 计	1 926 200	合 计	1 926 200

另外，长期借款中有一年内到期的长期借款 150 000 元。根据以上资料编制该单位 6 月 30 日的资产负债表，如表 8－4 所示。

表 8－4 资产负债表

会企 01 表

编制单位：宏达公司 2013 年 6 月 30 日 单位：元

资产	期末余额	年初余额	负债和所有者权益（或股东权益）	期末余额	年初余额
流动资产：			流动负债：		

续表

资产	期末余额	年初余额	负债和所有者权益（或股东权益）	期末余额	年初余额
货币资金	877 200		短期借款	250 000	
交易性金融资产			交易性金融负债		
应收票据	24 000		应付票据	26 000	
应收账款	62 000		应付账款	61 000	
预付款项	5 000		预收款项	6 000	
应收利息			应付职工薪酬	12 000	
应收股利			应交税费	4 700	
其他应收款	2 000		应付利息		
存货	240 000		应付股利	54 200	
一年内到期的非流动资产			其他应付款		
其他流动资产			一年内到期的非流动负债	150 000	
流动资产合计	1 210 200		其他流动负债		
非流动资产：			流动负债合计	563 900	
可供出售金融资产			非流动负债：		
持有至到期投资			长期借款	300 000	
长期应收款			应付债券		
长期股权投资			长期应付款		
投资性房地产			专项应付款		
固定资产	600 000		预计负债		
在建工程	70 000		递延所得税负债		
工程物资			其他非流动负债		
固定资产清理			非流动负债合计	300 000	
生产性生物资产			负债合计	863 900	
油气资产			所有者权益（或股东权益）：		
无形资产	20 000		实收资本（或股本）	780 000	
开发支出			资本公积	26 000	
商誉			减：库存股		
长期待摊费用			盈余公积	65 100	
递延所得税资产			未分配利润	165 200	
其他非流动资产			所有者权益（或股东权益）合计	1 036 300	
非流动资产合计	690 000				
资产总计	1 900 200		负债和所有者权益（或股东权益）总计	1 900 200	

说明：根据上述表 8－3 总分类账户期末余额表资料，在编制资产负债表时，要注意以下项目的填列：

1. 货币资金＝2 200＋875 000＝877 200(元)

2. 存货＝26 000＋52 000＋120 000＋42 000＝240 000(元)

3. 固定资产＝626 000－26 000＝600 000(元)

4. 长期借款＝450 000－15 000＝300 000(元)

资产负债表其他项目的金额可根据总分类账户期末余额直接填列。

第三节 利润表

一、利润表的概念及其作用

(一)利润表的概念

利润表是用于反映企业在一定期间经营成果的报表，在西方国家也称为“收益表”或“损益表”。它反映的是企业在一定时期内的收入、费用和直接计入利润的利得和损失，以及通过收入与费用的配比而计算得出的这一会计期间的利润。企业的收入、费用是随着企业的经济活动而不断产生的，利润表就是对一定期间企业经营成果的总括反映，因此，利润表属于动态报表。

(二)利润表的作用

利润表作为一种动态会计报表，揭示了企业利润(或亏损)的实际形成情况，对投资人、债权人、政府部门和其他会计资料的使用者全面了解企业的经营业绩具有十分重要的意义。

1. 通过利润表可以考核企业的管理水平

利润表提供了企业的销售收入、各种费用支出情况，能够让使用者便于了解企业的销售情况及市场前景，考核企业成本费用开支水平；同时便于管理者分析企业的盈利能力变动的具体原因，从而控制和降低成本费用开支水平，提高企业经济效益。通过利润表的纵向和横向的对比分析，可以了解利润升降的程度和原因，为未来经营期的目标利润规划提供信息。

2. 通过利润表可以反映企业的获利能力

利润表可以帮助企业外部的投资人和债权人分析企业的盈利能力，预测企业在未来一段时期的盈利趋势，并据以做出是否进一步投资和进行信贷的决策。

3. 利润表提供的数据是税收部门征收所得税的主要依据

国家税收部门以利润表上的利润总额为基础，计算企业应纳税所得额，并按此计算应交所得税。在没有纳税调整项目的情况下，利润表上的利润总额可以作为计算应交所得税的依据。

二、利润表的结构和内容

(一)利润表的设计原理

利润表的设计是以权责发生制为基本前提，以“收入－费用＝利润”这一反映经营成果的会计等式为理论基础，结合会计信息使用者的要求，充分考虑重要性原则，通过分类反映各种利润信息的形式进行设计的。

(二)利润表的结构

利润表一般包括表头、表体两部分。表头部分包括报表名称、编制单位、编制时间、金额单位等。表体部分包括形成利润的各个项目。目前，国际上比较普遍采用的利润表格式主要有单步式利润表和多步式利润表两种，在不同的格式下形成了不同的项目排列方式。

1. 单步式利润表

所谓单步式利润表，是将本期所有收入加在一起，然后再把所有费用支出加在一起，两者相减，一次计算出损益，所以也称一步式利润表。在项目排列上，按照经营成果的计算原理，并考虑各项内容的重要性进行排序。其简表格式如表 8－5 所示。

表 8－5 **利润表(简表)**

项　目	本月数	本年累计数
收入和利得：		
营业收入		
投资收益		
……		
收入合计		
费用和损失：		
营业成本		
营业费用		
……		
费用合计		
净利润		

单步式利润表的优点是收入和费用归类清楚，经营成果的确认比较直观，报表编制方法简单；不足之处是利润表中的收入和费用不能配比，无法揭示利润中各要素之间的内在联系，不便于对企业经营成果进行分析和评价，满足不了报表使用者进行具体分析的需要，也不利于同行业之间的报表进行比较评价。

2. 多步式利润表

所谓多步式利润表，是指根据各种收入与费用的配比关系、各种利润的构成以及净利润的计算过程，分步列示出净损益的一种格式。各步骤中各项目的排列仍然遵循经营成果的计算原理以及各项内容按重要性的排序原则。多步式利润表通常分为以下几步：

第一步，以"营业收入"为起点，减去"营业成本""营业税金及附加""销售费用""管理费用""财务费用"和"资产减值损失"，再加上"公允价值变动收益"和"投资收益"，计算出"营业利润"。

第二步，在"营业利润"的基础上，加上"营业外收入"，再减去"营业外支出"，计算出"利润总额"。

第三步，在"利润总额"的基础上，减去"所得税费用"，计算出"净利润"。

最后，如果企业为股份公司，应列示出"基本每股收益"与"稀释每股收益"。

多步式利润表中的收入和费用合理配比，反映了净利润各要素之间的内在联系，便于报表使用者进行盈利分析和预测企业的盈利能力；不足之处是报表编制方法比较复杂。采用多步式利润表的优点是可以将损益的构成分项列示，并对收入、费用进行适当归类，充分反映了"营业利润”“利润总额”“净利润”等指标，可以用来较为准确地评价企业管理部门的管理效能；缺点是报表编制方法比较复杂。我国《企业会计准则》规定，企业利润表采用多步式格式，《企业会计准则第 30 号——财务报表列报》对一般企业利润表的格式规范如表 8－6 所示。

表 8－6　　利润表

年　月　　会企 02 表

编制单位：　　单位：元

项　目	本期金额	上期金额
一、营业收入		
减：营业成本		
营业税金及附加		
销售费用		
管理费用		
财务费用		
资产减值损失		
加：公允价值变动收益（损失以“－”号填列）		
投资收益（损失以“－”号填列）		
其中：对联营企业和合营企业的投资收益		
二、营业利润（亏损以“－”号填列）		
加：营业外收入		
减：营业外支出		
其中：非流动资产处置净损失		
三、利润总额（亏损总额以“－”号填列）		
减：所得税费用		
四、净利润（净亏损以“－”号填列）		
五、每股收益		
（一）基本每股收益		
（二）稀释每股收益		

三、利润表的编制方法

利润表中的金额部分分为“本期金额”和“上期金额”两栏内容，其中，“上期金额”栏内的各项数字，应根据上年度利润表“本期金额”栏内所列数字填列。如果上年度利润表规定的各个项目的名称和内容同本年度不相一致，应先对上年度利润表各项目的名称和数字按本年度的规定进行调整，再填入本表“上期金额”栏内。利润表中各主要项目的“本期金额”栏内的各项数字，应根据各有关账户发生额分析填列。其具体分为以下几种类型：

第一种，依据对应账户发生额分析填列的项目，主要包括：“营业税金及附加”项目、“销售费用”项目、“管理费用”项目、“财务费用”项目、“资产减值损失”项目、“营业外收入”项目、“营业外支出”项目和“所得税费用”项目等。其中，“营业外支出”项目下的“非流动资产处置净损失”项目是依据“营业外支出”账户的明细账发生额分析填列。

第二种，依据相关账户发生额分析计算填列的项目，主要包括：

(1)“营业收入”项目，反映企业经营主要业务和其他业务所确认的收入总额，是依据“主营业务收入”和“其他业务收入”账户的贷方发生额计算填列；但若有销货退回时（即借方发生额），则要从中扣减后再予以填列。

(2)“营业成本”项目，反映企业经营主要业务和其他业务发生的实际成本总额，是依据“主营业务成本”和“其他业务成本”账户的借方发生额计算填列。

(3)“公允价值变动收益”项目，反映企业按照相关准则规定，应当计入当期损益的资产或负债的公允价值变动净收益。如“交易性金融资产”当期公允价值的变动额，是依据“公允价值变动损益”账户的发生额分析填列。如为净损失，以“－”号填列。

(4)“投资收益”项目，反映企业以各种方式对外投资所取得的收益，是依据“投资收益”账户的发生额分析填列。如为净损失，以“－”号填列。若企业持有的交易性金融资产处置和出售时，处置收益部分应当自“公允价值变动损益”项目转出，列入本项目。其中，“对联营企业和合营企业的投资收益”项目是依据“投资收益”账户的明细分类账发生额分析填列。

第三种，直接计算填列项目，主要包括：

(1)“营业利润”项目、“利润总额”项目和“净利润”项目，是依据利润表内计算公式直接计算填列。如为亏损数，以“－”号填列。

(2)“基本每股收益”和“稀释每股收益”项目，应当依据《企业会计准则第 34 号——每股收益》的相关规定计算填列。

下面举例说明利润表的编制：

[例 8－2] 宏达公司 2013 年 6 月各损益账户发生额资料如表 8－7 所示。根据所给资料编制宏达公司 6 月份的利润表。

表 8－7 **各损益账户发生额** 单位：元

账户名称	本月借方发生额	本月贷方发生额
主营业务收入		1 260 000
其他业务收入		60 000
营业外收入		5 000
投资收益		50 000
主营业务成本	620 000	
其他业务成本	38 000	
营业税金及附加	4 200	
销售费用	20 000	
管理费用	26 000	
财务费用	7 200	
资产减值损失	12 000	
营业外支出	2 000	
所得税费用	161 400	

根据所给资料编制宏达公司 2013 年 6 月的利润表，见表 8—8 所示：

表 8—8 **利润表**

2013 年 6 月 会企 02 表

编制单位：宏达公司 单位：元

项　目	本期金额	上期金额
一、营业收入	1 320 000	
减：营业成本	658 000	
营业税金及附加	4 200	
销售费用	20 000	
管理费用	26 000	
财务费用	7 200	
资产减值损失	12 000	
加：公允价值变动收益(损失以"—"号填列)		
投资收益(损失以"—"号填列)	50 000	
其中：对联营企业和合营企业的投资收益		
二、营业利润(亏损以"—"号填列)	642 600	
加：营业外收入	5 000	
减：营业外支出	2 000	
其中：非流动资产处置净损失		
三、利润总额(亏损总额以"—"号填列)	645 600	
减：所得税费用	161 400	
四、净利润(净亏损以"—"号填列)	484 200	
五、每股收益		
(一)基本每股收益		
(二)稀释每股收益		

第四节　现金流量表

一、现金流量表的概念及其作用

(一)现金流量表的概念

现金流量表是反映企业在一定会计期间现金和现金等价物流入和流出的财务报表。现金流量表中的"现金"概念与"库存现金"不同，它是一个广义的概念。其中，现金是指企业的库存现金以及可以随时用于支付的存款(不能随时用于支付的存款不属于现金)；现金等价物是指企业持有期限短(一般指从购买之日起3个月内到期)、流动性强、易于转换为已知金额现金、价值变动风险很小的投资。现金等价物虽然不是现金,但其支付能力与现金的差别不大,可视为现金,如企业拥有的、可在证券市场上流通的3个月内到期的债券投资等。权益性投资变现的金额通常不确定,因而不属于现金等价物。企业应当根据具体情况,确定现金等价物的范围,一经确定不得随意变更。

现金流量是指企业在一定期间的现金流入和现金流出的数量。现金流入量与现金流出量之差为现金净流量。现金流量包括经营活动产生的现金流量、投资活动产生的现金流量和筹资活动产生的现金流量。现金流量信息能够表明企业经营状况是否良好、资金是否紧缺、企业偿付能力大小,从而为投资者、债权人、企业管理者提供非常有用的信息。

应该注意的是,企业现金形式的转换不会产生现金的流入和流出,如企业从银行提取现金是企业现金存放形式的转换,并未流出企业,不构成现金流量;同样,现金与现金等价物之间的转换也不属于现金流量,比如,企业用现金购买将于3个月内到期的国库券。

(二)现金流量表的作用

现金流量表是反映企业在一定时期内现金流入、流出以及现金净流量的基本财务报表。编制现金流量表的目的,是为会计报表使用者提供企业在一定会计期间现金及现金等价物流入和流出的信息,便于报表使用者了解和评价企业获取现金和现金等价物的能力,并据以预测企业未来的现金流量。现金流量表的主要作用如下:

1. 现金流量表能够说明企业一定时期内现金流入和流出的原因

资产负债表反映企业在某一特定日期的财务状况,损益表反映企业一段时期的经营成果,而企业流动性最强的现金的流入与流出的多少,这两张报表无法说明。现金流量表弥补了这个不足,它将现金流量划分为经营活动、投资活动和筹资活动所产生的现金流量,并按"流入现金"和"流出现金"项目分别反映,说明现金流入与流出的原因。例如,企业当期从银行借入1 000万元,偿还银行利息6万元,在现金流量表的筹资活动所产生的现金流量中会分别反映借款1 000万元、支付利息6万元。这些信息是资产负债表和利润表所不能提供的。

2. 现金流量表能够分析企业未来获取现金的能力

在现金流量表中,经营活动产生的现金流量,代表企业运用其经济资源创造现金流量的能力,便于分析在一定期间产生的净利润与经营活动产生的现金流量的差异;投资活动产生的现金流量,代表企业运用资金产生现金流量的能力;筹资活动产生的现金流量,代表企业通过筹资获得现金的能力。通过现金流量表及其他财务信息,可以分析企业未来获取或支付现金的能力,如企业通过银行借款筹得资金,在本期现金流量表中反映为现金流入,但意味着未来偿还借款时要流出现金。又如,本期应收未收的款项,在本期现金流量表中虽然没有反映为现金的流入,但意味着未来将会有现金流入。

3. 现金流量表能够分析企业投资与理财活动对经营成果和财务状况的影响

资产负债表能够提供企业在一定日期财务的状况,它所提供的是静态的财务信息,并不能反映财务状况变动的原因,也不能表明这些资产、负债给企业带来多少现金,又用去多少现金;利润表虽然反映企业一定期间的经营成果,提供动态的财务信息,但利润表只能反映利润的构成,不能反映经营活动、投资和筹资活动给企业带来了多少现金,又支付了多少现金,而且利润表不能反映投资和筹资活动的全部事项。现金流量表提供了一定时期现金流入和流出的动态财务信息,表明企业在报告期内由经营活动、投资和筹资活动获得的现金数量,企业获得的这些现金是如何运用的,能够说明资产、负债、净资产变动的原因,对资产负债表和利润表起到补充说明的作用，通过将权责发生制下的财务状况信息转换为现金制下的信息进行反映，可以弥补资产负债表和损益表的不足之处，使之成为连接资产负债表和利润表的“桥梁”，有助于会计信息利用者评价企业净资产变动情况、财务资源的充足程度、财务结构优劣（包括资产流动性和偿债能力）、应对财务风险的能力以及收益质量的高低等。

二、现金流量表的内容和结构

（一）现金流量表的基本内容

为了满足会计信息使用者阅读和利用现金流量表的需要，现金流量表不仅要反映现金流入、流出的信息，而且还应结合企业的各类活动，分类反映各类活动对现金流量的影响及现金流动过程。因此，结合企业活动类别，可以将现金流量的内容分为以下三大类：

1. 经营活动产生的现金流量

经营活动包括企业投资活动和筹资活动以外的所有交易和事项。由于行业特点不同，不同类别的企业对经营活动范围的认定不尽相同。就制造业企业来说，经营活动主要包括销售商品、提供劳务、购买商品、支付职工薪酬、缴纳税费等。由经营活动取得的现金收入和发生的现金支出构成经营活动的现金流量。

2. 投资活动产生的现金流量

投资活动是指企业非流动资产的购建和不包括在现金等价物范围内的投资及其处置活动。它主要包括取得和收回投资、购建和处置固定资产、购买和处置无形资产及其他非流动资产等。由投资活动而取得的现金收入或发生的现金支出构成投资活动的现金流量。

3. 筹资活动产生的现金流量

筹资活动是指导致企业资本及债务规模和构成发生变化的活动。它主要包括吸收投资、举借和偿还各种债务、分配利润、支付利息等。由筹资活动而取得的现金收入和发生的现金支出构成筹资活动的现金流量。

（二）现金流量表的设计

现金流量表的设计，是以现金制为基本前提，以“现金流入－现金流出＝现金净流量”为理论基础，按照现金流量在企业各类活动中产生的原因，分别对经营活动、投资活动和筹资活动以及每类活动下的现金流入、现金流出及其结果情况进行分类反映，最后汇总列示出本期现金净增加（减少）额。另外，还应结合资产负债表和利润表，提供本期现金净增加（减少）额与现金期初、期末余额静态情况以及将净利润调节转换为经营活动现金流量情况，从而实现现金流量表与资产负债表和利润表的有机结合。

（三）现金流量表的结构

根据《企业会计准则第 31 号——现金流量表》及应用指南的规定，现金流量表主要分为正表和包含补充资料在内的报表附注两大部分。

现金流量表的正表由六项内容组成：一是经营活动产生的现金流量；二是投资活动产生的现金流量；三是筹资活动产生的现金流量；四是汇率变动对现金的影响；五是现金及现金等价物净增加额；六是期末现金及现金等价物余额。在项目排列上，按照重要性原则以及各类活动中现金流入、流出情况分别按上述顺序进行排列。

报表附注中的补充资料主要有三项内容：一是将净利润调节为经营活动产生的现金流量；二是不涉及现金收支的重大投资和筹资活动；三是现金及现金等价物净变动情况。

我国《企业会计准则第 31 号——现金流量表》中对一般企业现金流量表正表的格式和项

目排列规范如表 8－9 所示。

表 8－9　　现金流量表

会企 03 表

编制单位：　　年　月　　单位：元

项　目	本期金额	上期金额
一、经营活动产生的现金流量：		
销售商品、提供劳务收到的现金		
收到的税费返还		
收到其他与经营活动有关的现金		
经营活动现金流入小计		
购买商品、接受劳务支付的现金		
支付给职工以及为职工支付的现金		
支付的各项税费		
支付其他与经营活动有关的现金		
经营活动现金流出小计		
经营活动产生的现金流量净额		
二、投资活动产生的现金流量：		
收回投资收到的现金		
取得投资收益收到的现金		
处置固定资产、无形资产和其他长期资产收回的现金净额		
处置子公司及其他营业单位收到的现金净额		
收到其他与投资活动有关的现金		
投资活动现金流入小计		
购建固定资产、无形资产和其他长期资产支付的现金		
投资支付的现金		
取得子公司及其他营业单位支付的现金净额		
支付其他与投资活动有关的现金		
投资活动现金流出小计		
投资活动产生的现金流量净额		
三、筹资活动产生的现金流量：		
吸收投资收到的现金		
取得借款收到的现金		
收到其他与筹资活动有关的现金		
筹资活动现金流入小计		
偿还债务支付的现金		

续表

项　目	本期金额	上期金额
分配股利、利润或偿付利息支付的现金		
支付其他与筹资活动有关的现金		
筹资活动现金流出小计		
筹资活动产生的现金流量净额		
四、汇率变动对现金及现金等价物的影响		
五、现金及现金等价物净增加额		
加:期初现金及现金等价物余额		
六、期末现金及现金等价物余额		

企业应当采用间接法在现金流量表附注中披露将净利润调节为经营活动现金流量的信息。一般企业现金流量表补充资料披露格式规范如表 8－10 所示。

表 8－10　　　　现金流量表补充资料　　　　单位:元

补充资料	本期金额	上期金额
1. 将净利润调节为经营活动现金流量:		
净利润		
加:资产减值准备		
固定资产折旧、油气资产折耗、生产性生物资产折旧		
无形资产摊销		
长期待摊费用摊销		
处置固定资产、无形资产和其他长期资产的损失(收益以"－"号填列)		
固定资产报废损失(收益以"－"号填列)		
公允价值变动损失(收益以"－"号填列)		
财务费用(收益以"－"号填列)		
投资损失(收益以"－"号填列)		
递延所得税资产减少(增加以"－"号填列)		
递延所得税负债增加(减少以"－"号填列)		
存货的减少(增加以"－"号填列)		
经营性应收项目的减少(增加以"－"号填列)		
经营性应付项目的增加(减少以"－"号填列)		
其他		
经营活动产生的现金流量净额		
2. 不涉及现金收支的重大投资和筹资活动:		
债务转为资本		

续表

补充资料	本期金额	上期金额
一年内到期的可转换公司债券		
融资租入固定资产		
3. 现金及现金等价物净变动情况：		
现金的期末余额		
减：现金的期初余额		
加：现金等价物的期末余额		
减：现金等价物的期初余额		
现金及现金等价物净增加额		

由于现金流量表的编制主要是依据资产负债表和利润表的资料，采用专门的方法，通过将权责发生制转换为现金制来实现的，编制过程比资产负债表和利润表要复杂得多。

本章知识结构图

- 财务会计报告
  - 财务会计报告概述
    - 财务会计报告的概念及其作用
    - 财务报表的构成
    - 财务报表的编制要求
  - 资产负债表
    - 资产负债表的概念及其作用
    - 资产负债表的结构和内容
    - 资产负债表的编制方法
  - 利润表
    - 利润表的概念及其作用
    - 利润表的结构和内容
    - 利润表的编制方法
  - 现金流量表
    - 现金流量表的概念及其作用
    - 现金流量表的内容和结构

复习思考题

一、单项选择题

1. 会计报表编制的依据是(　　)。

A. 原始凭证　　B. 记账凭证　　C. 账簿记录　　D. 汇总记账凭证

2. 我国企业资产负债表采用的格式为(　　)。

A. 单步式　　B. 账户式　　C. 报告式　　D. 多步式

3. 资产负债表中，资产项目排列顺序的依据是项目的(　　)。

A. 重要性　　B. 流动性　　C. 时间性　　D. 货币性

4. 下列属于静态报表的是(　　)。

A. 资产负债表　　B. 利润表　　C. 利润分配表　　D.现金流量表

5. 我国企业利润表采用的格式为(　　)。

A. 报告式　　B. 账户式　　C. 单步式　　D. 多步式

6. 利润表项目的“本期金额”栏填制的依据是(　　)。

A. 损益类账户的本期发生额　　B. 损益类账户的期末余额

C. 收入类账户的贷方余额　　D. 费用类账户的借方余额

7. 某企业“应付账款”科目月末贷方余额为 50 000 元，其中，“应付账款——A 公司”明细科目贷方余额为 70 000元，“应付账款——B 公司”明细科目借方余额为20 000元；“预付账款”科目月末贷方余额为 22 000 元，其中，“预付账款——C 公司”明细科目贷方余额为47 000元，“预付账款——D 公司”明细科目借方余额为 25 000元。该企业月末资产负债表中“应付账款”项目的金额为(　　)元。

A. 62 000　　B. 117 000　　C. 50 000　　D. 45 000

8. 下列资产负债表项目中，需要根据相关总分类账户的期末余额计算分析填列的是(　　)。

A. 应收账款　　B. 无形资产　　C. 应付票据　　D. 存货

9. 下列项目中，不包括在利润表中的是(　　)。

A. 销售费用　　B. 管理费用　　C. 预付账款　　D. 财务费用

10. 下列项目中，不属于流动资产项目的是(　　)。

A. 货币资金　　B. 存货　　C. 无形资产　　D. 应收账款

二、多项选择题

1. 下列应根据有关总分类账户或其所属明细分类账户余额分析填列的项目是(　　)。

A. 预收账款　　B. 固定资产　　C. 应收账款　　D. 存货

2. 下列属于资产负债表中“货币资金”项目内容的有(　　)。

A. 备用金　　B. 现金　　C. 银行存款　　D. 其他货币资金

3. 下列属于会计报表的编制要求的有(　　)。

A. 数字真实　　B. 编报及时　　C. 内容完整　　D. 计算准确

4. 下列资产负债表项目中，可根据相应总账账户期末余额直接填列的是(　　)。

A. 短期借款　　B. 货币资金　　C. 实收资本　　D. 应付账款

5. 资产负债表的主要作用有(　　)。

A. 掌握企业的资源及其结构与分布状况　　B. 了解企业资金来源的构成情况

C. 了解企业的偿债能力　　D. 了解企业的盈利能力

6. 按资金运动状态不同，下列属于动态会计报表的有(　　)。

A. 资产负债表　　B. 利润表　　C. 现金流量表　　D. 成本报表

7. 下列账户余额中，可能影响资产负债表中“应收账款”项目金额的有(　　)。

A. 应收账款　　B. 预收账款　　C. 应付账款　　D. 坏账准备

8. 下列账户余额中，可能影响资产负债表中“存货”项目金额的有(　　)。

A. 材料采购　　B. 库存商品　　C. 生产成本　　D. 低值易耗品

9. 现金流量表中的“现金”是指(　　)。

A. 库存现金　　B. 银行存款　　C. 现金等价物　　D. 其他货币资金

10. 会计报表的使用者一般包括(　　)。

A. 企业管理者　　B. 政府有关部门　　C. 债权人　　D. 投资者

三、判断题

1. 财务会计报告就是财务会计报表。(　　)

2. 资产负债表是根据总分类账户发生额和期末余额填列的。(　　)

3. 账户式资产负债表依据的平衡公式是“资产＝负债＋所有者权益”。(　　)

4. 企业对外应报送哪些报表视企业自身的情况而定。(　　)

5. 现金流量表是连接资产负债表和利润表的桥梁。(　　)

6. 利润表编制的依据是会计等式“收入－费用＝利润”。(　　)

7. 资产负债表中“货币资金”项目只包括“现金”和“银行存款”。(　　)

8. 利润表中“本期金额”栏是根据损益类账户期末余额直接填列的 。（　）

9. 资产负债表中“预收账款”项目，应根据“应收账款”和“预收账款”两个账户所属的相关明细账户的期末贷方余额计算填列。（　）

10. 资产负债表中“固定资产”项目，应根据“固定资产”账户的期末余额减去“累计折旧”备抵账户余额后的净额填列。（　）

四、名词解释

1. 财务会计报告　2. 财务报表　3. 资产负债表　4. 利润表　5. 现金流量表

五、简答题

1. 简述编制财务会计报告的重要意义。

2. 简述编制财务报表的具体要求。

第九章 会计机构、人员和会计档案

知识目标

1. 了解会计机构的设置和会计人员继续教育及职业道德规范。
2. 掌握会计从业资格相关要求和会计人员回避的规定。

技能目标

1. 能够规范地进行会计工作交接。
2. 能够规范地存档、保管和销毁会计档案。

导入案例

小张是某单位的会计人员，对业务较为钻研，虽参加工作两年有余，但能熟练地处理本企业的主要经济业务。不过，在竞争财务科科长时未能如愿。因此，小张很不理解也很不服气，有时还有很多怨言，于是找总会计师谈话，想弄个究竟。总会计师对他的工作给予了很高的评价，也寄予了厚望，但说条件还差一点。他问："差什么？"总会计师反问："你知道会计机构负责人的任职资格吗？"答："知道，我已取得了会计从业资格证书。"总会计师告诉他："光有会计从业资格证书还不够，还应当具备会计师以上专业技术职务资格或者有从事会计工作三年以上的经历。况且，作为一名会计机构负责人，不能只会处理经济业务，还应对会计岗位的设置和会计工作的交接、会计人员职业道德和回避制度以及会计档案有一定的掌握和理解，否则是难以胜任的。"小张听后认为很有道理，于是决定为既定目标继续努力。

思考题：

1. 每个单位都必须设置会计机构吗？
2. 会计工作中有哪些情况需要回避？

第一节 会计机构的设置和会计机构负责人的任职资格

一、会计机构的设置

会计机构是指各单位依据会计工作的需要设置的专门负责办理单位会计业务事项、进行会计核算、实行会计监督的职能部门。建立健全会计机构并配备与工作要求相适应的、具有一定素质和数量的会计人员，是做好会计工作、充分发挥会计职能作用的重要保证。

《中华人民共和国会计法》(以下简称《会计法》)规定："各单位应依据会计业务的需要，设置会计机构，或者在有关机构中设置会计人员并指定会计主管人员；不具备设置条件的，应当委托经批准设立从事会计代理记账业务的中介机构代理记账。"

(一)根据业务需要设置会计机构

根据业务需要设置会计机构，是指各单位可以根据本单位的会计业务繁简情况和会计管理工作的需要决定是否设置会计机构。为了科学、合理地组织会计工作，保证本单位正常的经济核算，各单位原则上应当设置会计机构。一个单位是否单独设置会计机构，主要取决于以下几个因素：

一是单位规模大小。一般来说，实行企业化管理的事业单位或集团公司、股份有限公司、有限责任公司等应当单独设置会计机构，以便及时组织对本单位各项经济活动和财务收支的核算，实施有效的会计监督。

二是经济业务和财务收支的繁简。具有一定规模的行政事业单位，以及财务收支数额较大、会计业务较多的社会团体和其他经济组织，也应单独设置会计机构，以保证会计工作的效率和会计信息的质量。

三是经济管理的要求。一个单位在经营管理上的要求越高，对会计信息的需求会相应增加，对会计信息系统的要求也越高，从而决定了该单位设置会计机构的必要性。

一个单位是设置会计机构还是在有关机构中设置专职的会计人员，完全由各单位根据会计业务的繁简和实际情况来决定，但必须遵循既要满足管理的需要，又要讲求实效，避免人浮于事。

(二)不设置会计机构的，应设置会计人员并指定会计主管人员

根据《会计法》的规定，规模很小、经济业务简单、业务量相对较少的单位，可以不单独设置会计机构，而将会计工作岗位纳入其他职能部门并设置会计人员，同时指定会计主管人员。这是会计机构的另一种表现形式，是提高工作效率、明确岗位责任制的内在要求，同时也是由会计工作专业性、政策性强等特点所决定的。指定会计主管人员的目的是强化责任制度，防止出现会计工作无人负责的局面。

会计主管人员是《会计法》中的一个特定概念，不同于人们通常所说的"主管会计""主办会计"等，而是指负责组织管理会计事务、行使会计负责人职权的人员。

二、会计机构负责人的任职资格

(一)会计机构负责人(会计主管人员)的概念

会计机构负责人(会计主管人员)是指在一个单位内具体负责会计工作的中层领导人员。根据《会计法》规定，设置会计机构，应当配备会计机构负责人；不单独设置会计机构，而在有关机构中配备专职会计人员的，应当在专职会计人员中指定会计主管人员行使会计机构负责人的职权。会计机构负责人(会计主管人员)应当按照规定的程序任免。

(二)会计机构负责人(会计主管人员)的任职资格

《会计法》对担任会计机构负责人(会计主管人员)应当具备的条件作出了相应的规定。根据规定，担任单位会计机构负责人(会计主管人员)的，除取得会计从业资格证书外，还应当具备会计师以上专业技术职务资格或者有从事会计工作三年以上经历。

第二节　会计从业资格和会计人员继续教育

一、会计从业资格

为加强会计从业资格管理，规范会计人员行为，《会计法》第三十八条规定："从事会计工作

的人员，必须取得会计从业资格证书”，“会计人员从业资格管理办法由国务院财政部门规定”。对从事会计工作的人员实行资格准入制度，这是《会计法》规定的行政许可事项。财政部根据《会计法》，于2000年5月颁布了《会计从业资格管理办法》(以下简称《办法》)。该《办法》实施以来，对提高会计人员业务素质和职业道德水平、促进各单位依法任用具备法定资格的人员从事会计工作、提高单位会计水平和会计信息质量等发挥了积极的作用。但随着我国市场经济的发展，会计改革的深入以及国家法律、行政制度的不断完善，原《会计从业资格管理办法》也有必要作相应的修改、完善。为此，财政部在总结以往会计管理工作经验和我国市场经济发展新需要的同时，对原《办法》进行了修改，制定了新的《会计从业资格管理办法》，于2005年1月22日以“财政部第26号令”的形式予以公布，并自2005年3月1日起施行。

(一)会计从业资格的概念

会计从业资格是指从事会计职业、进行会计工作的一种法定资质，是从事会计职业的“门槛”。《会计法》第三十八条规定：“从事会计工作的人员，必须取得会计从业资格证书。”因此，会计从业资格是法定的从事会计工作的资质。有志于从事会计工作的人员必须首先取得会计从业资格证书，才能从事会计工作。

(二)会计从业资格证书的适用范围

在国家机关、社会团体、公司、企业、事业单位和其他组织从事下列会计工作的人员(包括中国香港特别行政区、澳门特别行政区、台湾地区人员，以及外籍人员在中国内地从事会计工作的)，必须取得会计从业资格，持有会计从业资格证书：

1. 会计机构负责人(会计主管人员)；
2. 出纳；
3. 稽核；
4. 资本、基金核算；
5. 收入、支出、债权和债务核算；
6. 工资、成本费用、财务成果核算；
7. 财产物资的收发、增减核算；
8. 总账；
9. 财务会计报告编制；
10. 在会计机构内会计档案管理。

(三)会计从业资格的取得

1. 会计从业资格的取得实行考试制度

国家对会计从业资格实行考试制度，也就是说，要取得会计从业资格证书的人员都必须通过考试才能取得会计从业资格。

考试科目为：财经法规与会计职业道德、会计基础、初级会计电算化(或者珠算五级)。《会计从业资格考试大纲》由财政部统一制定并公布。

省、自治区、直辖市、计划单列市财政厅(局)，新疆生产建设兵团财务局，中共中央直属机关事务管理局，国务院机关事务管理局，国家铁路局，中国人民武装警察部队后勤部和中国人民解放军总后勤部负责组织实施会计从业资格考试的有关工作。

各省的会计从业资格考试工作由省财政厅部署，各市、县(市、区)财政部门根据报名情况不定期组织考试；珠算五级考试由各地珠算协会不定期组织考试。财经法规与会计职业道德、会计基础科目的考试各省统一组织，每年进行一次。

2. 会计从业资格考试报名条件

申请参加会计从业资格考试的人员，应当符合下列基本条件：

(1)遵守会计和其他财经法律、法规；

(2)具备良好的道德品质；

(3)具备会计专业基本知识和技能。

3. 会计从业资格部分考试科目免试条件

申请人符合基本报名条件且具备国家教育行政主管部门认可的中专以上(含中专，下同)会计类专业学历(或学位)的，自毕业之日起两年内(含两年)，免试会计基础、初级会计电算化(或者珠算五级)。

会计类专业包括会计学、会计电算化、注册会计师专门化、审计学、财务管理、理财学。

(四)会计从业资格证书管理

1. 会计从业资格管理部门

《会计从业资格管理办法》规定，县级以上地方人民政府财政部门负责本行政区域内的会计从业资格管理工作；新疆建设兵团财务局负责所属单位的会计从业资格的管理。

财政部委托中共中央直属机关事务管理局、国务院机关事务管理局按照各自权限分别负责中央在京单位的会计从业资格的管理；委托国家铁路局负责铁路系统的会计从业资格的管理；委托中国人民武装警察部队后勤部、中国人民解放军总后勤部分别负责各自系统的会计从业资格的管理。

各省对各级财政部门的会计从业资格管理工作的分工如下：

(1)省级财政部门负责组织指导全省会计从业资格管理工作，并具体负责省政府所在地的中央和省级单位的会计从业资格管理工作。

(2)市级(地市级)财政部门负责本级及本级辖区内中央单位和省级单位的会计从业资格管理工作。

(3)县级(包括县级市、区)财政部门负责本级及本级辖区内中央和省级单位会计从业资格管理工作。

2. 注册登记

会计从业资格证书实行注册登记制度。持证人员从事会计工作，应当自从事会计工作之日起 90 日内填写注册登记表，并持会计从业资格证书和所在单位出具的从事会计工作的证明，向单位所在地的会计从业资格管理机构办理注册登记。

3. 离岗备案

持证人员离开会计工作岗位超过 6 个月的，应当填写注册登记表，并持会计从业资格证书，向原注册登记的会计从业资格管理机构备案。

4. 调转登记

持证人员在同一会计从业资格管理机构管辖范围内调转工作单位，且继续从事会计工作的，应当自离开原工作单位之日起 90 日内填写调转登记表，持会计从业资格证书和调入单位开具的从事会计工作证明，向调入单位所在地的会计从业资格管理机构办理调入手续。

持证人员在不同会计从业资格管理机构管辖范围调转工作单位，且继续从事会计工作的，应当填写调转登记表，持会计从业资格证书，向原注册登记的会计从业资格管理机构办理调出手续；并自办理调出手续之日起 90 日内，持会计从业资格证书、调转登记表和调入单位开具的从事会计工作证明，向调入单位所在地的会计从业资格管理机构办理调入手续。

5. 变更登记

持证人员的学历或学位、会计专业技术职务资格等发生变更以及接受继续教育、受到表彰奖励、被处罚等情况应向所属会计从业管理机构办理从业档案信息变更登记。

二、会计人员继续教育

(一)会计人员继续教育的概念

会计人员继续教育是指取得会计从业资格的人员持续接受一定形式的、有组织的理论知识、专业技能和职业道德的教育与培训活动,从而保持和不断提高其专业胜任能力及职业道德水平。

(二) 会计人员继续教育的特点

1. 针对性。会计人员继续教育根据不同对象确定不同的教育内容,采取不同的教育方式,解决实际问题。根据教育对象分为高级、中级、初级三个层次。

2. 适应性。联系实际工作需要,学以致用。在继续教育过程中,培训对象可以根据自己的工作实际选择相关内容的继续教育培训。

3. 灵活性。继续教育培训的内容、方法、形式等方面具有灵活性,培训内容丰富多彩,不同层面的持证人员可以结合本职工作和知识结构的需要选择相应的继续教育培训内容。继续教育培训的方法包括面授、函授、录像和网络教学。

4. 会计人员继续教育的内容。会计人员继续教育的内容主要包括:会计理论与实务;财务、会计法规制度;会计职业道德规范;其他相关的知识与法规。内容要讲究"新"和"实"。

5. 会计人员继续教育接受培训的学时要求。根据《会计从业资格管理办法》的规定,持证人员接受继续教育,每年参加继续教育培训不得少于 24 小时。

第三节 会计工作岗位设置和会计人员的工作交接

一、会计工作岗位设置

会计工作岗位是指一个单位会计机构内部根据业务分工而设置的职能岗位。在会计机构内部定人员、定岗位、明确分工、各司其职,有利于提高工作效率和工作质量。但是,一个单位需要配备多少会计人员、设置多少会计岗位,主要取决于单位的组织结构形式和业务工作量、经营规模等因素,不同的单位有不同的要求。财政部颁布的《会计基础工作规范》对会计人员配备、会计岗位设置的原则作出了规定:一是根据本单位会计人员的需要设置会计工作岗位;二是符合内部牵制制度的要求。根据规定,会计工作岗位可以一人一岗、一人多岗或者一岗多人。但出纳人员不得兼管稽核、会计档案保管以及收入、费用和债权债务账目的登记工作。

会计工作岗位一般分为:总会计师(或行使总会计师职权)岗位,会计机构负责人(会计主管人员)岗位,出纳岗位,稽核岗位,资本、基金核算岗位,收入、支出、债权债务核算岗位,工资核算、成本费用核算、财务成果核算岗位,财产物资的核算岗位,总账岗位,财务会计报告编制岗位,会计电算化岗位,会计档案管理岗位,等等。

对于会计档案管理岗位,在会计档案正式移交之前,属于会计岗位;正式移交档案管理部门之后,不再属于会计岗位。档案管理部门的人员管理会计档案,不属于会计岗位。医院门诊收费员、住院处收费员、药房收费员、药品库房记账员、商场收费(银)员所从事的工作均不属于会计岗位。单位内部审计、社会审计、政府审计工作也不属于会计岗位。

二、会计人员的工作交接

（一）会计人员工作交接的概念

会计人员工作交接，也称会计工作交接，是指会计人员工作调动或者因故离职时，与接替人员办理交接手续的一种程序。《会计法》第四十一条规定："会计人员工作调动或者离职时，必须与接管人员办清交接手续。一般会计人员办理交接手续，由会计机构负责人（会计主管人员）监交；会计机构负责人（会计主管人员）办理交接手续，由单位负责人监交，必要时主管单位可以派人会同监交。"这是对会计人员交接工作做出的法律规定。

会计人员工作交接是会计工作的一项重要内容。会计人员调动工作或者离职时，应与接管人员办清交接手续，这是会计人员应尽的职责，也是做好会计工作的要求。

（二）需要办理会计工作交接的情形

《会计法》规定："会计人员调动工作或者离职时，必须与接管人员办清交接手续。"除此之外，会计人员临时离职或由于其他原因暂时不能工作时，也应办理会计工作交接。《会计基础工作规范》对此做了进一步的规定：

第一，临时离职或因病不能工作、需要接替或代理的，会计机构负责人（会计主管人员）或单位负责人必须指定专人接替或者代理，并办理会计工作交接手续。

第二，临时离职或因病不能工作的会计人员恢复工作时，应当与接替或代理人员办理交接手续。

第三，移交人员因病或其他特殊原因不能亲自办理移交手续的，经单位负责人批准，可由移交人委托他人代办交接，但委托人应当对移交的会计凭证、会计账簿、财务会计报告和其他有关资料的真实性、完整性承担法律责任。

（三）办理会计工作交接的基本程序

1．做好办理移交手续前的准备工作

根据规定，会计人员在办理移交手续前，必须及时办理完毕未了的会计事项。具体包括：

（1）对已经受理的经济业务尚未填制会计凭证的，应当填制完毕。

（2）尚未登记的账目应当登记完毕、结出余额，并在最后一笔余额后加盖经办人员印章。

（3）整理好应当移交的各项资料，对未了事项和遗留问题要写出书面说明材料。

（4）编制移交清册，列明应当移交的会计凭证、会计账簿、财务会计报告、公章、现金、有价证券、支票簿、发票、文件以及其他会计资料和物品等内容；在实行会计电算化的单位，从事该项工作的移交人员应在移交清册上列明会计软件及密码、会计软件数据盘、磁带等内容。

2．按照移交清册逐项移交

移交人员在离职前，必须将本人经管的会计工作，在规定的期限内，全部向接替人员移交清楚。接替人员应认真按照移交清册列明的内容，进行逐项交接。具体要求是：

（1）现金要根据会计账簿记录余额进行当面点交，不得短缺。如有不一致或"白条抵库"现象，移交人员应在规定期限内负责查清处理。

（2）有价证券的数量要与会计账簿记录一致。由于一些有价证券，如债券、国库券等，面额与发行价格可能会不一致，因此，在对这些有价证券的实际发行价格、利（股）息等按照会计账簿余额进行交接的同时，对上述有价证券的数量（如张数等）也应当按照有关会计账簿记录点交清楚。

(3)所有会计资料必须完整无缺。如有短缺,必须查明原因,并在移交清册中加以说明,由移交人负责。

(4)银行存款账户余额要与银行对账单核对相符。如有未达账项,应编制银行存款余额调节表调节相符;各种财产物资和债权债务的明细账户余额,要与总账有关账户的余额核对相符;对重要实物要实地盘点,对余额较大的往来账户要与往来单位、个人核对。

(5)移交人员经管的票据、印章及其他会计用品等,也必须交接清楚。

(6)实行会计电算化的单位,交接双方应将有关电子数据在计算机上进行实际操作,确认有关数据正确无误后,方可交接。

3. 专人负责监交

为了明确责任,会计人员在办理工作交接手续时,必须有专人负责监交。通过监交,可以保证会计工作不因人员变动而受影响,保证交接双方处在平等的法律地位上享有权利和承担义务,不允许任何一方以大压小,以强凌弱,或采取非法手段进行威胁。对监交的具体要求是:

(1)一般会计人员办理交接手续,由单位的会计机构负责人(会计主管人员)负责监交。

(2)会计机构负责人(会计主管人员)办理交接手续,由单位负责人负责监交,必要时上级主管部门可以派人会同监交。所谓必要时上级主管部门可以派人会同监交,是指有些交接工作需要主管部门监交或者主管部门认为需要参与监交。通常有以下三种情况:

①所属单位负责人不能监交,需要由主管部门派人代表主管部门监交。如因单位撤并而办理交接手续等。

②所属单位负责人不能及时监交时,需要由主管部门派人督促监交。如主管部门责成所属单位撤换不合格的会计机构负责人(会计主管人员),所属单位负责人却以种种借口拖延不办理交接手续时,主管部门就应派人督促会同监交等。

③不宜由所属单位负责人单独监交,而需要主管部门会同监交。如所属单位负责人与办理交接手续的会计机构负责人(会计主管人员)有矛盾的,为防止可能发生的单位负责人借机刁难等情况,主管部门应当会同监交。此外,主管部门认为交接中存在某些问题需要派人监交时,也可派人会同监交。

4. 交接后的有关事项

(1)会计工作交接完毕后,交接双方和监交人应在移交清册上签名或盖章,并应在移交清册上注明单位名称,交接日期,交接双方和监交人的职务、姓名,移交清册页数以及需要说明的问题和意见等。

(2)接替人员应继续使用移交前的账簿,不得擅自另立账簿,以保证会计记录前后衔接、内容完整。

(3)移交清册一般应填制一式三份,交接双方各执一份,存档一份。

第四节　会计人员职业道德和回避制度

一、会计人员职业道德

会计人员的职业道德是会计人员从事会计工作的道德规范。建立会计人员职业道德规范,是对会计人员予以道德约束,防止和杜绝会计人员在会计工作中的不道德行为,形成良好的职业素质、严谨的工作作风,进而提高工作效率和工作质量。

根据我国国情和现有的会计职业道德规范，结合国际上会计职业道德的一般要求，我国会计职业道德规范的内容包括爱岗敬业、诚实守信、廉洁自律、客观公正、坚持准则、提高技能、参与管理和强化服务。

（一）爱岗敬业

爱岗就是热爱本职工作、本职岗位。爱岗意味着在任何时候和任何场合下都要做到忠于职守、守职尽责。敬业是指人们对其所从事的职业或行业的正确认识和恭敬态度，并用这种严肃恭敬的态度认真地对待本职工作，将身心和本职工作融为一体。爱岗和敬业互为前提，相互支持，相辅相成。爱岗是敬业的基础，敬业是爱岗的升华。爱岗敬业是会计人员干好本职工作的基础和条件，是其应具备的基本道德素质。

（二）诚实守信

诚实就是实事求是、忠诚老实，不弄虚作假，不欺上瞒下。守信就是信守承诺，说话算数，讲信誉，重信用。诚实守信要求会计人员言行一致、表里如一、光明正大，不为他人所左右，也不因个人好恶而取舍，更不能为谋取个人或小团体私利而弄虚作假、编造假账。同时，也要求会计人员在执业中始终保持应有的谨慎态度，对客户和社会公众尽职尽责，形成"守信光荣，失信可耻"的氛围，以维护职业信誉。

（三）廉洁自律

廉洁就是不收受贿赂、不贪污钱财。自律是指按照一定的标准，自我约束、控制自己言行和思想的过程。廉洁要求会计从业人员经得起金钱、权力、美色的考验，不贪污、挪用公款，不监守自盗，要坚持原则、依法办事，不唯领导是从。自律包括会计人员自律和会计行业自律。会计人员的自我约束即会计人员自律，是一个个体概念；而会计行业自律则是一个群体概念，是会计职业组织对会计职业的会计行为进行的自我约束和控制。廉洁是自律的基础，自律是廉洁的保证；自律不强就难以廉洁，不廉洁就更谈不上自律。

（四）客观公正

客观是指按事物本来面目去反映，不掺杂个人的主观意愿，也不为他人意见所左右，既不夸大，也不缩小。对会计工作而言就是以客观事实为依据，真实地记录和反映经济业务事项。公正就是公平正直、没有偏失，但也不中庸。对会计工作而言，按照会计准则和制度，公平地开展会计核算和会计监督工作，即在履行会计职能时，摒弃单位、个人私利，公平公正、不偏不倚地对待相关利益各方。客观是公正的基础，公正是客观的反映。因此，会计人员必须在工作中不断消除非客观、非公正因素，从而做出客观、公正的判断和处理。

（五）坚持准则

准则是指财政部制定的用于指导具体会计业务操作的行为准则。这里说的坚持准则，其范畴远远大于坚持会计准则，这就要会计人员不仅要坚持会计准则，还要坚持会计法律、法规和相关的纪律与制度。坚持准则说到底就是要依法办事。坚持准则要求会计人员必须牢固树立财经法制意识，时刻保持清醒头脑，在各种诱惑面前不为所动，不唯情、不唯钱，只唯法，按要求进行会计核算和监督，确保会计信息的真实、可靠。

（六）提高技能

提高技能就是提高会计职业技能。所谓会计职业技能，是指一切从事会计工作的人员必须具备的专业知识和经验，以及应用这些知识和经验处理会计具体问题的能力。提高技能，要求会计人员增强提高专业技能的自觉性和紧迫感，勤学苦练，刻苦钻研，具备高超的职业技能，掌握过硬的本领。由于经济形势日新月异，经济业务纷繁复杂，因此，会计人员要不断地学习，用科学的会计理论、高超的会计操作技术武装自己，以适应会计发展的需要。

（七）参与管理

参与管理是指会计人员在做好本职工作的同时，努力钻研相关业务，全面熟悉本单位经营活动和业务流程，主动提出合理化建议，协助领导决策，积极参与管理。简单地说，就是间接参加管理活动，为管理当参谋，为管理活动服务。参与管理要求会计人员从财务的角度渗透到单位的各项管理中，找出经营管理中存在的问题和薄弱环节，提出改进意见和措施，从而使会计的事后反映变为事前的预测分析，真正成为决策层的参谋、助手。

（八）强化服务

强化服务是指会计人员应具有文明的服务态度、强烈的服务意识和优良的服务质量，努力维护和提升会计职业的社会形象，进而有助于实现既定目标、提高经济效益。强化服务就是要求提供优质服务，这是因为优质服务关系到会计行业的声誉和全行业运作的效率。如果会计人员能提供优质服务，就能赢得顾客、提高信誉、提高行业竞争力、促进经济效益的提高；反之，不仅会败坏会计职业的声誉，而且将直接影响全行业的生存和发展，以及企业的经济效益。

二、会计人员回避制度

回避制度是指为了保证执法或者执业的公正性，对可能影响公正性的执法或者执业人员实行职务回避和业务回避的一种制度，回避制度已成为我国人事管理的一项重要制度，如司法人员不得参加处理与自己有利害关系或其他关系的案件；注册会计师与委托人有利害关系的，应当回避。

在会计工作中，由于亲情关系而通同作弊和违法违纪的案件时有发生，因此，在会计人员中实行回避制度十分必要。我国已有相关法规对会计人员回避制度做出了规定，如 1993 年 8 月 14 日国务院颁布的《国家公务员暂行条例》中规定："国家公务员之间有夫妻关系、直系血亲关系、三代以内旁系血亲关系以及近姻亲关系的……不得在其中一方担任领导职务的机关从事监察、审计、人事、财务工作。"

《会计工作基础规范》则对会计人员回避问题进一步做出了规定，即国家机关、国有企业、事业单位任用会计人员时应当实行回避制度；单位领导人的直系亲属不得担任本单位的会计机构负责人、会计主管人员；会计机构负责人、会计主管人员的直系亲属不得在本单位会计机构中担任出纳工作。此处所称直系亲属包括夫妻关系、直系血亲关系、三代以内旁系血亲关系以及近姻亲关系。

第五节　会计档案

国家机关、社会团体、企业、事业单位、按规定应当建账的个体工商户和其他组织（以下简称各单位），应当依照《会计档案管理办法》管理会计档案。各单位必须加强对会计档案管理工作的领导，建立会计档案的立卷、归档、保管、查阅和销毁等管理制度，保证会计档案妥善保管、有序存放、方便查阅，严防毁损、散失和泄密。

一、会计档案的内容

会计档案是指会计凭证、会计账簿和财务会计报告等会计核算专业材料，是记录和反映单位经济业务的重要史料和证据。具体包括以下内容：

1. 会计凭证，包括原始凭证、记账凭证以及其他会计凭证。

2. 会计账簿，包括总账、明细账、日记账、固定资产卡片、辅助账簿以及其他会计账簿。

3. 财务会计报告，包括会计报表、附表、附注及文字说明等。

4. 其他会计资料，包括银行存款余额调节表、银行对账单、会计档案移交清册、会计档案保管清册、会计档案销毁清册和其他应当保存的会计核算专业资料。

二、会计档案的归档、保管和查阅

(一) 会计档案的归档

各单位每年形成的会计档案，应当由会计机构按照归档要求，负责整理立卷、装订成册、编制会计档案保管清册。需要整理归档的会计资料有：

1. 会计凭证的整理归档。会计凭证一般按月整理，并装订成册。月末，首先将所有需要归档的会计凭证收集齐全，并根据记账凭证的种类进行分类，如采用专用凭证，可按收、付、转分为三类，每一类按顺序号整理排列。每类记账凭证按适当厚度分成若干册，每册厚度应尽可能保持一致。最后给每一册凭证加具封面，封面上要注明单位及凭证名称、日期、起止号码、本月共几册、本册为第几册等内容，然后由会计主管人员和装订人员签章，再加盖公章。

2. 会计账簿的整理归档。年度终了，各种账簿在结转下年、建立新账之后，要统一整理归档。对活页式账簿，首先要将其中的空白账页取出，然后对各明细分类账户按"第×页"顺序排列。然后对整本活页账簿中的账页不分账户，只按其在账簿中的排列顺序编号，填入各账页上端"总页"处。编码完毕后，将账页总数填入账簿扉页"账簿启用表"，并填写账簿目录表。

3. 会计报表的整理归档。会计报表一般在年度终了后，由专人统一收集、整理、装订并归档。整理时，将全年的会计报表，按时间顺序排列并装订成册，加具封面，并在封面中注明报表的名称、页数、归档日期等，经财务负责人审核、盖章后归档。

(二)会计档案保管

1. 当年形成的会计档案的保管。各单位当年形成的会计档案，在会计年度终了后，可暂由会计机构保管一年，期满之后，应当由会计机构编制移交清册，移交本单位档案机构并按规定的期限统一保管。如果单位未设立档案机构，应当在会计机构内部指定专人保管，但出纳员不得兼管会计档案。

2. 会计档案移交档案机构后的保管。会计档案由会计机构移交给档案机构保管后，原则上应当保持原卷册的封装。个别需要拆封重新整理的，档案机构应当会同会计机构和经办人员共同拆封整理，以分清责任。

会计档案的保管期限分为永久和定期两类。定期保管期限分为 3 年、5 年、10 年、15 年、25 年 5 类，各类会计档案的具体保管期限如表 9－1 所示。会计档案的保管期限从会计年度终了后的第一天算起。

表 9－1　企业和其他经济组织会计档案保管期限表

序号	档案名称	保管期限	备　注
一	会计凭证类		
1	原始凭证	15 年	
2	记账凭证	15 年	

续表

序号	档案名称	保管期限	备　注
3	汇总凭证	15 年	
二	会计账簿类		
4	总账	15 年	包括日记总账
5	明细账	15 年	
6	日记账	15 年	库存现金和银行存款日记账保管 25 年
7	固定资产卡片		固定资产报废清理后保管 5 年
8	辅助账簿	15 年	
三	财务报告类		包括各级主管部门汇总财务报告
9	月度、季度财务报告	3 年	包括文字分析
10	年度财务报告(决算)	永久	包括文字分析
四	其他类		
11	会计移交清册	15 年	
12	会计档案保管清册	永久	
13	会计档案销毁清册	永久	
14	银行存款余额调节表	5 年	
15	银行对账单	5 年	

(三) 会计档案的查阅和复制

各单位应建立健全会计档案查阅和复制登记制度,确保会计档案的安全、完整。各单位保存的会计档案不得借出,如有特殊需要,经本单位负责人批准,可以提供查阅或者复制,并办理登记手续。需要复制时,要在本单位内部复制,复制后的凭证应加盖相关印章。

查阅会计档案应有一定的手续。对查阅的档案,应设置"会计档案查阅登记簿",详细登记查阅日期、查阅人、查阅理由、归还日期等。本单位人员查阅会计档案,须经会计主管人员同意。外单位人员查阅会计档案,要有正式介绍信,经单位领导批准。查阅人员不得将会计档案携带外出,不得擅自摘录有关数字。遇特殊情况需要影印复制会计档案的,必须经本单位领导批准,并在"会计档案查阅登记簿"上详细记录会计档案影印复制的情况。

三、会计档案的销毁

会计档案按规定保管期满后,一般可以按照以下程序销毁:

1. 由本单位档案机构会同会计机构提出销毁意见,编制会计档案销毁清册,列明销毁会计档案的名称、卷号、册数、起止年度和档案编号、保管期限、已保管期限、销毁时间等内容。

2. 单位负责人在会计档案销毁清册上签署意见。

3. 销毁会计档案时,应当由单位档案机构和会计机构共同派人监销。监销人员在销毁会计档案前,要按照会计档案销毁清册所列内容,清点核对所要销毁的会计档案。

4. 报告监销情况。会计档案销毁后,监销人员应当在会计档案销毁清册上签名盖章,并将监销情况报告本单位负责人。

5. 采用电子计算机进行会计核算的单位，应当保存打印出的纸介质档案。具备采用磁带、磁盘、光盘、微缩胶片等磁性介质保存会计档案条件的，由国务院业务主管部门统一规定，并报财政部、国家档案局备案。

应当注意的是，保管期满但未结清的债权债务原始凭证和涉及其他未了事项的原始凭证不得销毁，应当单独抽出立卷，由档案部门保管到未了事项完结为止。单独抽出立卷的会计档案，应当在会计档案销毁清册和会计档案保管清册中列明。正在项目建设期间的建设单位，其保管期满的会计档案不得销毁。

本章知识结构图

- 会计机构、人员和会计档案
  - 会计机构的设置和会计机构负责人的任职资格
    - 会计机构的设置
    - 会计机构负责人的任职资格
  - 会计从业资格和会计人员继续教育
    - 会计从业资格
    - 会计人员继续教育
  - 会计工作岗位设置和会计人员的工作交接
    - 会计工作岗位设置
    - 会计人员的工作交接
  - 会计人员职业道德和回避制度
    - 会计人员职业道德
    - 会计人员回避制度
  - 会计档案
    - 会计档案的内容
    - 会计档案的归档、保管和查阅
    - 会计档案的销毁

复习思考题

一、单项选择题

1. 担任单位会计机构负责人，除取得会计从业资格证书外，还应当具备会计师以上专业技术职务资格或者有从事会计工作(　　)以上经历。

A. 一年　　B. 两年　　C. 三年　　D. 四年

2. 2005 年 1 月 22 日以财政部第 26 号令的形式予以颁布的《会计从业资格管理办法》，自(　　)起施行。

A. 2005 年 1 月 1 日　　B. 2005 年 2 月 1 日　　C. 2005 年 3 月 1 日　　D. 2005 年 4 月 1 日

3.《会计从业资格管理办法》规定，持证人员接受继续教育，每年参加继续教育培训不得少于(　　)。

A. 20 小时　　B. 24 小时　　C. 28 小时　　D. 32 小时

4.《会计从业资格管理办法》规定，原始凭证的保管期限为(　　)。

A. 5 年　　B. 10 年　　C. 15 年　　D. 20 年

5.《会计从业资格管理办法》规定，总账和明细账的保管期限为(　　)。

A. 5 年　　B. 10 年　　C. 15 年　　D. 20 年

二、多项选择题

1. 会计从业资格考试的科目有(　　)。

A. 会计基础　　B. 初级会计电算化

C. 财务管理　　D. 财经法规与会计职业道德

2. 申请参加会计资格考试的人员，应当符合(　　)基本条件。

A. 遵守会计和其他财经法律　　B. 遵守会计和其他财经法规

C. 具备良好的道德品质　　D. 具备会计专业基本知识和技能

3. 会计人员继续教育具有(　　)等特点。

A. 针对性　　B. 适应性　　C. 灵活性　　D. 系统性

4. 会计人员继续教育的内容包括(　　)。

A. 会计理论与实务　　B. 财务、会计法律制度

C. 会计职业道德规范　　D. 其他相关的知识与法规

5. 会计档案具体包括(　　)。

A. 会计凭证　　B. 会计账簿　　C. 财务会计报告　　D. 其他会计资料

三、判断题

1. 会计主管人员是指人们通常所说的主管会计或主办会计。(　　)
2. 担任会计机构负责人必须具备会计师以上专业技术职务资格。(　　)
3. 会计从业资格考试由财政部统一组织。(　　)
4. 档案管理部门的人员管理会计档案的工作，也属于会计岗位。(　　)
5. 爱岗敬业是会计人员干好本职工作的基础和条件。(　　)
6. 坚持准则就是坚持《企业会计准则》。(　　)
7. 会计人员职业道德规范中的参与管理即直接管理。(　　)
8. 会计工作中不实行回避制度。(　　)
9. 会计档案的销毁只是档案管理部门的事。(　　)
10. 银行存款余额调节表和银行对账单的保管期限为5年。(　　)

四、名词解释

1. 会计机构　2. 会计从业资格　3. 会计职业技能　4. 会计人员的工作交接　5. 会计档案

五、简答题

1. 简述一个单位是否单独设置会计机构主要取决的因素。
2. 简述会计工作岗位应包括的内容。

第十章 成本核算常识

知识目标

1. 理解成本核算的要求和一般程序。
2. 着重掌握成本计算的基本方法。
3. 理解成本分析的常用方法。

技能目标

1. 能运用品种法计算产品的成本。
2. 能对产品生产成本进行简要分析。

导入案例

某企业某月发生如下费用：

1. 为生产产品领用原材料78 000元；
2. 支付本月借款利息10 000元；
3. 购买固定资产50 000元；
4. 车间设备发生维修费2 000元；
5. 预付下一季度的劳动保险费20 000元；
6. 支付税款的滞纳金3 000元。

思考题：

1. 本月支付的上述费用中，哪些应列入成本？哪些不应列入成本？
2. 上述应计入产品成本的费用是多少？

第一节 成本核算的要求和一般程序

一、成本核算的要求

成本核算，概括地说，就是对企业在一定时期内的生产费用进行审核、归集和分配，计算出各种产品的总成本和单位成本，包括生产费用的发生核算和产品成本的形成核算两个方面。

成本核算是成本管理的一个重要环节，为了充分发挥成本核算的职能和作用，为企业经营管理决策提供真实可靠的信息，不断降低产品成本、提高经济效益，在成本核算过程中应遵守下列基本要求：

(一)正确确定财产物资的计价和价值转移方法

企业的财产物资是生产资料，其价值在生产经营过程中随着消耗要转移到产品成本和费用中去，所以，财产物资的计价方法和价值转移是影响产品成本和期间费用的重要因素。例如，在材料核算中包括对材料采购成本的确认，在实际成本计价时对材料发出成本计算方法的选择（先进先出法、后进先出法、全月一次加权平均法、移动加权平均法、个别认定法），在计划成本计价时对材料成本差异率的计算（个别差异率、分类差异率、综合差异率）等；在固定资产核算中包括固定资产原值的计算方法、折旧方法等。此外，还包括低值易耗品和包装物的摊销方法、摊销期限长短等。为了正确计算产品成本，对于各种财产物资的价格和价值转移，都应确定合理、简便、科学的方法；这些方法一经确定，应保持相对稳定，不得随意变动，以保证成本信息的可比性。

（二）加强制度建设，完善成本核算的基础工作

完善成本核算的基础工作主要包括以下几个方面：

1. 建立健全原始记录

成本核算的主要依据是各项原始记录，如果原始记录不正确，会直接影响成本核算的准确性。完整、准确的数据是成本核算的基础，企业对于材料的领用、工时的消耗、费用的开支、成本在产品或半成品的内部转移、产成品的入库等都必须根据其不同的特点建立健全原始记录。

2. 建立健全定额管理

定额是企业在生产经营活动中，对人力、物力、财力的配备、利用和消耗以及获得成果等方面应遵守的标准和应达到的水平。定额管理是成本管理的基础，是进行成本预测、决策、计划、控制和考核的依据，也是衡量经营成果的尺度。因此，企业应在生产费用发生之前根据当前设备条件和技术水平，充分考虑职工积极性这一因素，制定和及时修订原材料、燃料、动力和工时等项目的消耗定额。

3. 建立健全物资管理制度

健全的原始记录必须以准确的实物计量为基础，只有严格地执行各种财产物资的计量制度，才能准确地计算产品成本。因此，企业必须按照生产管理和成本核算的要求，不断地完善计量手段和检测设备，如配备必要的计量器具，及时维修和校验；对于库存的物资定期进行清查盘点，分析盈亏的原因，保证物资的安全性，为正确计算产品成本提供可靠依据。

4. 制定内部结算制度

企业内部结算制度是指企业各部门之间相互提供产品和劳务进行收付结算的一种制度。企业对原材料、半成品、产成品、内部劳务等都要制定合理的内部结算价格，为内部结算、考核企业各部门的经济效益、明确经济责任提供依据。内部结算价格一般根据计划成本来确定，也可采用协议价格，一经确定则应保持相对稳定，不宜随意变动。

（三）正确划分各种费用的界限

为了正确地核算企业的生产成本和期间费用，保证产品成本核算的正确性和可靠性，必须正确划分以下五个方面的费用的界限：

1. 正确划分应计入成本费用和不应计入成本费用的界限

在成本核算过程中，企业必须严格执行国家的成本开支范围规定，分清应计入产品成本和不应计入产品成本的费用界限。如不得列入成本费用的项目有：企业为购置和建造固定资产、无形资产和其他资产的支出是资本性支出，不能作为费用一次列入，应列为资产按期分摊；对外投资支出是资本性支出，不作为成本、费用开支。另外，凡是构成产品实体的费用，应按其实际发生额直接计入有关的成本计算对象，如直接材料费用、直接人工费用等；凡是有助于产品制造完成而发生的间接费用，需按一定的标准分配计入各成本计算对象，如制造费用等。

2. 正确划分生产成本和期间费用的界限

生产成本是用于产品生产的费用，应严格按成本开支范围列支。期间费用是指企业的管理费用、销售费用和财务费用，应全部作为当期的收益性支出；而在生产成本中能够作为当期收益性支出的是已经销售的那部分产品的成本。划清生产成本与期间费用的界限，对于正确确定本期收益具有重要作用。

3. 正确划分各个会计期间的费用

为了考核和分析产品成本计划的完成情况和核算财务成果，企业必须按期结算费用，并据以计算产品成本。对于应计入产品成本的费用，企业应当根据权责发生制原则确定费用承担的会计期间：凡是应由本期产品负担的费用，应全部计入本期产品成本；不应该由本期产品成本负担的费用，应按照费用受益期分期摊入相关期间成本费用；对于应由本期产品成本负担但尚未实际发生的费用，应作为预提费用，按期计提计入本月产品成本。只有正确划分本期费用和非本期费用的界限，才能正确计算本期产品的成本和当期的利润。

4. 正确划分各种产品的费用界限

为了正确地计算各种产品的制造成本，应由本期产品负担的生产费用，还应在各种产品之间进行分配。凡能分清应由哪种产品负担的费用，应直接计入该种产品的成本；凡是由几种产品共同耗用而无法直接分清的费用，要采用合理的方法计入各种产品的成本。

5.正确划分完工产品与月末在产品的费用界限

月末，企业将各项费用计入各种产品后，若企业存在完工产品和在产品的情况，还应采用适当的方法将各种产品明细账中所归集的生产成本在完工产品和月末在产品之间进行分配，以便准确计算出完工产品成本和月末在产品成本。

（四）根据企业生产特点和管理要求，选用适当的成本计算方法

产品成本是由产品再生产过程中发生的各项耗费逐步积累而形成的。由于各企业的生产组织、生产工艺特点以及管理要求的不同，产品成本的形成方法也会不同，这就要求企业在成本核算中根据自身特点选择适合自身特点和管理要求的核算方法，以保证产品成本信息能够如实地反映生产消耗的经济效果。

二、产品成本核算的一般程序

产品成本核算的一般程序就是指按照成本费用核算的要求、成本核算对象，将企业生产经营过程中发生的各种生产经营费用进行归类和分配，并最后计算出各种产品的生产成本和各项期间费用的基本过程。产品成本核算的一般程序如下：

（一）确定成本计算对象

所谓成本计算对象，就是费用归集的对象或费用承担的载体。工业企业的成本计算对象就是各种产品（品种、批别、生产步骤）和各种期间费用。成本计算对象的确定是设置明细账、归集费用及计算产品生产成本和期间费用的前提。

（二）按产品成本计算对象开设明细账

根据企业生产类型和管理的要求，确定成本计算对象，开设各种生产成本明细账，并登记各明细账的期初余额。

（三）本期产品成本的费用在各种产品间进行分配并登记入账

将发生的各项生产费用，按照经济用途进行归集分配；将应计入当月产品成本的生产费用，记入各种产品成本中有关的成本项目。生产一种产品的企业，应计入本期产品的费用都是

直接费用，全部由该种产品负担；生产多种产品的企业，对应计入本期产品成本的费用，凡能分清是属于某产品的直接费用，则直接记入各产品成本明细账的相应成本项目，对不能分清产品的间接费用应当选择适当标准在各种产品之间进行分配，然后再按费用性质记入相应产品成本明细账的相应成本项目。

（四）计算出本期完工产品总成本和单位成本

会计期末，将归集计入各产品的生产费用连同期初在产品成本，采用一定的方法在本期完工产品和期末在产品之间进行纵向分配，计算出完工产品的的总成本和单位成本。

工业企业产品成本核算的基本程序如图 10—1 所示。

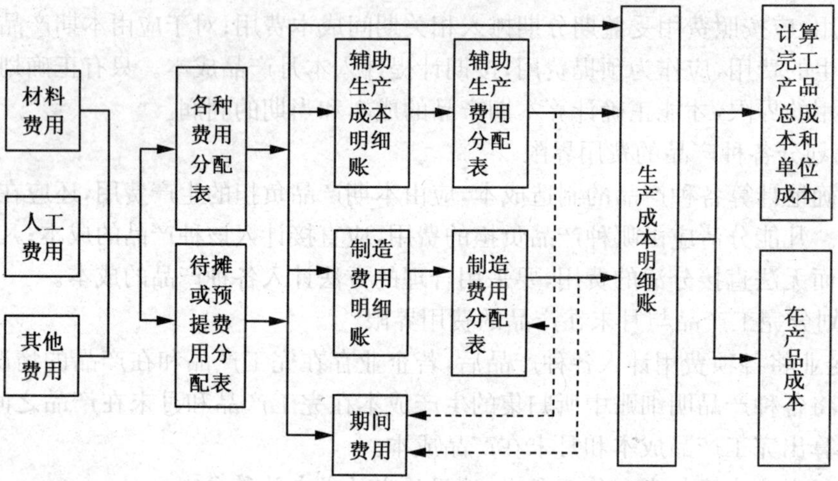

图 10—1 工业企业产品成本核算的基本程序

第二节 产品成本计算方法概述

产品成本是在生产过程中形成的，因此，生产的特点和管理的要求在很大程度上影响着产品成本的计算方法。只有根据不同生产类型的特点和管理要求选择不同的成本计算方法，才能正确计算产品成本。

一、企业的生产类型及其特点

不同企业、不同行业的生产特点千差万别，按照工业企业生产的一般特点，一般可作下列分类。

（一）企业的生产按工艺过程特点分类

工艺过程是指产品从投料到完工的生产工艺、加工制造过程，其主要表现为从投料到完工是否一步完成或分步完成、生产过程是否可以间断、生产是否可以分散进行。工业企业的生产按照工艺过程，可以划分为单步骤生产和多步骤生产两种类型。

1. 单步骤生产（简单生产）

单步骤生产是指生产工艺过程不能间断，或不能分散在不同地点进行的生产，其特点是生产周期较短、工艺较简单，如发电、采煤，其工艺过程不可能或者不需要划分为几个生产步骤，因此也就不可能或者不需要按照生产步骤计算产品成本，而只要求按照产品的品种计算成本。

2. 多步骤生产（复杂生产）

多步骤生产是指产品的生产工艺过程由若干可以间断的生产步骤所组成的生产，其特点是生产周期较长、工艺较复杂，如钢铁生产、机械制造，其工艺过程由若干个可以间断的、分散在不同地点进行的生产步骤组成。为了计算各个生产步骤的成本、加强各个生产步骤的成本管理，往往不仅要求按照产品的品种或批别计算成本，而且还要求按照生产的步骤计算成本。但是，如果企业或车间的规模比较小，管理上又不要求按照生产的步骤考核生产耗费、计算产品成本，也可以不按照生产的步骤计算成本，而只按照产品的品种或批别计算成本。

（二）企业的生产按生产组织特点分类

生产组织一般是指企业生产的专业化程度，表现为在一定时期内生产产品的品种多少、同种产品生产产量的大小及其重复程度。工业企业的生产按照生产组织特点划分，可以分为大量生产、成批生产和单件生产三种类型。

1. 大量生产

大量生产是指不断地大量重复生产相同产品的生产，其特点是产品品种少、产量较大。例如，化肥、食糖和面粉的生产，要求连续不断地重复生产一种或者若干种产品，因而管理上只要求而且也只能够按照产品的品种计算成本。

2. 成批生产

成批生产是指按规定的规格和数量（通常称为“批”），每隔一定时期生产一种或若干种产品的生产，其特点是产品的品种较多，生产具有一定的重复性，专业化程度较高，管理上按批组织生产。成批生产又可按照批量大小，分为大批生产和小批生产两种类型，如生产服装、机床等的企业就是成批生产的典型企业。

3. 单件生产

单件生产是指依据订货单位的要求，生产个别的、性质特殊的产品，其特点是产品的品种多而产量少，一般不重复或不定期重复生产，因而有可能而且也有必要按照产品件别计算成本，如造船和重型机械制造。

二、管理要求对成本计算方法的影响

产品生产特点客观上决定着成本计算对象，但成本计算对象的确定还要考虑管理的要求，即一个企业究竟采用什么方法计算产品成本，除了受生产类型的特点影响外，还必须根据企业成本管理的要求来选择适合于本企业的成本计算方法。例如，在大量大批多步骤生产企业中，一般以每种产品及其所经过的加工步骤作为成本计算对象，按产品的生产步骤来计算产品成本。但是如果企业规模较小，成本管理上不要求计算产品所经过的加工步骤的成本，只要求计算出每种产品的成本，这时可采用品种法计算产品成本。因此，企业选择哪一种成本计算方法，除了要考虑生产类型的特点外，还要考虑成本管理的要求。

三、产品成本计算的方法

为适应各种类型生产的特点和与之相联系的管理要求，在产品成本计算工作中，有三种不同的产品成本基本计算方法。

以产品品种为成本计算对象的产品成本计算方法称为品种法，一般适用于单步骤的大量大批生产，如发电等；也可用于管理上不需分步骤计算成本的多步骤的大量大批生产，如水泥厂等。以产品批别为成本计算对象的产品成本计算方法称为分批法，一般适用于小批单件生产，如重型机械制造、船舶制造等。以产品生产步骤为成本计算对象的产品成本计算方法，称为分步法，一般适用于大量大批且管理上要求分步骤计算成本的生产，如纺织、冶金等。

以上各种产品成本计算方法的适用范围如表 10－1 所示。

表 10－1　　　　　　产品成本计算方法的适用范围

产品成本计算方法	成本计算对象	生产组织	生产工艺过程和管理的要求
品种法	产品品种	大量大批生产	单步骤生产或管理上不要求分步骤计算成本的多步骤生产
分批法	产品批别	小批单件生产	单步骤生产或管理上不要求分步骤计算成本的多步骤生产
分步法	产品品种和生产步骤	小批单件生产	管理上要求分步骤计算成本
		大量大批生产	

在实际工作中，除了上述三种方法以外，还会采用一些其他的成本计算方法。在产品品种、规格繁多的工业企业中，为了简化成本计算工作，还会采用一种简便的产品成本计算方法——分类法；在定额管理工作有一定基础的工业企业中，为了配合与加强生产费用和产品成本的定额管理，还会采用一种将符合定额的费用和脱离定额的差异分别核算的产品成本计算方法——定额成本法。但这些成本计算方法都不是独立的成本计算方法，在进行成本计算时，必须结合各种基本方法使用。此外，为了加强企业内部成本控制和分析，还会采用一种只计算产品的标准成本，而将成本差异直接计入当期损益的方法——标准成本法。分类法、定额成本法，标准成本法从计算产品实际成本的角度来说，都不是必不可少的，因而通称辅助方法。

在工业企业中，根据生产特点和管理要求会采用不同的成本计算方法，主要是为了正确提供成本核算资料以加强成本管理。但是，无论哪种生产类型以及采用哪种成本计算方法，最终都必须按照产品品种计算出产品成本，因此，品种法是所有方法中最基本的产品成本计算方法。下面简单介绍产品成本计算方法中的品种法。

四、产品成本计算方法中的品种法

(一)品种法的含义、种类和范围

品种法是产品成本计算方法中最基本的一种。品种法是以产品品种为成本计算对象，归集生产费用、计算产品成本的一种方法。按照产品的生产类型和成本计算的繁简程度，可将品种法分为单一品种的品种法和多品种的品种法。

单一品种的品种法又称简单法，是指企业最终只生产一种产品，生产过程中发生的应计入产品成本的各种费用都是直接生产费用，不存在在各种产品间分配的问题，而只需要根据有关原始凭证及费用汇总表登记产品成本明细账。由于这种方法的成本计算过程最简单，因此，它适用于产品品种单一、生产周期较短的大量大批单步骤生产。

多品种的品种法简称品种法，在这种方法下，凡是在生产过程中发生的分不清是何种产品的耗用，以及应计入产品成本的各种直接生产费用和间接生产费用，均应在各种产品间进行分配。品种法适用于生产两种或两种以上产品的大量大批单步骤生产，或管理上不要求分步骤计算成本的多步骤生产企业。

品种法主要适用于大量大批的单步骤生产企业，如发电、采掘企业等，也可用于管理上不需分步骤计算成本的多步骤大量大批生产企业，如小型水泥、制砖等企业。在大量大批单步骤生产企业中，产品的生产不能从工艺上划分出阶段，因而也就不可能根据划分生产阶段计算产品成本。在大量大批多步骤生产的企业中，如果企业生产规模较小，而且成本管理上又不要求提供各步骤的成本资料时，也可以采用品种法计算产品成本。此外，企业的辅助生产（如供水、供电、供气等）车间也可以采用品种法计算其劳务成本。

（二）品种法的特点

1. 以产品品种作为成本计算对象

采用品种法进行成本计算时，需要按照每一种产品分别开设产品“成本明细账”和“成本计算单”，用以归集生产过程中发生的费用。对于生产过程中所发生的费用，凡是能分清成本计算对象的，则应直接记入该成本计算对象的“成本明细账”和“成本计算单”中；凡是不能分清应由哪种产品负担的直接、间接生产费用，则应采用适当的分配方法，分别记入各产品“成本明细账”和“成本计算单”中。如果企业（或车间）只生产一种产品，在这种情况下，发生的生产费用全都是直接生产费用，可以直接记入产品“成本明细账”和“成本计算单”有关成本项目中，不存在将生产费用在各种产品间进行分配的问题。

2. 成本计算定期按月进行

由于采用品种法计算产品成本的企业是大量大批生产，因而，月中经常会有许多完工产品，这样，就不能在产品完工时才计算其产品成本，而应定期按月进行成本计算。

3. 月末在产品费用的处理

月末计算产品成本时，如果没有在产品或在产品数量很少时，就不需要计算在产品成本，产品“成本明细账”和“成本计算单”上所登记的全部生产费用就是该产品的完工产品总成本；如果月末在产品数量较多，则需将产品“成本明细账”和“成本计算单”上所归集的生产费用，采用适当的方法在完工产品与在产品之间进行分配，从而计算出完工产品和月末在产品成本。

（三）品种法的计算程序

采用品种法计算产品成本时，可按以下几个步骤进行：

1. 开设“成本明细账”

按产品品种开设产品“成本明细账”或“成本计算单”，并按成本项目设置专栏；同时，还应开设“辅助生产成本明细账”（按生产车间或品种）和“制造费用明细账”（按生产车间），账内按成本项目或费用项目设置专栏。

2. 分配各种要素费用

根据各项费用的原始凭证和其他有关资料，登记各项货币支出，编制各种费用分配表，分配各种要素费用。根据要素费用分配的结果，登记各种明细账。

3. 分配辅助生产费用

根据上述各种费用分配表和其他有关资料登记的“辅助生产成本明细账”上归集的辅助生产费用，采用适当的分配方法，编制“辅助生产费用分配表”，分配辅助生产费用。

4. 分配基本车间制造费用

根据上述各种费用分配表和其他有关资料登记的基本生产车间“制造费用明细账”上归集的生产费用，采用一定的方法在各种产品之间进行分配，编制“制造费用分配表”，并将分配结果登记在“基本生产成本明细账”和“成本计算单”上。

5. 分配计算各种完工产品成本和在产品成本

月末，根据上述各种费用分配表和其他有关资料登记的“基本生产成本明细账”和“成本计算单”上归集的生产费用，应采用适当的方法分配计算各种完工产品成本和在产品成本。如果月末没有在产品，则本月发生的生产费用就全都是完工产品成本。

6. 结转产成品成本

根据各成本计算单中计算出来的本月完工产品成本，汇总编制“完工产品成本汇总表”，计算出完工产品总成本和单位成本，并进行结转。

(四)品种法应用举例

[例 10—1] 假设某企业有一个基本生产车间，大量生产甲、乙两种产品，其工艺过程均属单步骤生产。另有一个机修车间，该辅助车间的制造费用不通过“制造费用”账户核算，发生的辅助生产费用直接归集在“辅助生产成本”账户中。该企业采用品种法计算甲、乙产品成本。2013 年 8 月份企业有关成本计算资料如下：

1. 该企业 2013 年 8 月份有关产品成本核算资料如表 10—2。

表 10—2 产量及耗用工时资料

产品名称	完工产品产量(件)	月末在产品数量(件)	消耗工时(小时)
甲产品	8 000	0	1 800
乙产品	4 000	1 000	2 200
合计	12 000	1 000	4 000

2. 月初在产品成本资料见表 10—3。

表 10—3 月初在产品成本资料 单位：元

产品名称	直接材料	直接人工	制造费用	合计
甲产品	8 090	5 860	6 810	20 760
乙产品	6 176	2 948	2 728	11 852

3. 该月发生下列生产费用：

(1)材料费用。生产甲产品耗用材料4 410元，生产乙产品耗用材料3 704元，生产甲、乙产品共同耗用材料9 000元(甲、乙产品共同耗用材料按定额耗用量比例分配，甲产品材料定额耗用量为3 000千克，乙产品材料定额耗用量为1 500千克)。修理车间耗用材料 900 元，基本生产车间耗用消耗性材料1 938元。材料费用分配计算见表 10—4、表 10—5。

表 10—4 产品共同耗用材料分配表

2013 年 8 月 单位：元

产品名称	分配标准	分配率	分配金额
甲产品	3 000	2	6 000
乙产品	1 500	2	3 000
合计	4 500	2	9 000

表 10—5 材料费用分配表

2013 年 8 月 单位：元

应借科目	基本生产成本		辅助生产成本	制造费用	合计
	甲产品	乙产品	机修车间	基本生产车间	
直接计入	4 410	3 704	900	1 938	10 952
分配计入	6 000	3 000			9 000
合计	10 410	6 704	900	1 938	19 952

材料费用分配会计分录如下：

借：基本生产成本——甲产品　　10 410
　　　　　　　　——乙产品　　6 704
　　辅助生产成本——机修车间　　900
　　制造费用　　1 938
　贷：原材料　　19 952

(2)工资及福利费用。生产工人工资10 000元，修理车间人员工资 800 元，基本生产车间管理人员工资1 600元(生产工人工资按甲、乙产品工时比例分配，甲产品耗用实际工时为1 800小时，乙产品耗用实际工时为2 200小时)，企业工资按 14%计提福利费。工资及福利费计算见表 10－6。

表 10－6　**工资及福利费分配表**

2013 年 8 月　单位：元

应借科目		基本生产成本			辅助生产成本	制造费用	合计
		甲产品	乙产品	小计	机修车间	基本生产车间	
工资	分配标准	1 800	2 200	4 000			
	分配率	2.5	2.5				
	分配金额	4 500	5 500	10 000	800	1 600	12 400
福利费		630	770	1 400	112	224	1 736
合计		5 130	6 270	11 400	912	1 824	14 136

工资及福利费用分配会计分录如下：

借：基本生产成本——甲产品　　4 500
　　　　　　　　——乙产品　　5 500
　　辅助生产成本——机修车间　　800
　　制造费用　　1 600
　贷：应付职工薪酬——工资　　12 400

借：基本生产成本——甲产品　　630
　　　　　　　　——乙产品　　770
　　辅助生产成本——机修车间　　112
　　制造费用　　224
　贷：应付职工薪酬——福利费　　1 736

(3)其他费用。机修车间固定资产折旧费为 200 元，水电费为 160 元，办公费为 40 元。基本生产车间厂房、机器设备折旧费为5 800元，水电费为 260 元，办公费为 402 元。其他费用汇总见表 10－7。

表 10－7　**其他费用汇总表**

2013 年 8 月　单位：元

应借账户	辅助生产成本	制造费用	合计
	机修车间	基本生产车间	
折旧费	200	5 800	6 000

续表

应借账户	辅助生产成本	制造费用	合计
	机修车间	基本生产车间	
水电费	160	260	420
办公费	40	402	442
合计	400	6 462	6 862

其他费用分配会计分录如下：

借：辅助生产成本——机修车间　　400

　制造费用　　6 462

　　贷：累计折旧　　6 000

　　　银行存款　　862

(4)本月修理车间共完成4 000工时修理工作量，其中，基本生产车间耗用3 600工时，企业管理部门耗用400工时(辅助生产费用按提供的修理工时比例分配)。辅助生产费用的分配见表10－8、表10－9。

表10－8　　辅助生产成本明细账

车间名称：机修车间　　2013年8月　　单位：元

月	日	摘　要	机物料消耗	工资及福利费	折旧费	水电费	办公费	合计
6	30	根据材料费用分配表(表10－5)	900					900
		根据工资及福利费分配表(表10－6)		912				912
		其他费用汇总表(表10－7)			200	160	40	400
		合计	900	912	200	160	40	2 212
		分配转出	900	912	200	160	40	2 212

表10－9　　辅助生产费用分配表

2013年8月　　单位：元

应借账户	分配标准	分配率	分配金额
制造费用	3 600		1 990.8
管理费用	400		221.2
合计	4 000	0.553	2 212

辅助生产费用分配会计分录如下：

借：制造费用　　1 990.8

　管理费用　　221.2

　　贷：辅助生产成本——机修车间　　2 212

(5)制造费用按甲、乙产品工时比例分配。制造费用分配见表10－10、表10－11。

表 10－10　　　　　　　　　　**制造费用明细账**

2013 年 8 月　　　　　　　　　　单位:元

月	日	摘　要	机物料消耗	工资及福利费	折旧费	水电费	办公费	修理费	合计
6	30	根据材料费用分配表(表 10－5)	1 938						1 938
		根据工资及福利费分配表(表 10－6)		1 824					1 824
		其他费用汇总表(表 10－7)			5 800	260	402		6 462
		辅助生产费用分配表(表 10－9)						1 990.8	1 990.8
		合计	1 938	1 824	5 800	260	402	1 990.8	12 214.8
		分配转出	1 938	1 824	5 800	260	402	1 990.8	12 214.8

表 10－11　　　　　　　　　　**制造费用分配表**

2013 年 8 月　　　　　　　　　　单位:元

应借账户	成本项目	分配标准	分配率	分配金额
基本生产成本——甲产品	制造费用	1 800		5 496.66
基本生产成本——乙产品	制造费用	2 200		6 718.14
合　计		4 000	3.053 7	12 214.8

制造费用分配会计分录如下：

借:基本生产成本——甲产品　　　　5 496.66

　　　　　　　　——乙产品　　　　6 718.14

　贷:制造费用　　　　　　　　　　12 214.8

(6)甲产品、乙产品耗用的材料于生产开始时一次投入。乙产品按定额比例法将生产费用在完工产品与在产品间分配。乙产品的单位在产品工时消耗定额为 10 小时,完工产品工时消耗定额为 40 小时。生产成本明细见表 10－12、表 10－13。

表 10－12　　　　　　　　　　**生产成本明细账**

产品:甲产品　　　　　　2013 年 8 月　　　　　　单位:元

成本项目	直接材料	直接人工	制造费用	合计
月初在产品成本	8 090	5 860	6 810	20 760
材料费用分配表(表 10－5)	10 410			10 410
工资及福利费分配表(表 10－6)		5 130		5 130
制造费用分配表(表 10－11)			5 496.66	5 496.66
合　计	18 500	10 990	12 306.66	41 796.66
月末在产品成本	—	—	—	—
完工产品成本转出	18 500	10 990	12 306.66	41 796.66
单位成本	2.312 5	1.373 8	1.538 3	5.224 6

表 10—13　　　　　　　　　　　　生产成本明细账

产品:乙产品　　　　　　　　　　　2013 年 8 月　　　　　　　　　　　单位:元

成本项目	直接材料	直接人工	制造费用	合计
月初在产品成本	6 176	2 948	2 728	11 852
材料费用分配表(表 10—5)	6 704			6 704
工资及福利费分配表(表 10—6)		6 270		6 270
制造费用分配表(表 10—11)			6 718.14	6 718.14
合　计	12 880	9 218	9 446.14	31 544.14
月末在产品成本	2 576	1 843.6	1 889.23	6 308.83
完工产品成本转出	10 304	7 374.4	7 556.91	25 235.31
单位成本	2.576	1.843 6	1.889 2	6.308 8

产成品入库会计分录:

借:库存商品——甲产品　　　　　　　　　　　　41 796.66

　　　　　——乙产品　　　　　　　　　　　　25 235.31

　贷:基本生产成本——甲产品　　　　　　　　　　　41 796.66

　　　　　　　　——乙产品　　　　　　　　　　　25 235.31

第三节　产品生产成本的简要分析

一、成本分析的一般程序

(一)成本分析的含义和内容

成本分析主要是利用成本资料与其他相关资料,全面了解成本变动情况,系统研究影响成本升降的因素及形成的原因,寻求降低成本的途径,挖掘降低成本的潜力,以取得更大的经济效益。成本分析包括事前分析、事中分析和事后分析三部分内容,本节重点介绍的是事后分析。其主要内容包括:

(1)主要产品单位成本的分析;

(2)技术经济指标变动对单位成本影响的分析;

(3)降低成本的主要措施分析;

(4)成本效益分析。

(二)成本分析的基本程序

成本分析工作是有目的、有步骤、按程序进行的,一般遵循以下基本程序:

1. 制订计划

根据成本分析的要求,拟订分析工作计划,列出分析提纲,明确分析的主要问题和要求、分析时间、参加人员、所需资料、分析形式、调查内容以及组织分工等。

2. 收集资料

收集与成本有关的各种计划资料、定额资料、核实资料等,必要时还要进行专门的调查研究,收集有关信息,以保证分析结果的准确性。

3. 具体分析

在占有资料、信息的基础上,采用技术分析的方法,对成本指标进行分析,找出差距,查明原因。

4. 总结报告

对分析的结果进行综合概括，写出书面分析报告。

二、成本分析的方法

上述成本分析的程序也称为成本分析的一般方法，而成本分析的方法是指其具体的技术方法。常用的技术方法主要有以下几种：

（一）指标对比法

指标对比法是将两个有内在联系的可比经济指标在时间和空间上进行对比的一种方法。采用这种方法可以确定差异、评价业绩、掌握动态、寻求潜力，达到降低成本、提高经济效益的目的。进行指标对比时，主要可以采用以下几种形式：

1. 实际与计划对比法。主要了解计划完成情况，找出脱离计划的差距及差距产生的原因。

2. 本期实际与上期或历史先进水平的实际数据对比。主要了解成本变化的动态，找出差距、总结经验、吸取教训，不断改进成本管理工作。

3. 本企业实际与国内外同类先进企业的相同指标的实际数据对比。主要了解本企业与国内外先进企业之间的差距，以便采取措施、挖掘潜力、提高竞争能力。

采用指标对比法进行成本分析时，必须注意指标的可比性，如注意指标计算的口径、计价基础一致等。在进行国内外同行业的指标对比时，尤其应注意它们在技术经济上的可比性。现举例说明如下：

［例 10－2］ 某企业收集的单位成本资料见表 10－14。

表 10－14 单位成本实际资料和有关资料 单位：元

成本项目	本期		上期	上年同期	历史最高水平	国内同行业成本水平	国外同行业成本水平
	计划	实际					
直接材料	5 100	5 050	5 150	5 120	5 000	4 900	4 400
直接人工	499	488	505	510	453	442	396
制造费用	321	332	330	335	307	268	254
产品成本合计	5 920	5 870	5 985	5 965	5 760	5 610	5 050

根据上述资料，将本期的实际单位成本与各有关单位成本指标进行对比分析，编制单位成本对比分析表(见表 10－15)。

表 10－15 单位成本对比分析表 单位：元

成本项目	本期计划		上期		上年同期		历史最高水平		国内同行业成本水平		国外同行业成本水平	
	节约或超支	%	节约或超支	%	节约或超支	%	节约或超支	%	节约或超支	%	节约或超支	%
直接材料	－50	－0.98	－100	－1.94	－70	－1.37	＋50	1.00	＋150	3.06	＋650	14.77
直接人工	－11	－2.20	－17	－3.36	－22	－4.31	＋35	7.73	＋46	10.41	＋92	23.23
制造费用	＋11	3.43	＋2	0.61	－3	－0.90	＋25	8.14	＋64	23.88	＋78	30.71
产品成本合计	－50	－0.84	－115	－1.92	－95	－1.59	＋110	1.91	＋260	4.63	＋820	16.24

通过计算分析可以看出，企业实际成本水平有所下降，已完成成本计划。单位成本实际比计划降低 50 元，比上期降低 115 元，比上年同期降低 95 元，但仍未达到历史最高水平，与国内同行业和国外同行业相比，还有很大的差距。因此，应进一步查明原因，采取措施，赶上或超过同行业水平。

（二）连环替代法

连环替代法是一种因素分析法，它是把综合性指标分解为各个相互联系的因素，并测定各个因素变动对综合性指标影响的数值，以便为深入分析提供依据。

连环替代法的计算程序如下：

1. 指标分解。将综合性指标分解为相互联系的各个因素，并按一定顺序排列，使其成为能用数学公式表达的因素分解式。

2. 依次替代。以计划指标体系为基础，按顺序将每个因素的计划数替换为实际数，一直替换到指标全部为实际数为止。

3. 比较替代结果。将各个因素变动时综合性指标影响的数值相加，其代数和应等于综合性指标实际数与计划数的总差异。

［例 10－3］ 某企业 A 产品耗用直接材料有关资料见表 10－16。

表 10－16　**A 产品直接材料消耗表**

项目	计划数	实际数
产品产量（件）	200	250
单位产品材料消耗量（吨）	20	18
材料单价（元）	10	10.5
材料费用（元）	40 000	47 250

根据上述资料，用连环替代法分析如下：

分析对象：47 250－40 000＝7 250（元）

因素分析：材料费用＝产品产量×单耗×材料单价

计划材料费用＝200×20×10＝40 000（元）

第一次替代＝250×20×10＝50 000（元）　　　＋10 000 元（产品产量变动影响）

第二次替代＝250×18×10＝45 000（元）　　　－5 000 元（单耗变动影响）

第三次替代＝250×18×10.5＝47 250（元）　　＋2 250 元（材料单价变动影响）

各因素变动影响合计＝10 000－5 000＋2 250＝7 250（元）

通过上述计算分析可知，甲产品材料费用超支 7 250 元的原因是：由于产量增加 50 件，使材料费用增加 10 000 元；由于单位产品材料消耗量下降，使材料费用减少 5 000 元；由于材料价格提高，使材料费用增加 2 250 元。三个因素共使得材料费用增加7 250元。

采用连环替代法应注意以下几个问题：

第一，注意因素分解的正确性。根据分析的目的和要求，将经济指标分解为相互联系的几个因素时，各因素与指标之间必须存在内在的联系，否则就会失去其存在的价值。例如，材料费用分解为工人人数和平均每个工人耗料额两个因素时，就不具有任何经济意义。

第二，注意替代顺序的合理性。构成经济指标体系的各个因素，应按其依存关系进行排列，可遵循如下原则：数量指标在前，质量指标在后；实物量指标在前，价值量指标在后；主观指标在前，客观指标在后。

第三，注意替代计算的连环性。构成某项经济指标的各个因素，按其依存关系排列出一定的顺序后，应由前向后依次替代，并且每次只替代一个因素。如果不连环替代，各因素对指标影响程度的数值之和就不等于该指标实际数与计划数的总差异。

（三）差额计算法

差额计算法是连环替代法的一种简化形式。它是利用各因素实际数额与计划数额之间的差额，直接计算各因素变动对综合性指标影响的数值。其计算程序是：测定某一因素变动对综合性指标影响的程度时，用该因素实际与计划的差异，乘以因素分解时列在该因素前面的所有因素的实际数，同时乘以列在该因素后面的所有因素的计划数，这一乘积即为该因素变动对综合性指标差异的影响程度。仍用[例 10－3]资料为例说明如下：

分析对象：47 250－40 000＝7 250（元）

因素分析：材料费用＝产品产量×单耗×材料单价

产品产量变动对材料费用的影响＝（＋50）×20×10＝10 000（元）

单位产品材料消耗量变动对材料费用的影响＝250×（－2）×10＝－5 000（元）

材料单价变动对材料费用的影响＝250×18×（＋0.5）＝2 250（元）

三个因素共同发生作用，使材料费用总额增加 7 250 元，与连环替代法计算的结果相同。

必须指出，差额计算法只是连环替代法计算方式的简化，严格讲不能称为一种独立的方法，因此它所依据的原理仍然是连环替代法。例如，在差额计算法运用过程中，仍会碰到因素分解、因素排列、连环替代等问题，这些都必须遵循在连环替代法中所确定的原则而加以运用。

本章知识结构图

- 成本核算常识
  - 成本核算的要求和一般程序
    - 成本核算的要求
    - 产品成本核算的一般程序
  - 产品成本计算方法概述
    - 企业的生产类型及其特点
    - 管理要求对成本计算方法的影响
    - 产品成本计算的方法
    - 产品成本计算方法中的品种法
  - 产品生产成本的简要分析
    - 成本分析的一般程序
    - 成本分析的方法

复习思考题

一、单项选择题

1. 完善成本核算应该做好的基础工作是（　　）。

A. 正确划分各种费用界限　　B. 建立健全物资管理机制

C. 确定成本计算对象　　D. 各种费用的分配

2. 以下属于期间费用的是（　　）。

A. 广告费支出　　B. 生产领用材料支出

C. 支付的税款滞纳金　　D. 向投资者分配利润

3. 在大批大量多步骤生产的情况下，如果管理上不要求分步计算产品成本，则其所采用的成本计算方法是(　　)。

A. 分批法　　B. 分步法　　C. 分类法　　D. 品种法

4. 分批法适用的生产组织是(　　)。

A. 大量成批生产　　B. 大量大批生产

C. 大量小批生产　　D. 单件小批生产

5. 分步法的成本计算对象是(　　)。

A. 产品步骤　　B. 产品品种和生产步骤

C. 产品批别　　D. 产品品种

6. 下列企业中,运用分批法计算产品成本的有(　　)。

A. 纺织厂　　B. 水泥厂　　C. 发电厂　　D. 造船厂

7. 产品成本计算方法中,最基本的方法是(　　)。

A. 分类法　　B. 品种法　　C. 分步法　　D. 分批法

8. 品种法的成本计算对象是(　　)。

A. 产品批别　　B. 生产步骤　　C. 产品品种　　D. 生产工艺

二、多项选择题

1. 成本核算过程中应遵守(　　)的基本要求。

A. 正确确定财产物资的计价和价值转移方法

B. 加强制度建设,完善成本核算的基础工作

C. 正确划分各种费用的界限

D. 根据企业生产特点和管理要求,选用适当的成本计算方法

2. 下列费用中,属于产品成本的是(　　)。

A. 直接材料　　B. 直接人工　　C. 销售费用　　D. 制造费用

3. 下列属于资本性支出的有(　　)。

A. 购建无形资产的支出　　B. 购建固定资产的支出

C. 对外投资支出　　D. 应付长期债券利息支出

4. 企业的生产按工艺过程特点分类,可分为(　　)。

A. 大量生产　　B. 单步骤生产　　C. 成批生产　　D. 多步骤生产

5. 生产按生产组织特点分类,可分为(　　)。

A. 大量生产　　B. 成批生产　　C. 简单生产　　D. 单件生产

三、判断题

1. 生产费用按经济用途可划分为直接材料、直接人工和制造费用三个成本项目,这在实际工作中是固定不变的。(　　)

2. 对应由本期产品成本负担但尚未实际支出的费用,应作为待摊费用处理。(　　)

3. 选择合适的成本计算方法,只需考虑企业的生产特点。(　　)

4."制造费用"账户,是用来监督企业为管理和组织生产经营活动而发生的各项间接费用的。(　　)

5. 指标对比法,是将两个有内在联系的可比经济指标在时间上和空间上进行对比的一种方法。(　　)

6. 差额计算法只是连环替代法这一计算方式的简化,严格讲不能称为一种独立的方法。(　　)

四、名词解释

1. 成本核算　2. 内部结算制度　3. 指标对比法　4. 连环替代法　5. 差额计算法

五、简答题

1. 简述产品成本核算的一般程序。

2. 简述品种法的含义及其适用范围。

参考文献

1. 陈建中主编:《会计基础》,中国财政经济出版社 2007 年版。
2. 陈建中主编:《财经法规与会计职业道德》,中国财政经济出版社 2007 年版。
3. 葛军主编:《会计学原理》,高等教育出版社 2007 年版。
4. 财政部会计资格评价中心:《初级会计实务》,中国财政经济出版社 2007 年版。
5. 宫相荣主编:《会计学基础》,中国农业大学出版社、首都经济贸易大学出版社 2008 年版。
6. 曲洪山主编:《新编基础会计》,大连理工大学出版社 2007 年版。
7. 贾永海主编:《会计基础》,高等教育出版社 2002 年版。
8. 中华人民共和国财政部:《企业会计准则》,经济科学出版社 2006 年版。
9. 中华人民共和国财政部:《企业会计准则——应用指南》,经济科学出版社 2006 年版。